旱作区耕地质量时空演变与肥沃耕层特征

黄元仿 张世文 等 著

科学出版社

北京

内 容 简 介

全书共分六章,在科学界定旱作区范围与内涵的基础上,系统介绍了旱作区耕地的自然条件、社会经济、农业生产等基本情况,以及土壤类型、面积和空间分布特征,并以耕地生产力现状、障碍消减、肥沃耕层构建为主线,揭示了旱作区耕地肥沃耕层关键指标和土壤肥力、生产力时空演变特征,明确了肥沃耕层构建和障碍表征的指标、阈值,以及耕地质量提升关键技术对策,提出多维、多源的旱作区耕地质量关键指标数字制图方法。

本书可为从事耕地质量保护与提升的政府主管部门、企事业单位人员提供技术支撑,也可作为土地整治工程、土地管理、土壤学等专业的本科生和研究生的辅助教材。

审图号:GS(2021)1080 号

图书在版编目(CIP)数据

旱作区耕地质量时空演变与肥沃耕层特征 / 黄元仿等著. —北京:科学出版社,2021.5

ISBN 978-7-03-068231-4

Ⅰ.①旱… Ⅱ.①黄… Ⅲ.①干旱区-耕地资源-资源评价-研究-中国 Ⅳ.①F323.211

中国版本图书馆 CIP 数据核字(2021)第 039357 号

责任编辑:刘翠娜 / 责任校对:王萌萌
责任印制:师艳茹 / 封面设计:蓝正设计

科 学 出 版 社 出版
北京东黄城根北街 16 号
邮政编码:100717
http://www.sciencep.com

三河市春园印刷有限公司 印刷
科学出版社发行 各地新华书店经销
*
2021 年 5 月第 一 版 开本:787×1092 1/16
2021 年 5 月第一次印刷 印张:14 3/4
字数:330 000
定价:238.00 元
(如有印装质量问题,我社负责调换)

本书研究和撰写人员

主　　任　　黄元仿　张世文

委　　员　　方　兵　　王　阳　　李　贞　　宋桂芳
　　　　　　李　勇　　叶回春　　刘　忠　　黄　峰
　　　　　　齐　华　　王擎运　　勾宇轩　　卓志清
　　　　　　兴　安　　孙忠祥　　尹　炳　　邹宏光
　　　　　　祝亚飞　　鲁胜军　　刘　俊　　于茹月
　　　　　　赵云泽　　徐清风　　潘俊承　　姜博森
　　　　　　夏沙沙　　夏　可　　沈　强　　胡青青
　　　　　　周鹏飞　　陈弘扬　　庄红娟　　宋　强
　　　　　　杨　斌　　徐云飞　　程　琦　　王　圣
　　　　　　兰　淼

序

"中国碗盛中国粮"，我国人多地少，如何保护好关系十几亿人吃饭问题的耕地，是头等大事。习近平总书记强调，像保护大熊猫一样保护耕地[①]。这是顺天应时的战略考量，也是党中央、国务院的深重嘱托。我国旱作农田作物产量对保障国家粮食安全具有重要的战略意义，然而，长期重用轻养的掠夺性生产方式和持续小型农机动力浅耕作业，导致耕层变浅、结构恶化、地力水平不高等问题，限制了作物根系生长与吸收水分、养分的空间，作物产量低、年际产量变幅大、资源利用效率下降等问题日趋严重，已成为制约作物高产、稳产与资源高效利用的关键瓶颈。旱作区耕地面积大，占比 65%以上，人口集中，水热和立地条件较好，生产力提升空间大，冬小麦单产提升潜力近千公斤每亩，全区夏玉米单产提升潜力拟超过千公斤每亩。合理科学地利用旱作区耕地，对于保障国家粮食安全与生态环境安全至关重要。

该书分析了旱作区土壤类型与空间分布，系统揭示了典型土壤类型的肥力与生产力现状，揭示了旱作区耕地的生产力，提出了耕层障碍消减和肥沃耕层构建技术与对策。全书体现了全面性、系统性、多视角、多层次等特色，首次全面地论述了旱作区耕地土壤类型及其理化性质，系统揭示耕地肥力与生产力利用现状、障碍、障碍消减、肥沃耕层构建，从现实生产力、光温水生产力等多视角、多层次解释了旱作区耕地的生产力状况。

让每一寸耕地都成为丰收的沃土，我们的饭碗将端得更稳、更好、更久。该书图文并茂，具有易传播性和可操作性，它的出版将推动当前乃至未来一段时间内旱作区土壤肥力和生产力提升、肥沃耕层构建研究的理论创新和发展。

中国工程院 院士

2021 年 4 月

---

① 习近平：像保护大熊猫一样保护耕地. (2015-05-27)[2020-02-30]. http://country.cnr.cn/gundong/20150527/t20150527_518655902.shtml.

前言

　　民以食为天，土壤是万物之本、生命之源。土壤是人类赖以生存、兴国安邦、生态文明建设的基础资源，是保障国家粮食安全与生态环境安全的重要物质基础。以地形坡度小于 $5°$、$1km^2$ 网格内旱地面积占耕地 40%以上界定的我国旱作区是保障我国粮食供给和粮食安全的战略基地。现阶段，旱作区耕地面临资源环境的约束及保护和改善生态环境的压力，面对国内快速增加的粮食需求，如何实施"藏粮于地，藏粮于技"战略，充分挖掘旱作农田作物的生产潜力，让每一寸耕地都成为丰收的沃土，这对旱作区耕地质量、农业生产提出了更高的要求。

　　本书在国家重点研发计划课题"旱作区土壤肥力和生产力演变规律及肥沃耕层特征"（2016YFD0300801）的基础上，综合旱作区土壤肥力和生产力演变规律及肥沃耕层特征相关创新性研究方法和成果编著而成。本书以旱作区、典型区域等为研究尺度，在科学界定旱作区范围、摸清耕地生产基本概况的基础上，围绕旱作区耕地土壤肥力、生产力，以及障碍消减、肥沃耕层构建等展开。全书共计六章，第一章为旱作区基本概况，详细介绍了影响耕地生产的自然资源与社会经济状况；第二章为旱作区土壤分类与空间分布，阐述了旱作区耕地土壤的主要土类、亚类及面积、分布格局等；第三章为旱作区耕地肥沃耕层关键指标空间分布特征，内容包括旱作区耕地肥沃耕层结构性和功能性指标的现状及演替特征；第四章为旱作区耕地土壤肥力与生产力时空演变特征，系统介绍了旱作区耕地土壤肥力、生产力情况；第五章为旱作区耕地土壤障碍与肥沃耕层构建潜力及对策，明确了肥沃耕层构建的指标、阈值，以及土壤障碍消减、肥沃耕层构建技术与对策；第六章为典型耕地质量关键指标数字制图方法与案例研究，介绍旱作区土壤肥力、生产力时空演变研究的相关方法和案例。

　　本书是集体智慧的结晶，研究与书稿编写过程中得到了中国农业大学、安徽理工大学、中国科学院南京土壤研究所、沈阳农业大学、安徽农业大学等单位领导和专家的大力支持与协助，在此一并表示感谢！

　　由于作者水平有限，书中难免有疏漏之处，敬请读者批评指正！

黄元仿

2020 年 11 月

目录

第一章
旱作区基本概况

【内容概要】本章在界定旱作区范围的基础上，阐述了旱作区的自然资源概况(水文地质、立地条件、气候条件)、社会经济状况[人口、人均国内生产总值(GDP)]和农业生产概况(土地利用、灌排条件、种植制度)。

第一节　范围界定与行政区划

一、范围界定

以地形坡度小于 5°、1km^2 网格内旱地面积占耕地 40% 以上作为界定依据，明确了旱作区的内涵与范围，划定的旱作区面积 57.58 万 km^2，区域包括东北旱作区和黄淮海旱作区(图 1-1)。

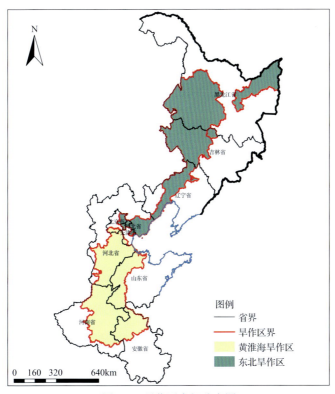

图 1-1　旱作区空间分布图

二、行政区划

旱作区范围为东经 112°33′54.8″～135°3′55.953″，北纬 32°8′24.506″～48°27′21.127″，行政区划包括北京、天津、黑龙江、吉林、辽宁、河北、河南、山东和安徽，共 2 个直辖市、7 个省和 694 个县(表 1-1)。

表 1-1 旱作区行政区划

省	市	区县	面积/10²km²	比例/%
安徽省	蚌埠市	蚌山区、固镇县、怀远淮上区、龙子湖区、五河县、禹会区	58.82	1.02
	亳州市	利辛县、蒙城县、谯城区、涡阳县	85.24	1.48
	滁州市	凤阳县、明光市	0.14	<0.01
	阜阳市	阜南县、界首市、临泉县、太和县、颍东区、颍泉区、颍上县、颍州区	100.99	1.75
	淮北市	杜集区、烈山区、濉溪县、相山区	27.4	0.48
	淮南市	八公山区、大通区、凤台县、潘集区、寿县	10.81	0.19
	六安市	霍邱县	0.12	<0.01
	宿州市	砀山县、灵璧县、泗县、萧县、埇桥区	99	1.72
北京市		大兴区、房山区、密云区、平谷区、顺义区	72.11	1.25
河北省	保定市	安国市、安新县、博野县、定兴县、定州市、高碑店市、高阳县、竞秀区、蠡县、莲池区、清苑区、曲阳县、容城县、望都县、雄县、徐水区、涿州市	102.86	1.79
	沧州市	泊头市、沧县、东光县、海兴县、河间市、黄骅市、孟村回族自治县、南皮县、青县、任丘市、肃宁县、吴桥县、献县、新华区、盐山县、运河区	139.99	2.43
	邯郸市	成安县、磁县、丛台区、大名县、肥乡区、峰峰矿区、复兴区、陶县、广平县、邯山区、鸡泽县、临漳县、邱县、曲周县、涉县、魏县、武安市、永年区	87.75	1.52
	衡水市	安平县、阜城县、故城县、冀州区、景县、饶阳县、深州市、桃城区、武强县、武邑县、枣强县	88.34	1.53
	廊坊市	安次区、霸州市、大厂回族自治县、大城县、固安县、广阳区、三河市、文安县、香河县、永清县	63.69	1.11
	秦皇岛市	北戴河区、昌黎县、抚宁区、海港区、卢龙县、青龙满族自治县、山海关区	42.39	0.74
	石家庄市	高邑县、藁城区、行唐县、晋州市、井陉县、灵寿县、鹿泉区、栾城区、平山县、桥西区、深泽县、无极县、辛集市、新华区、新乐市、裕华区、元氏县、赞皇县、长安区、赵县、正定县	99.96	1.74
	唐山市	曹妃甸区、丰南区、丰润区、古冶区、开平区、乐亭县、路北区、路南区、滦南县、滦州市、迁安市、迁西县、玉田县、遵化市	131.51	2.28
	邢台市	柏乡县、广宗县、巨鹿县、临城县、临西县、隆尧县、南宫市、南和县、内丘县、宁晋县、平乡县、桥东区、桥西区、清河县、任县、沙河市、威县、新河县、邢台县	104.46	1.81
河南省	安阳市	安阳县、北关区、滑县、林州市、龙安区、内黄县、汤阴县、文峰区、殷都区	73.37	1.27
	鹤壁市	鹤山区、浚县、淇滨区、淇县、山城区	21.39	0.37
	焦作市	博爱县、解放区、马村区、孟州市、沁阳市、山阳区、温县、武陟县、修武县、中站区	39.47	0.69
	开封市	鼓楼区、兰考县、龙亭区、杞县、顺河回族区、通许县、尉氏县、祥符区、禹王台区	62.42	1.08

省	市	区县	面积/10^2km^2	比例/%
河南省	洛阳市	吉利区、孟津县	0.38	0.01
	漯河市	临颍县、舞阳县、郾城区、源汇区、召陵区	26.95	0.47
	南阳市	方城县、社旗县、唐河县、桐柏县	0.75	0.01
	平顶山市	宝丰县、郏县、鲁山县、汝州市、石龙区、卫东区、舞钢市、新华区、叶县、湛河区	39.25	0.68
	濮阳市	范县、华龙区、南乐县、濮阳县、清丰县、台前县	42.69	0.74
	商丘市	梁园区、民权县、宁陵县、睢县、睢阳区、夏邑县、永城市、虞城县、柘城县	107	1.86
	新乡市	封丘县、凤泉区、红旗区、辉县市、获嘉县、牧野区、卫滨区、卫辉市、新乡县、延津县、原阳县、长垣市	82.7	1.44
	信阳市	固始县、光山县、淮滨县、潢川县、罗山县、平桥区、息县	31.16	0.54
	许昌市	建安区、魏都区、襄城县、鄢陵县、禹州市、长葛市	49.78	0.86
	郑州市	登封市、二七区、巩义市、管城回族区、惠济区、金水区、上街区、新密市、新郑市、荥阳市、中牟县、中原区	43.6	0.76
	周口市	川汇区、郸城县、扶沟县、淮阳区、鹿邑县、商水县、沈丘县、太康县、西华县、项城市	119.6	2.08
	驻马店市	泌阳县、平舆县、确山县、汝南县、上蔡县、遂平县、西平县、新蔡县、驿城区、正阳县	150.31	2.61
黑龙江省	大庆市	大同区、杜尔伯特蒙古族自治县、红岗区、林甸县、龙凤区、让胡路区、萨尔图区、肇源县、肇州县	211.94	3.68
	哈尔滨市	阿城区、巴彦县、宾县、道里区、道外区、方正县、呼兰区、木兰县、南岗区、平房区、尚志市、双城区、松北区、通河县、五常市、香坊区、延寿县、依兰县	248.56	4.32
	鹤岗市	东山区、萝北县、绥滨县	33.99	0.59
	黑河市	北安市、嫩江市、孙吴县、五大连池市、逊克县	160.48	2.79
	佳木斯市	东风区、抚远市、富锦市、桦川县、桦南县、郊区、前进区、汤原县、同江市、向阳区	281.77	4.89
	齐齐哈尔市	昂昂溪区、拜泉县、富拉尔基区、富裕县、甘南县、建华区、克东县、克山县、龙江县、龙沙区、梅里斯达斡尔族区、讷河市、碾子山区、泰来县、铁锋区、依安县	420.31	7.30
	双鸭山市	宝清县、宝山区、集贤县、尖山区、岭东区、饶河县、四方台区、友谊县	104.85	1.82
	绥化市	安达市、北林区、海伦市、兰西县、明水县、青冈县、庆安县、绥棱县、望奎县、肇东市	348.3	6.05
	伊春市	大箐山县、南岔县、铁力市、乌翠区、友好区	0.49	0.01
吉林省	白城市	大安市、洮北区、洮南市、通榆县、镇赉县	255.33	4.43
	四平市	公主岭市、梨树县、双辽市、铁东区、铁西区、伊通满族自治县	118.1	2.05
	松原市	公主岭市、梨树县、双辽市、铁东区、铁西区、伊通满族自治县	211.42	3.67
	长春市	朝阳区、德惠市、二道区、九台区、宽城区、绿园区、南关区、农安县、双阳区、榆树市	204.74	3.56
辽宁省	阜新市	阜新蒙古族自治县、海州区、清河门区、太平区、细河区、新邱区、彰武县	102.9	1.79
	葫芦岛市	建昌县、连山区、龙港区、南票区、绥中县、兴城市	70.61	1.23
	锦州市	北镇市、古塔区、黑山县、凌海市、凌河区、太和区、义县	96.97	1.68
	沈阳市	法库县、康平县、辽中区、沈北新区、新民市、于洪区	77.79	1.35
	铁岭市	昌图县、开原市、调兵山市、铁岭县、西丰县、银州区	67.93	1.18

续表

省	市	区县	面积/10^2km^2	比例/%
山东省	滨州市	滨城区、博兴县、惠民县、无棣县、阳信县、沾化区、邹平市	72.39	1.26
	德州市	德城区、乐陵市、临邑县、陵城区、宁津县、平原县、齐河县、庆云县、武城县、夏津县、禹城市	103.33	1.79
	东营市	东营区、广饶县、河口区、垦利区、利津县	12.15	0.21
	菏泽市	曹县、成武县、单县、定陶区、东明县、巨野县、鄄城县、牡丹区、郓城县	121.49	2.11
	济南市	槐荫区、济阳区、历城区、平阴县、商河县、天桥区、章丘区、长清区	30.18	0.52
	济宁市	嘉祥县、金乡县、梁山县、任城区、汶上县、兖州区、鱼台县	42.94	0.75
	聊城市	茌平区、东阿县、东昌府区、高唐县、冠县、临清市、莘县、阳谷县	86.2	1.50
	泰安市	东平县、肥城市、宁阳县	13.62	0.24
	淄博市	高青县、桓台县、临淄区	8.54	0.15
天津市		宝坻区、北辰区、滨海新区、东丽区、蓟州区、静海区、宁河区、武清区、西青区	44.36	0.77
总计			5758.08	

注：计算结果由于四舍五入，存在0.1%的误差，下同。

整个旱作区可分为黄淮海和东北两大区域。黄淮海旱作区包含了北京和天津的部分地区、河北大部分、山东西部、河南东部以及安徽北部区域；东北旱作区包括黑龙江省大部、吉林省西北部以及辽宁省北部区域(图1-2)。

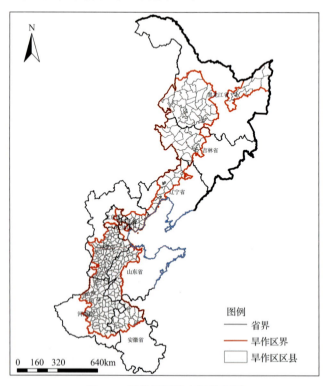

图1-2　旱作区区县空间分布图

第二节　自然资源概况

一、水文地质

旱作区地下水类型包括基岩裂隙水、松散沉积物孔隙水、湖泊和碳酸盐岩裂隙溶洞水 4 种类型(图 1-3)。其中主要类型为松散沉积物孔隙水,分布在全区大部分地区,占比为 91.75%;基岩裂隙水主要集中在辽宁省、吉林省东南部、黑龙江省和河南省南部等地区,面积为 30850km²,占旱作区面积的 5.36%;碳酸盐岩裂隙溶洞水主要分布在河北省西部、天津市等地区,面积为 16101km²,占旱作区面积的 2.80%;湖泊占比最少,仅占旱作区面积的 0.10%(图 1-3、表 1-2)。

二、立地条件

旱作区高程范围处于 100～2000m,呈现出南低北高的空间分布格局,局部地区略

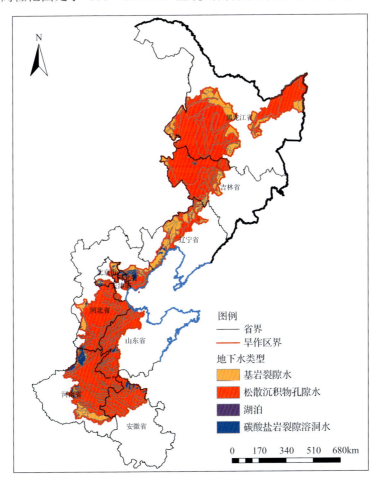

图 1-3　旱作区地下水类型空间分布图
数据来源:国际土壤信息与参比中心

表 1-2 旱作区地下水类型面积及占比

地下水类型	面积/10^2km^2	占比/%
湖泊	5.70	0.10
基岩裂隙水	308.50	5.36
松散沉积物孔隙水	5282.87	91.75
碳酸盐岩裂隙溶洞水	161.01	2.80
合计	5758.08	

有起伏。旱作区高程主要以 100～200m 为主,地貌类型为平原的区域占整个旱作区面积的 89.43%;高程范围在 200～300m、300～400m 和＞400m 的区域分别占旱作区面积的 2.98%、2.20% 和 5.38%,高程＞400m 的区域主要分布在黑龙江北部以及河北西部、河南西部(图 1-4、表 1-3)。

旱作区地形坡度主要以＜1°为主,占旱作区面积的 96.29%;地形坡度 1°～3°占旱作区面积的 2.92%;地形坡度大于 3°占比较少(图 1-5、表 1-4)。

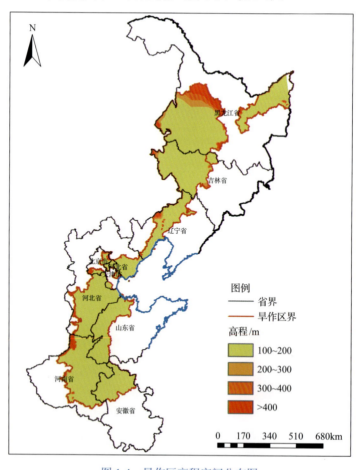

图 1-4 旱作区高程空间分布图

表 1-3　旱作区高程分级面积及占比

高程/m	地貌类型	面积/10^2km^2	比例/%
100~200	平原	5149.54	89.43
200~300	丘陵	171.85	2.98
300~400		126.64	2.20
>400		310.05	5.38
合计		5758.08	

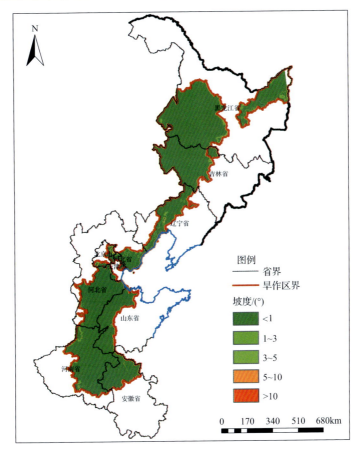

图 1-5　旱作区坡度空间分布图

表 1-4　旱作区坡度分级面积及占比

坡度/(°)	面积/10^2km^2	比例/%
<1	5544.36	96.29
1~3	168.27	2.92
3~5	30.76	0.53
5~10	14.14	0.25
>10	0.55	0.01
合计	5758.08	

　　旱作区坡向主要以"无"为主，面积为 464556km²，占比为 80.68%；坡向为西南向占整个旱作区面积的 3.79%，主要分布在东北三省；坡向为南占整个旱作区面积的 3.56%，主要分布在黑龙江省；其余坡向[北(0～22.5°)、东北、东、东南、西、西北、北(337.5°～360°)]占比较低，占旱作面积的 11.96%(图 1-6、表 1-5)。

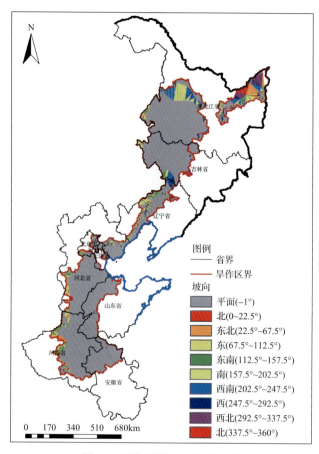

图 1-6　旱作区坡向空间分布图

表 1-5　旱作区坡向分级面积及占比

坡向/(°)	面积/10²km²	比例/%
无(-1)	4645.56	80.68
北(0～22.5)	28.42	0.49
东北(22.5～67.5)	116.85	2.03
东(67.5～112.5)	140.55	2.44
东南(112.5～157.5)	176.38	3.06
南(157.5～202.5)	205.19	3.56
西南(202.5～247.5)	218.04	3.79
西(247.5～292.5)	65.78	1.14
西北(292.5～337.5)	110.57	1.92
北(337.5～360)	50.74	0.88
合计	5758.08	

三、气候条件

1. 旱作区所在省域气候条件

旱作区包含纬度跨越和经度跨越，各区域形成不同气候类型，总体为亚热带季风性气候。

北京气候为典型的北温带半湿润大陆性季风气候。夏季高温多雨，冬季寒冷干燥，春秋短促。全年无霜期 180～200 天，西部山区较短。年降水量一般为 446～655mm，为华北地区降雨最多的地区之一，降水季节分配很不均匀，全年降水的 80% 主要集中在夏季 6、7、8 三个月，其中 7 月、8 月有大雨。

山东属暖温带湿润性季风气候类型。夏季受夏季风影响，盛行偏南风，高温多雨，冬季受冬季风影响盛行偏北风，加之邻近海洋，冬季冷湿，春秋短暂，冬夏较长。年平均气温在 11～14℃，东西地区气温差异大于南北地区。全年无霜期由东北沿海向西南递增，鲁北和胶东一般为 180 天，鲁西南地区可达 220 天。山东省光照资源充足，光照时长年均 2290～2890h，热量条件可满足农作物一年两作所需。年平均降水量一般在 550～950mm，由东南向西北递减。降水季节分布极不均衡，全年降水量有 60%～70% 集中于夏季，易形成涝灾，冬、春及晚秋易发生旱象，对农业生产影响最大。

天津位于中纬度亚欧大陆东岸，主要受季风环流的支配，是东亚季风盛行的地区，属温带季风气候。主要气候特征是：四季分明，春季多风，干旱少雨；夏季炎热，雨水集中；秋季气爽，冷暖适中；冬季寒冷，干燥少雪。年平均气温在 12～15℃，市区平均气温最高。天津季风盛行，冬、春季风速最大，夏、秋季风速最小；年平均风速 2～4m/s，多为西南风。天津年平均无霜期 196～246 天，最长无霜期 267 天，最短无霜期 171 天。天津年平均降水量在 550～600mm，降水天数 63～70 天。天津日照时间较长，年均日照时长在 2471～2769h。

东北地区自南向北跨中温带与寒温带，属温带季风气候，四季分明，夏季温热多雨，冬季寒冷干燥。自东南向西北，年降水量自 1000mm 降至 300mm 以下，从湿润区、半湿润区过渡到半干旱区。夏季受东南季风的影响，降水充沛，占全年降水量的 65% 左右；冬季在干冷西北风控制下，干燥少雪，仅占全年降水量的 5%；春秋分别占 13% 和 17% 左右。1 月份最少，7 月份最多。降水量从西向东逐渐增加。

河北属温带湿润半干旱大陆性季风气候，冬季寒冷少雪，夏季炎热多雨，春多风沙，秋高气爽。全省年平均气温在 4～13℃，1 月 2～14℃，7 月 20～27℃，总体表现为东南高、西北低，各地气温年较差、日较差都较大，全年无霜期 110～220 天。全省年平均降水量分布很不均匀，年变率也很大，一般年平均降水量在 400～800mm。燕山南麓和太行山东侧迎风坡，形成两个多雨区，张北高原偏处内陆，降水一般不足 400mm，夏季降水常以暴雨形式出现。

河南属北亚热带与暖温带过渡区，湿润半湿润季风性气候，具有四季分明、雨热同期、复杂多样的特点。全省南北各地气候显著不同，山地和平原气候也有显著差异。春季干旱风沙大，夏季炎热雨水多，秋季晴朗日照足，冬季寒冷雨雪少。全省年平均气温处于 13～15℃，四季分明，雨量充沛，年平均降水量 700mm。全年无霜期 200～236 天。该地区土地肥沃，动植物资源、矿产资源极其丰富，宜于工农业发展。降水与气温同步，近年平均降水量为 784.8mm，年降水总量为 1296 亿 m³，并由东南向西北逐渐减少。淮河以南地区 1000～1400mm，黄河沿岸和豫北平原仅 600～700mm，其他地区在 700～1000mm。由于河南地处中原，冷暖空气交替频繁，也存在一些不利的气候特征，易造成旱涝、干热风、大风、沙暴以及冰雹等多种自然灾害。

安徽在气候上属暖温带与亚热带的过渡地区。在淮河以北属暖温带半湿润季风气候，淮河以南属亚热带湿润季风气候。其主要气候特征是：季风明显，四季分明，春暖多变，夏雨集中，秋高气爽，冬季寒冷。同时安徽地处中纬度地带，随季风的递转，降水发生明显季节性变化，是季风气候明显的区域之一。春秋两季处于由冬转夏及由夏转冬的过渡时期。全年无霜期 200～250 天，10℃活动积温在 4600～5300℃。年平均气温为在 14～17℃，1 月平均气温−1～4℃，7 月平均气温在 28～29℃。全年平均降水量处于773～1670mm，有南多北少、山区多、平原丘陵少的特点，夏季降水丰沛，占年降水量的 40%～60%。

2. 旱作区典型区域气候条件

1）黄淮海旱作区

黄淮海旱作区地处暖温带大陆性季风气候带，年平均气温在 10～15℃，年降水量主要在 500～950mm，其中 60%～70%的降水发生在夏季，使得该区域春季经常遭受旱灾。旱作区主要土地利用类型为耕地，主要耕作制度为冬小麦-夏玉米轮作。冬小麦通常在每年 10 月初种植，次年 6 月收获，其余时间则为夏玉米生长期。

(1)实际蒸散。

蒸散是地表与大气进行能量交换和水分交换的重要途径之一。旱作区蒸散主要在400～1200mm 变化，高值主要分布在安徽北部、河南东部以及山东地区，低值主要分布在河南西部、河北北部一带，整体呈现出由东南向西北递减的趋势。不同年份的实际蒸散在空间分布方面也存在一定的差异，这也反映了蒸散受到农业、气象、水文等要素的综合影响(图 1-7)。

①冬小麦期实际蒸散。

冬小麦是黄淮海旱作区重要的粮食作物之一，冬小麦一般在每年的 10 月初种植，次年 6 月份收获。整体来看，高值区域主要分布在安徽北部、河南东部、鲁西北、鲁西南以及河北山前平原区域，低值区域主要分布在河北沧州、廊坊一带，以及河南西部地区。不同年份蒸散值存在一定差异，间接反映了遥感反演区域蒸散，其结果受到多方面因素的影响(图 1-8)。

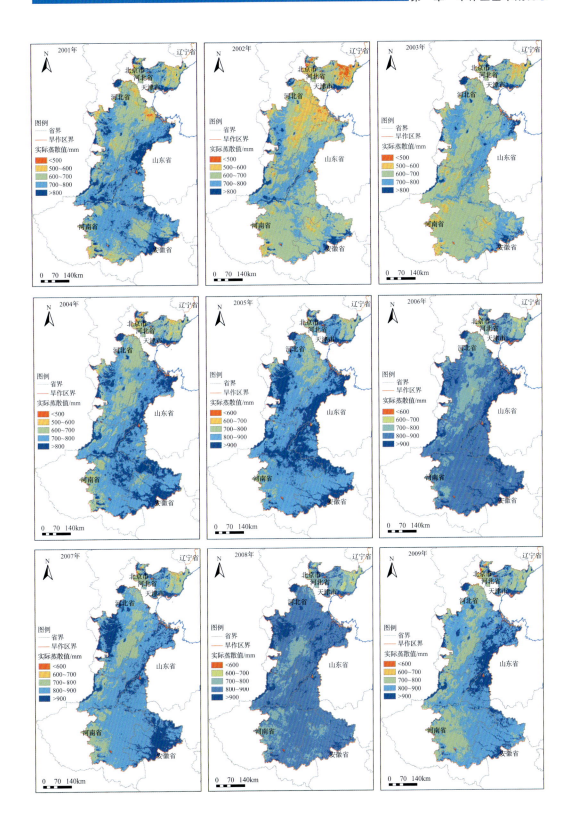

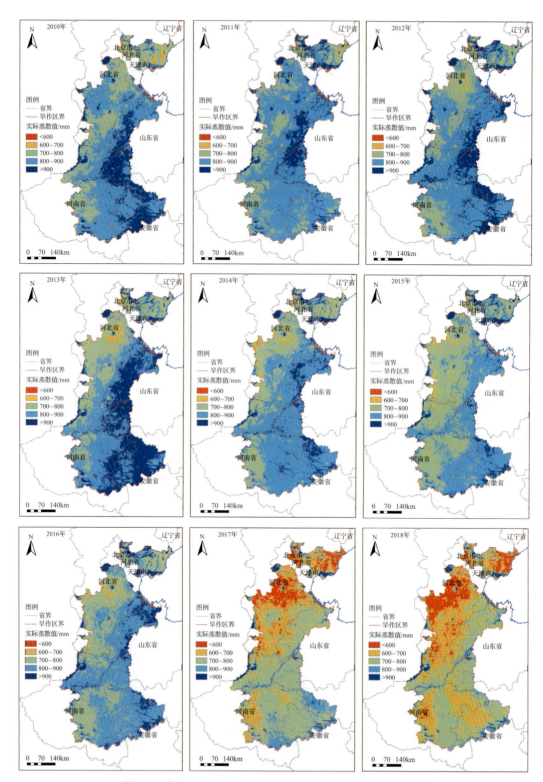

图 1-7　黄淮海旱作区 2001～2018 年实际蒸散值空间分布图

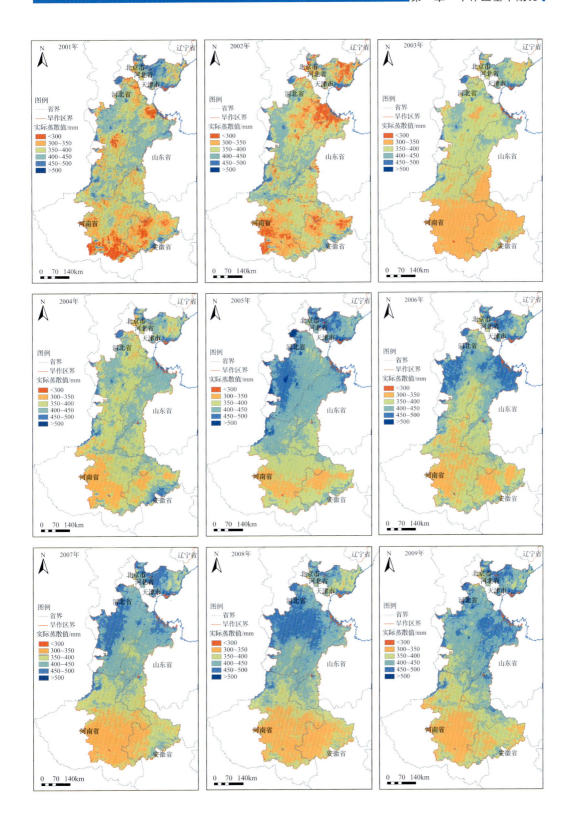

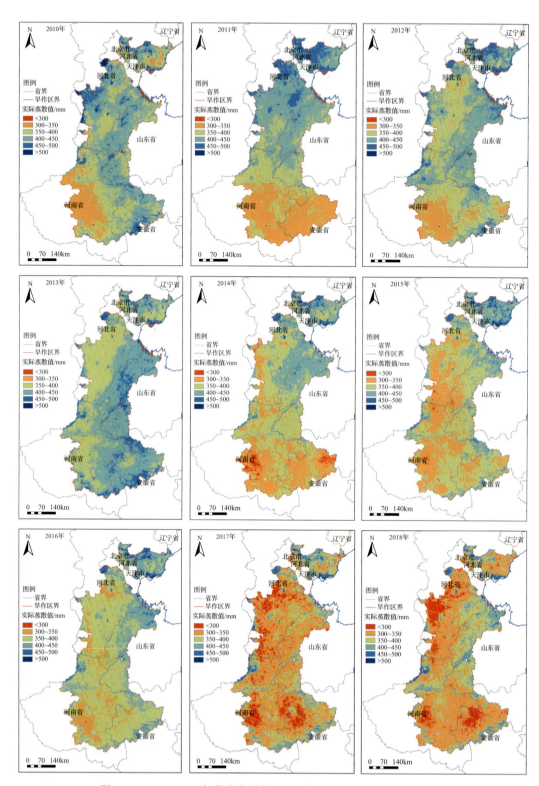

图 1-8　2001～2018 年黄淮海旱作区冬小麦期实际蒸散值空间分布图

②夏玉米期实际蒸散。

从空间分布来看，旱作区夏玉米期实际蒸散大致呈现出北高南低的地理趋势，多数区域蒸散量在 300～400mm，个别年份部分区域在 400～450mm。从时间分布来看，同一区域在不同年份的蒸散值存在一定差异，但并不明显(图 1-9)。

(2)潜在蒸散。

潜在蒸散表征了在一定气象条件下，水分供应不受限制时所能达到的最大蒸散量，其蒸发速率由大气蒸发需求(气象因素)确定。黄淮海旱作区潜在蒸散值在 800～1300mm 变动，多数区域基本处在 900～1200mm。高值区域主要分布在黄淮海旱作区北部区域，河南、安徽区域蒸散相对偏低，基本在 1000mm 以下。整体来看，黄淮海旱作区不同年份潜在蒸散的空间变化并不明显(图 1-10)。

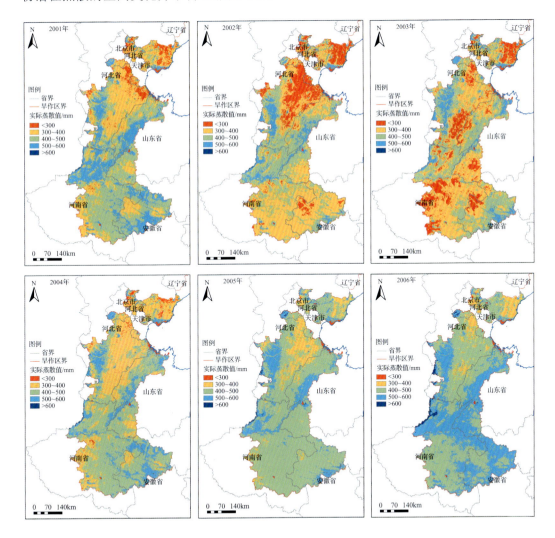

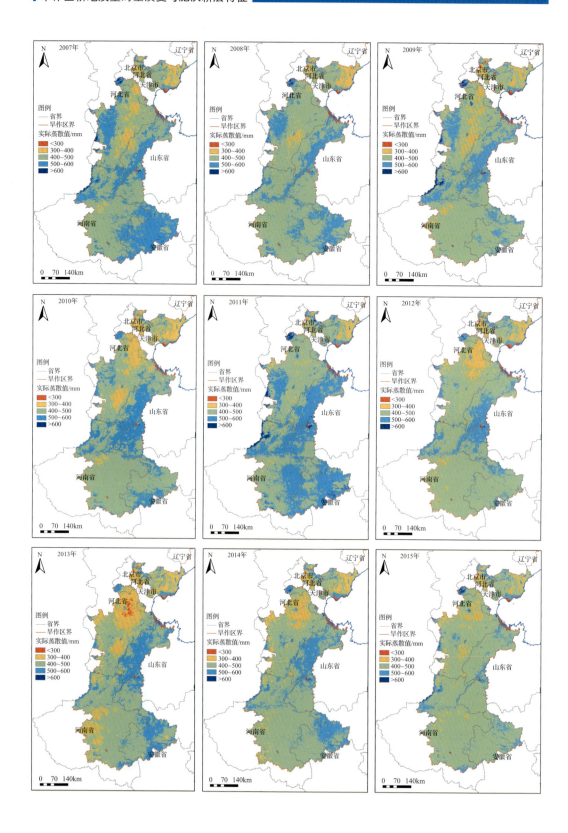

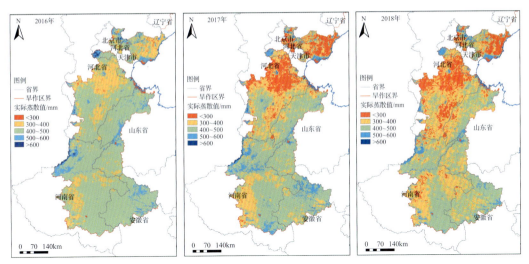

图 1-9　黄淮海旱作区 2001～2018 年夏玉米期实际蒸散值空间分布图

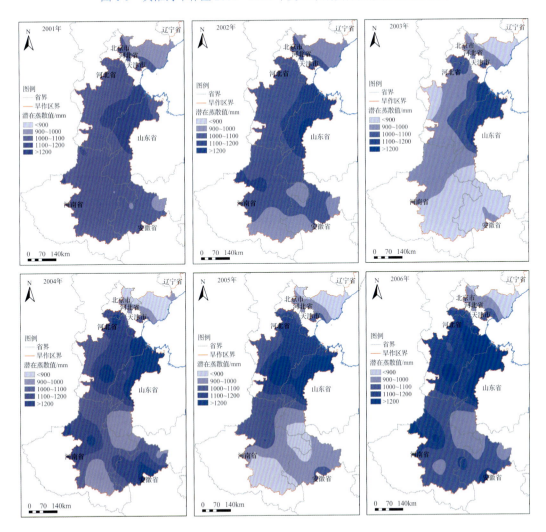

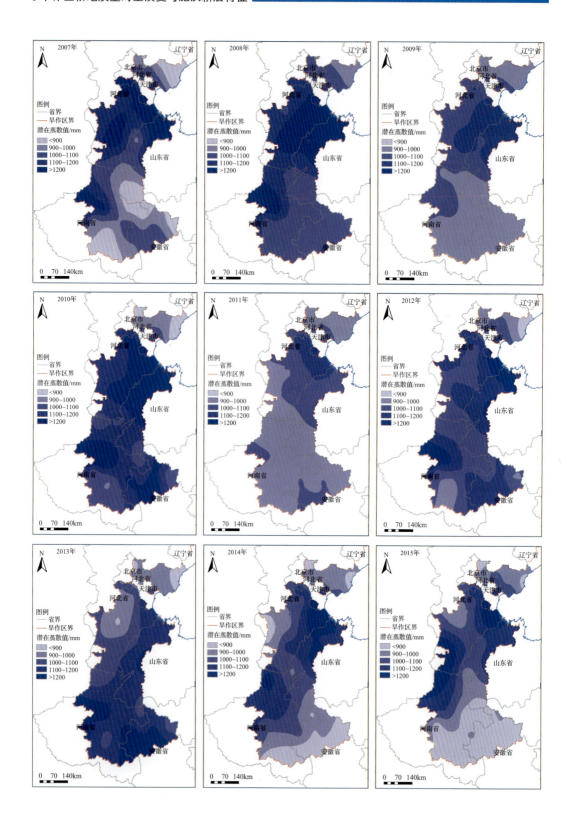

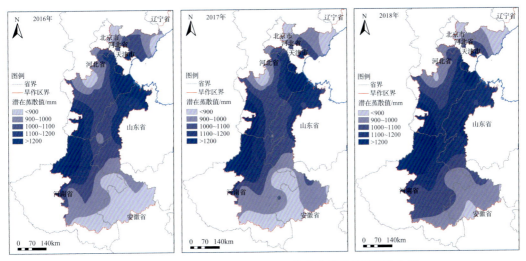

图 1-10　黄淮海旱作区 2001～2018 年潜在蒸散值空间分布图

①冬小麦期潜在蒸散。

从空间上来看，黄淮海旱作区冬小麦期潜在蒸散值分布呈现出北高南低的趋势，但不同年份高值、低值区域的具体空间分布存在一定的差异性。整个区域潜在蒸散值基本在 500～700mm 变化。从时间上来看，同一区域在不同年份表现出不同的潜在蒸散值，反映了各年份气象要素的差异性(图 1-11)。

②夏玉米期潜在蒸散。

从空间分布来看，黄淮海旱作区夏玉米期潜在蒸散大体呈现出北高南低的趋势，但差异并不明显，大部分区域潜在蒸散值处在 400～500mm，南部(河南东南部、安徽北部)在部分年份(2003 年、2007～2010 年)的潜在蒸散值在 400mm 以下。从时间尺度来看，同一区域不同年份潜在蒸散值也存在一定的差异性，这种差异主要是由气象要素的差异性造成的(图 1-12)。

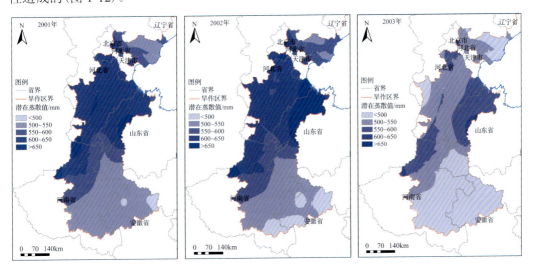

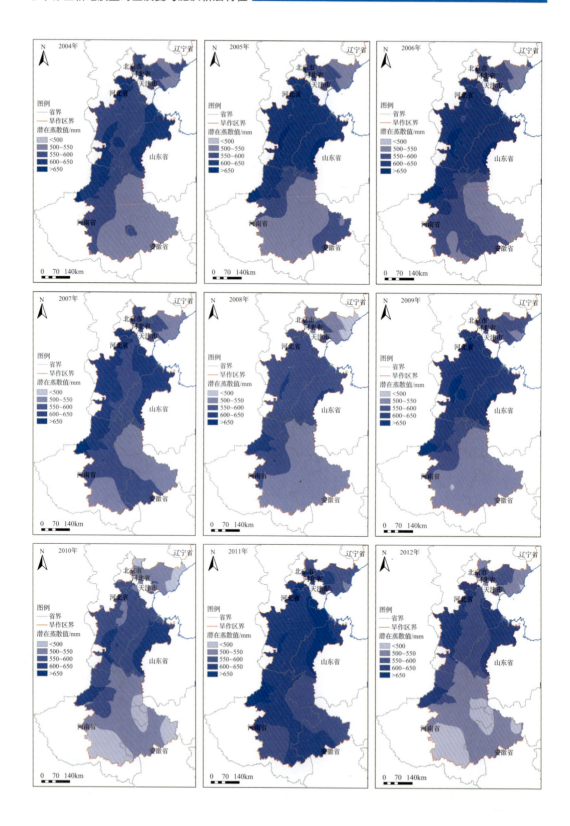

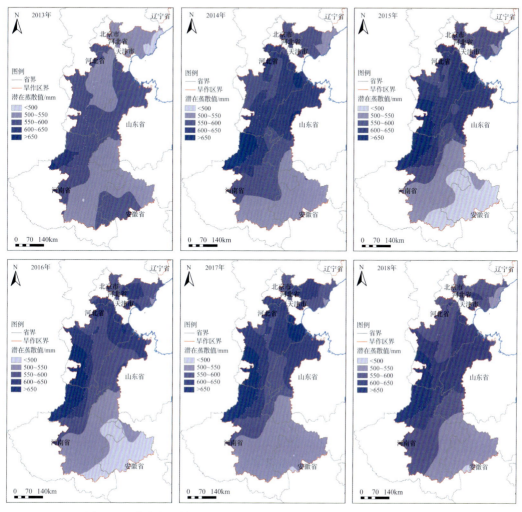

图 1-11 黄淮海旱作区 2001～2018 年冬小麦期潜在蒸散值空间分布图

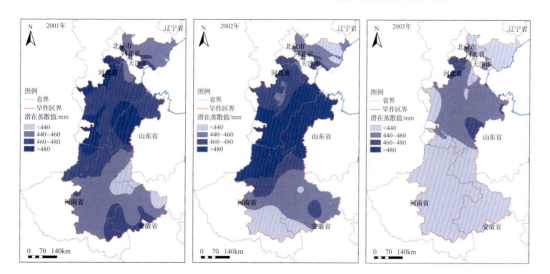

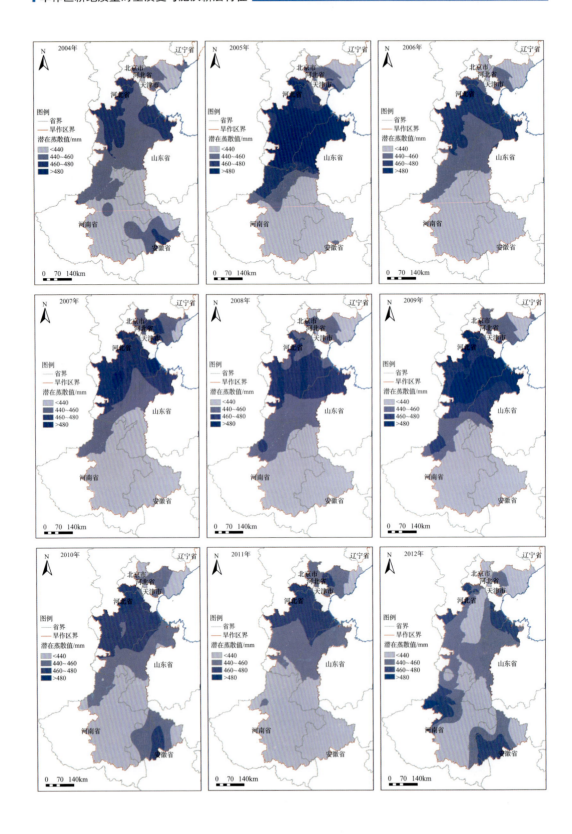

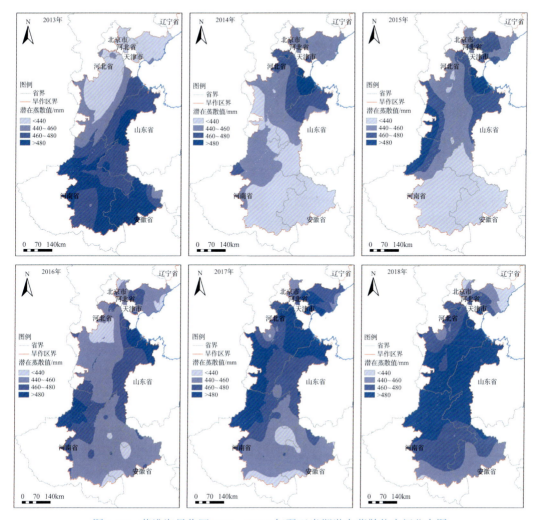

图 1-12　黄淮海旱作区 2001～2018 年夏玉米期潜在蒸散值空间分布图

(3)降水。

黄淮海旱作区年降水量基本在 500～950mm 变化，部分年份局部区域也会出现降水低于 500mm 和高于 950mm 的情况。降水量高值区域主要分布在黄淮海旱作区南部，即河南和安徽地区，低值区域则分布在河北大部分区域，空间上呈现由东南向西北递减的趋势。不同年份降水的空间变化也存在较大差异。降水的时空分布不均匀是其重要表征之一(图 1-13)。

①冬小麦期降水。

从空间分布来看，黄淮海旱作区冬小麦期降水呈现出南高北低的地理趋势，河南东南部、安徽北部区域拥有最高的降水量，河北北部区域降水则最为稀少。2004 年降水分布呈现相反趋势，高值区域分布在河北山前平原一带以及山东大部分区域，降水量达到了 250mm 以上，河南、安徽则多数在 150～250mm。黄淮海旱作区同一区域不同年份降水也呈现出极大差异性，反映出冬小麦期降水分布的时空不均性(图 1-14)。

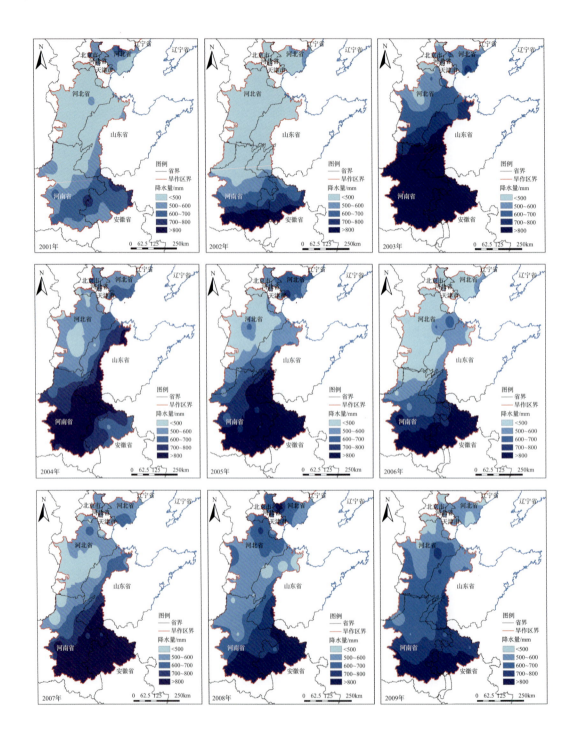

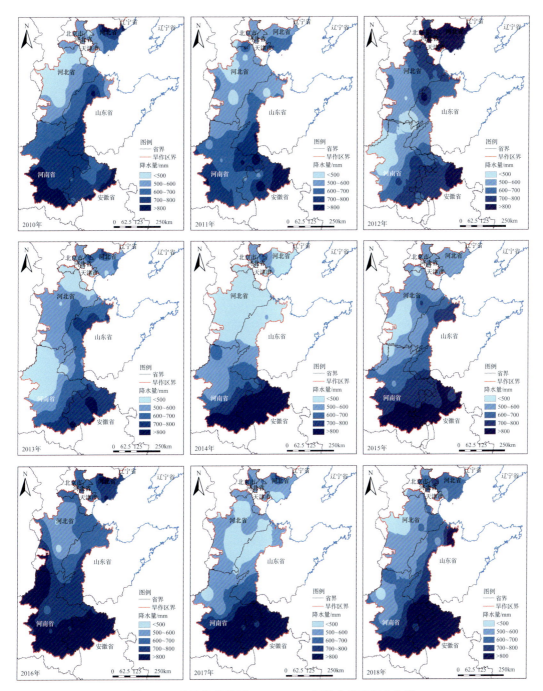

图 1-13 黄淮海旱作区 2001~2018 年降水量空间分布图

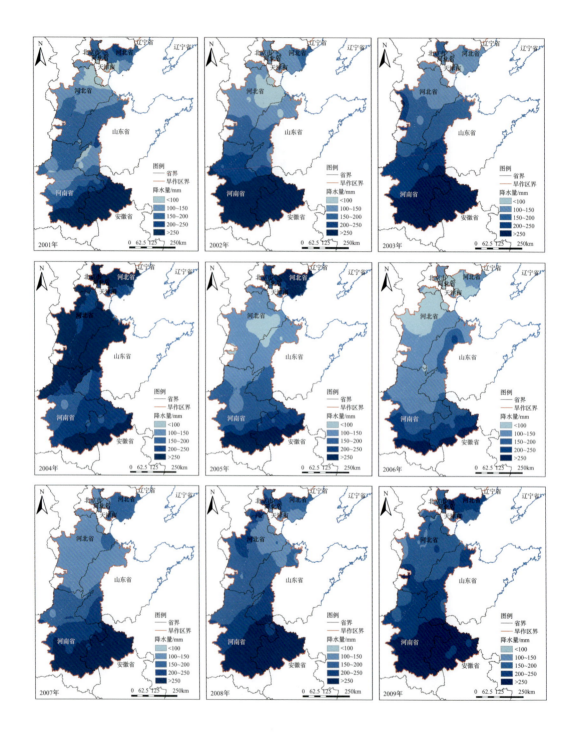

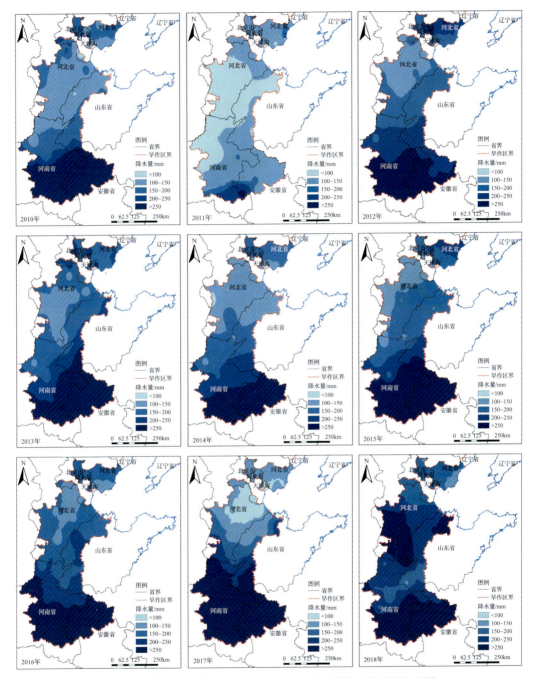

图 1-14　黄淮海旱作区 2001～2018 年冬小麦期降水量空间分布图

②夏玉米期降水。

整体来看，夏玉米期降水的时空分布呈现出极大的差异性，规律并不明显。黄淮海旱作区南部(河南东南部、安徽北部)降水基本维持在 300mm 以上，部分年份可达到 450mm 以上；黄淮海旱作区北部(河北、山东等地)夏玉米期降水在 200～400mm 变化，局部区域在个别年份则低于 200mm(图 1-15)。

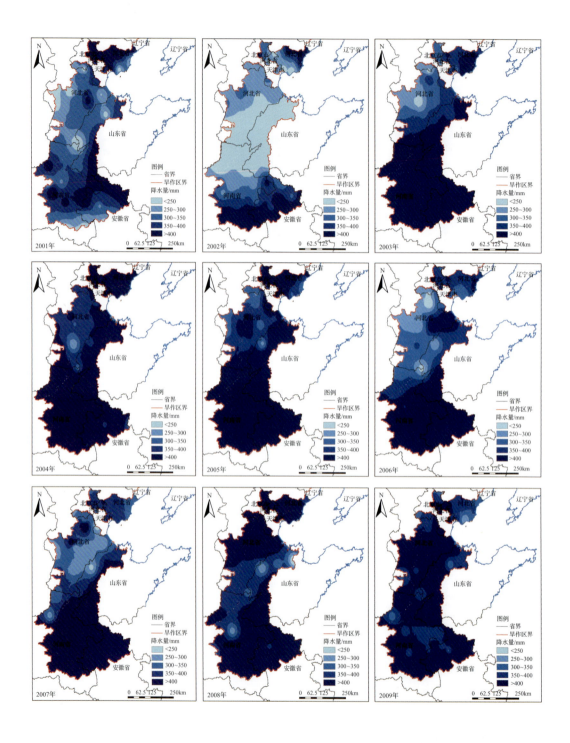

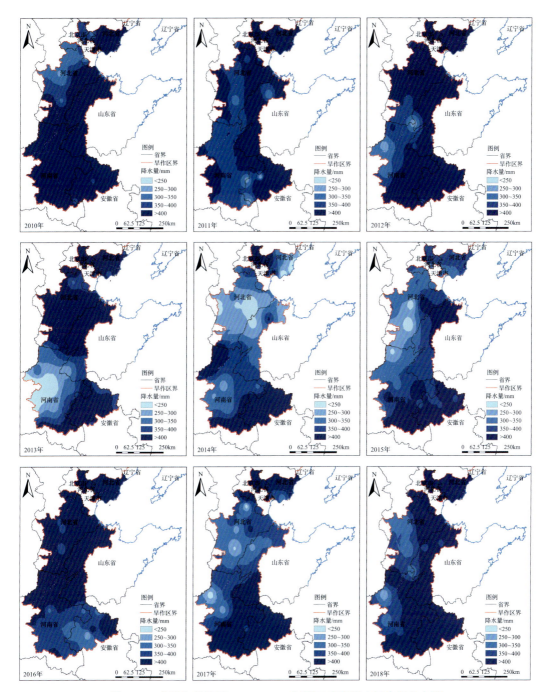

图 1-15　黄淮海旱作区 2001～2018 年夏玉米期降水量空间分布图

（4）多年平均实际蒸散、潜在蒸散、降水。

实际蒸散高值区域主要分布在河南东部、安徽北部、山东以及河北山前平原一带，其值达到了 800mm；低值区域主要分布在河南西部以及河北北部地区，区域均值 794mm。潜在蒸散主要在 900～1100mm，区域均值 1014mm。降水呈现由东南向西北递减的地理趋势,河南东南部、安徽北部可达 800mm 以上,河北大部区域则都在 600mm 以下(图 1-16)。

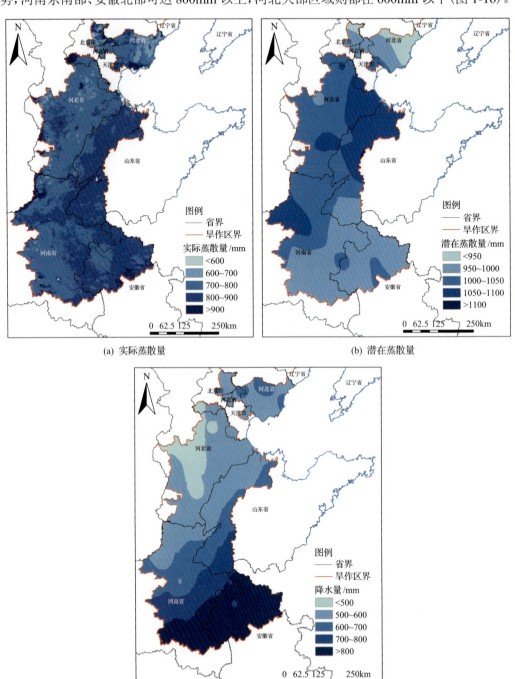

(a) 实际蒸散量

(b) 潜在蒸散量

(c) 降水量

图 1-16 黄淮海旱作区 2001~2018 年多年平均实际蒸散、潜在蒸散、降水空间分布图

①冬小麦期多年平均实际蒸散、潜在蒸散、降水。

实际蒸散高值区域主要分布在河北、河南山前平原一带,山东西北地区以及安徽的局部区域，其值达到450mm；低值区域主要分布在河南西部以及河北北部地区，区域均值430mm。潜在蒸散主要在500～650mm，区域均值571mm。降水呈现由南到北递减的地理趋势，河南东南部、安徽北部可达250mm以上，河北大部区域则都在200mm以下（图1-17）。

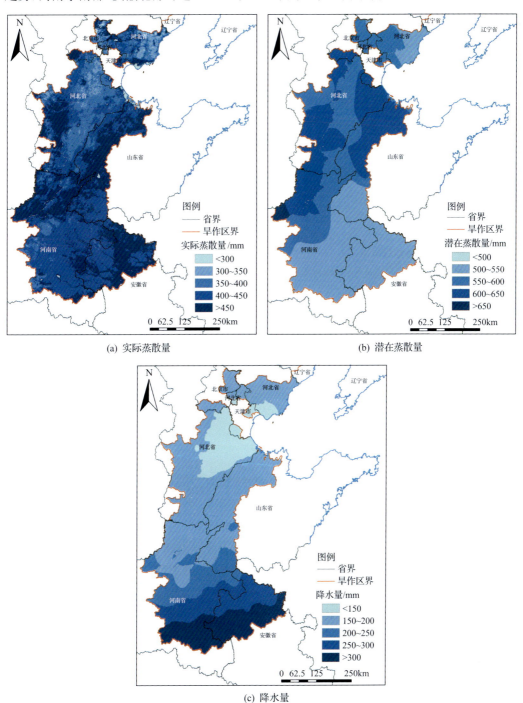

(a) 实际蒸散量

(b) 潜在蒸散量

(c) 降水量

图1-17 黄淮海旱作区2001～2018年冬小麦期多年平均实际蒸散、潜在蒸散、降水空间分布图

②夏玉米期多年平均实际蒸散、潜在蒸散、降水。

实际蒸散高值区域主要分布在河北、山东以及河南北部地区,蒸散量在350~400mm;河南东南部、安徽北部区域在300~350mm,区域均值363mm。潜在蒸散主要在400~470mm,区域均值443mm。降水呈现由东南到西北递减的地理趋势,河南、安徽可达400mm以上,河北大部区域在300~400mm(图1-18)。

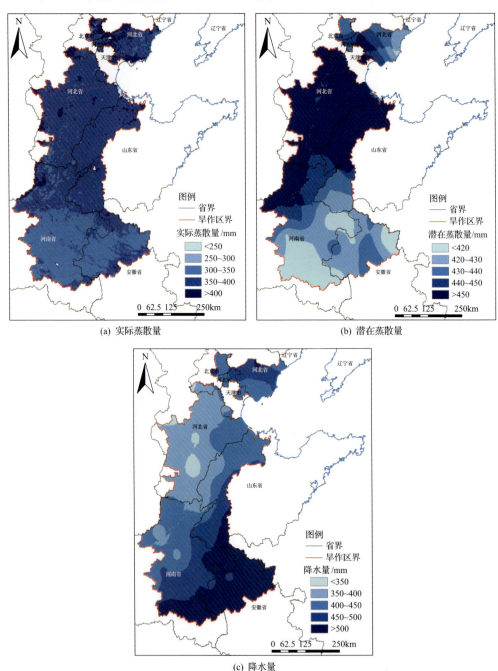

(a) 实际蒸散量

(b) 潜在蒸散量

(c) 降水量

图1-18 黄淮海旱作区2001~2018年夏玉米期多年平均实际蒸散、潜在蒸散、降水空间分布图

2) 吉林省旱作区

吉林省旱作区中西部地区全年降水量较少，东部地区相对较多。吉林省旱作区2000～2017 年年降雨量分别为 387mm、299mm、447mm、472mm、354mm、568mm、404mm、342mm、503mm、383mm、564mm、403mm、618mm、588mm、455mm、475mm、610mm 和 478mm，降水量最少的年份为 2001 年，降水量最大的年份为 2012 年，多年平均降水量为 464mm（图 1-19）。

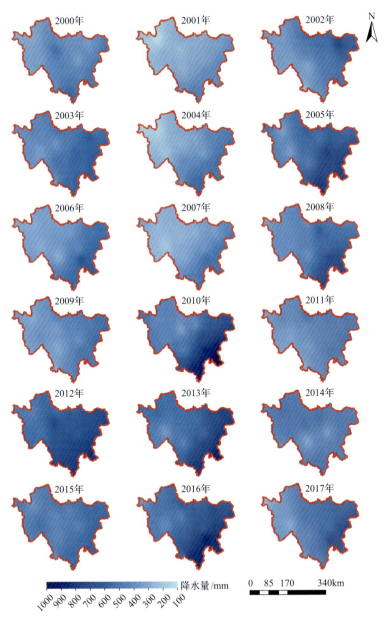

图 1-19　吉林省旱作区历年全年降水量分布图

吉林省旱作区多年平均降水量在 347～676mm，西部风沙区的多年平均降水量在350～400mm，中部平原地区的多年平均降水量在400～500mm，东部山地丘陵区多年平均降水量在550～650mm，多年平均降水量在区域分配极不均匀（图1-20）。

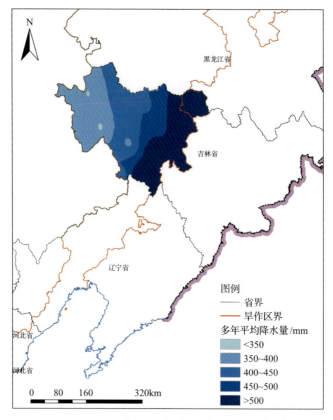

图1-20　吉林省旱作区多年平均降水量分布图

（1）降水量。

①春玉米生育期历年降水量。

吉林省春玉米的生育期为每年5月1日～9月30日，全年生育期长达150多天，春玉米生育期降水量的整体情况与年降水量分布情况类似。2000～2017年，春玉米生育期历年降水量分别为302mm、274mm、350mm、401mm、288mm、503mm、355mm、285mm、435mm、285mm、427mm、361mm、488mm、466mm、422mm、385mm、518mm 和450mm，降水量最少的年份为2001年，降水量最大的年份为2016年，历年平均降水量为389mm（图1-21）。

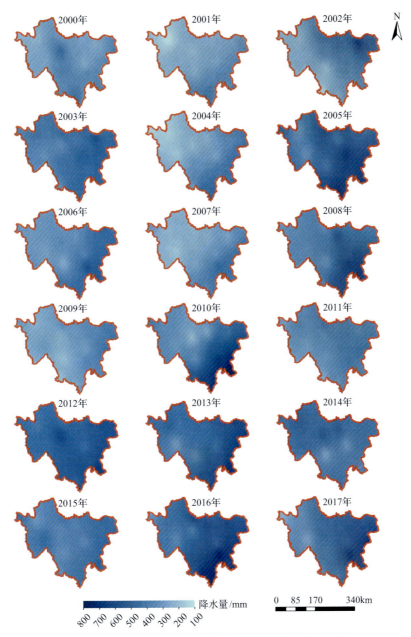

图 1-21　吉林省旱作区历年春玉米生育期降水量分布图

②春玉米生育期多年平均降水量。

吉林省旱作区春玉米生育期多年平均降水量在 302～537mm，西部风沙区春玉米生育期多年平均降水量低于 350mm，中部平原地区春玉米生育期多年平均降水量在 350～400mm，东部山地丘陵区春玉米生育期多年平均降水量在 400～500mm，春玉米生育期降水量在区域分配上与年降水量趋势一致(图 1-22)。

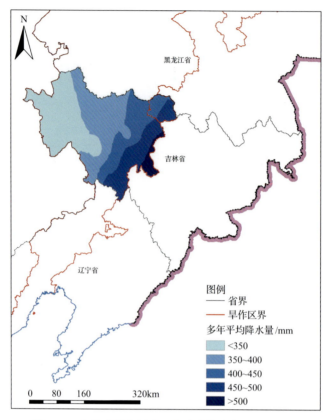

图 1-22 吉林省旱作区春玉米生育期多年平均降水量

(2) 潜在蒸散。

①吉林省旱作区春玉米生育期潜在蒸散量分布。

潜在蒸散量是在不受水分胁迫下的最大蒸散量，完全由当地气象要素所决定。吉林省旱作区春玉米生育期潜在蒸散量最高的地区为西北地区，其次为中部地区，东部地区最低，这与当地西部干旱多风的气候相符合。2000～2017 年，吉林省旱作区春玉米生育期平均潜在蒸散量分别为 675mm、700mm、661mm、615mm、679mm、572mm、637mm、315mm、596mm、651mm、618mm、616mm、594mm、622mm、600mm、626mm、625mm 和 661mm，多年平均潜在蒸散量为 615mm（图 1-23）。

②吉林省旱作区春玉生育期多年平均潜在蒸散量分布。

吉林省旱作区春玉生育期多年平均潜在蒸散量在 533～666mm，西部风沙区春玉生育期潜在蒸散量高于 650mm，中部平原地区潜在蒸散量在 600～650mm，东部山地丘陵区潜在蒸散量在 550～600mm，潜在蒸散量的分布趋势反映了该地区气候状况与水资源的需求状况（图 1-24）。

③吉林省旱作区春玉米生育期实际蒸散量分布。

实际蒸散量的计算考虑到温度、水分等胁迫因子的影响。吉林省旱作区春玉米生育期实际蒸散量最高的地区为河流附近的地区（松花江、嫩江、东辽河）。2000～2017 年，吉林省旱作区春玉米生育期实际蒸散量分别为 475mm、478mm、487mm、464mm、487mm、458mm、517mm、476mm、476mm、513mm、504mm、507mm、496mm、504mm、514mm、512mm、514mm 和 488mm，多年平均实际蒸散量为 493mm（图 1-25）。

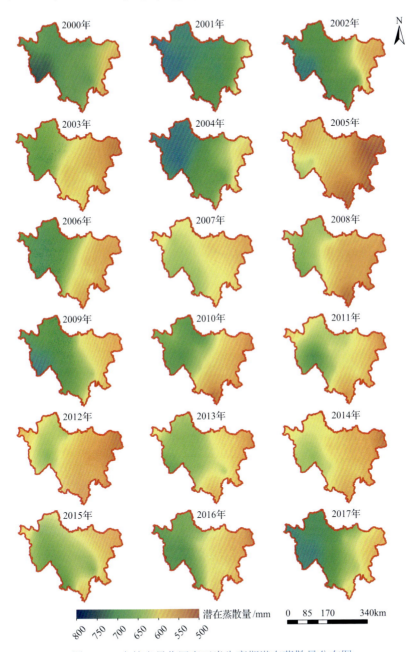

图 1-23 吉林省旱作区春玉米生育期潜在蒸散量分布图

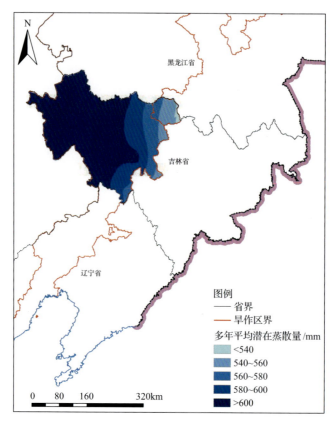

图 1-24　吉林省旱作区春玉米生育期多年平均潜在蒸散量

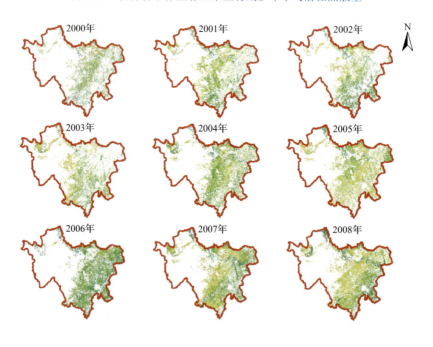

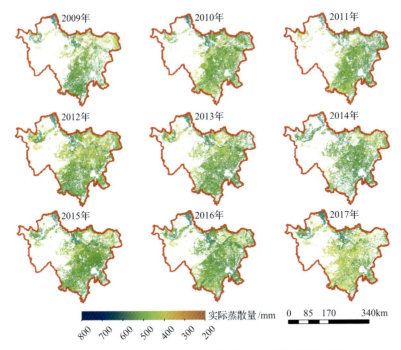

图 1-25 吉林省旱作区春玉米生育期实际蒸散量分布图

第三节 社会经济状况

一、人口

1) 旱作区人口密度

旱作区人口分布总体较为集中，2019 年人口密度以 100～500 人/km² 为主，占旱作区面积的 41.27%；人口密度＞500 人/km² 的区域占整个旱作区面积的 18.03%；人口密集区（＞100 人/km²）达到旱作区面积的 59.30%；人口密度为 25～100 人/km² 的区域占整个旱作区面积的 21.27%；人口密度为 1～25 人/km² 的区域占整个旱作区面积的 5.84%。旱作区中也不乏"无人区"，主要分布于黑龙江省西部和东北部，人口密度不到 1 人/km²（图 1-26、表 1-6）。

2) 各省市旱作区人口密度

安徽省人口密度最高为 19468 人/km²；河北省人口密度最高为 31313 人/km²；北京市人口密度最高为 11653 人/km²；河南省人口密度最高为 38989 人/km²；黑龙江省人口密度最高为 34095 人/km²；吉林省人口密度最高为 38700 人/km²；辽宁省人口密度最高为 18350 人/km²；山东省人口密度最高为 11207 人/km²；天津市人口密度最高为 8755 人/km²。

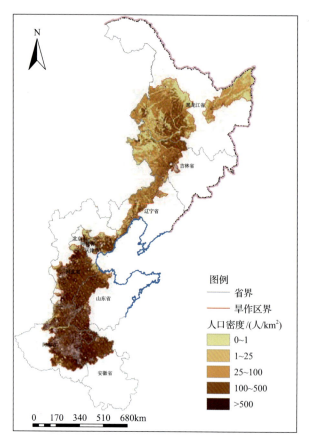

图 1-26　旱作区人口密度分布(2019 年，数据来源于国家统计局)

表 1-6　旱作区人口密度分级面积及占比

人口密度/(人/km²)	面积/10²km²	比例/%
0～1	782.29	13.59
1～25	336.32	5.84
25～100	1225.02	21.27
100～500	2376.46	41.27
＞500	1037.99	18.03
合计	5758.08	100.00

二、人均 GDP

以人均 GDP 为对象分析 2010 年、2015 年和 2019 年三个不同时期的旱作区经济发展状况(图 1-27)。

2010 年，旱作区人均 GDP 呈现出中间高、两端低的趋势，高值区主要分布在北京、天津两市；2015 年，旱作区人均 GDP 呈现出中间高、两端低，两端向中间逐渐升高的趋势，低值区主要分布在黑龙江省和河南省；2019 年，旱作区人均 GDP 呈现出中间高、北部低，由北部向中部逐渐升高的趋势，高值区主要分布在北京市，低值区分布在黑龙

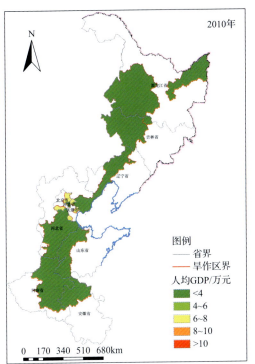
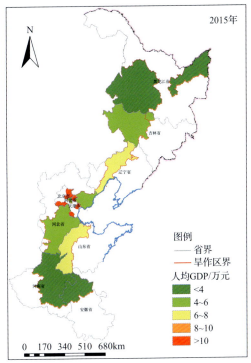
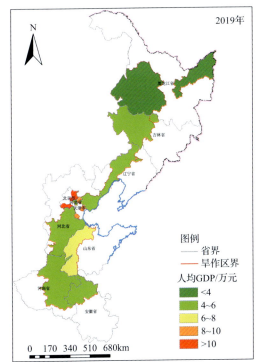

图 1-27 2010 年、2015 年、2019 年旱作区人均 GDP 分布图

江省。相较于 2010 年各省份旱作区人均 GDP，2015 年、2019 年各省份旱作区人均 GDP 都有明显提升，提升幅度最大的地区分布在北京市、天津市和山东省(图 1-28)。

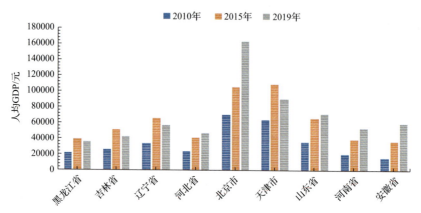

图1-28 2010年、2015年、2019年旱作区各省份人均GDP柱状图

数据来源：国家统计局

北京市旱作区人均GDP在旱作区各省市中处于领先地位，并且上涨幅度比较大；黑龙江省、吉林省、辽宁省和天津市旱作区人均GDP在2015~2019年均有小幅度的下滑；河北省、河南省、山东省和安徽省旱作区人均GDP总体呈上升趋势，其中安徽省涨幅最高(图1-29)。

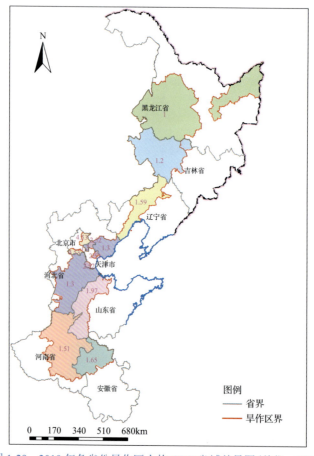

图1-29 2019年各省份旱作区人均GDP省域差异图(单位：万元)

2019 年旱作区各省份人均 GDP 均大于黑龙江省，其中北京市旱作区人均 GDP 为黑龙江省的 4.53 倍；其次为天津市，为黑龙江省的 2.52 倍；其余地区均为黑龙江省的 1～2 倍(图 1-29)。

第四节　农业生产概况

一、土地利用

以 2000 年、2005 年、2010 年和 2015 年 30mTM Landsat 影像为基础，通过遥感解译获取旱作区不同时期土地利用情况(图 1-30)。

旱作区 2000 年土地利用现状以耕地为主，占旱作区面积的 67.28%；其次是林地，占比 9.12%；其他建设用地占比最少，占旱作区面积的 0.43%。旱作区 2005 年土地利用现状以耕地为主，占旱作区面积的 67.21%；林地、未利用土地、草地分别占旱作区面积的 9.08%、5.65% 和 5.09%；其他建设用地占比最少，占旱作区面积的 0.50%。旱作区 2010 年土地利用现状以耕地为主，占旱作区面积的 67.12%；林地、农村居民点、未利用土地分别占旱作区面积的 9.03%、7.51% 和 5.56%；其他建设用地占比最少，占旱作区面积的 0.55%。2015 年，旱作区土地利用现状以耕地为主，占旱作区面积的 67.13%；林地、草地、农村居民点、未利用土地分别占旱作区面积的 8.91%、5.04%、7.56% 和 5.34%(图 1-30、表 1-7)。

利用 ArcGIS 软件对 2000 年、2005 年、2010 年、2015 年的土地利用图进行叠置分析，得到土地利用转移矩阵，用于研究旱作区 2000～2015 年的土地利用情况(表 1-8)。

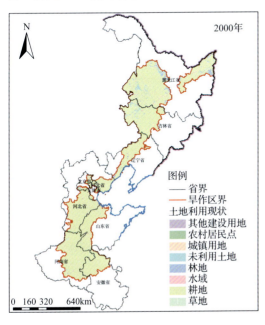

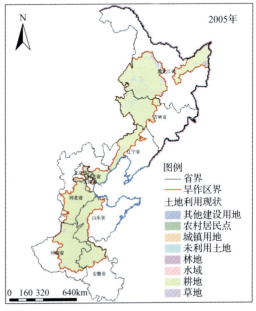

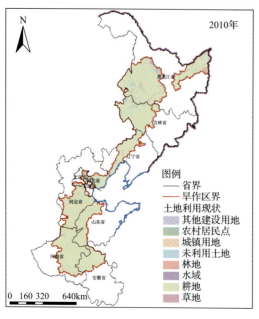
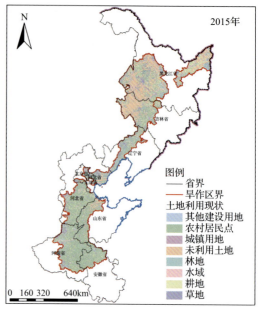

图 1-30　旱作区不同时期土地利用情况

表 1-7　旱作区不同时期土地利用现状

年份	项目	林地	草地	水域	城镇用地	农村居民点	其他建设用地	未利用土地	耕地	总计
2000 年	面积/km²	52486.00	29332.00	21397.00	6179.00	43092.00	2481.00	33453.00	387388.00	575808.00
	比例/%	9.12	5.09	3.72	1.07	7.48	0.43	5.81	67.28	
2005 年	面积/km²	52281.00	29286.00	21155.00	7524.00	43226.00	2852.00	32505.00	386979.00	575808.00
	比例/%	9.08	5.09	3.67	1.31	7.51	0.50	5.65	67.21	
2010 年	面积/km²	52024.00	29258.00	21333.00	8276.00	43264.00	3169.00	32005.00	386479.00	575808.00
	比例/%	9.03	5.08	3.70	1.44	7.51	0.55	5.56	67.12	
2015 年	面积/km²	51300.00	29032.00	21403.00	9397.00	43523.00	3887.00	30748.00	386518.00	575808.00
	比例/%	8.91	5.04	3.72	1.63	7.56	0.68	5.34	67.13	

表 1-8　不同时期土地利用转移矩阵情况　　　　　　　（单位：km²）

年份	类型	林地	草地	水域	城镇用地	农村居民点	其他建设用地	未利用土地	耕地	合计
2000～2005 年	林地	51991	75	17	17	9	29	34	314	52486
	草地	39	28415	49	3	8	25	239	554	29332
	水域	16	77	20586	14	5	16	315	368	21397
	城镇用地	1		1	6170	3	2	1	1	6179
	农村居民点		2	2	280	42722	13	2	71	43092
	其他建设用地			6	28	3	2440		4	2481
	未利用土地	33	503	158	4	7	18	31859	871	33453
	耕地	201	214	334	1008	469	307	55	384796	387384
	合计	52281	29286	21153	7524	43226	2850	32505	386979	

续表

年份	类型	林地	草地	水域	城镇用地	农村居民点	其他建设用地	未利用土地	耕地	合计
2005~2010年	林地	51833	17	11		2		8	153	52024
	草地	31	29022			4		46	155	29258
	水域	13	23	20990		11	7	30	259	21333
	城镇用地	13	7	10	7517	139	11	2	577	8276
	农村居民点	3	1	3	2	43028	6	1	220	43264
	其他建设用地	18	23	16	1	6	2814	33	254	3165
	未利用土地	4	5	15			6	31956	19	32005
	耕地	366	188	110	4	36	8	429	385337	386478
	合计	52281	29286	21155	7524	43226	2852	32505	386974	
2010~2015年	林地	51130	14	2	11	9	27	4	827	52024
	草地	11	28723	18	7	7	61	27	404	29258
	水域		13	21134	10	7	20	19	130	21333
	城镇用地	2		4	8166	17	15	1	71	8276
	农村居民点	3	5	9	75	43025	26		121	43264
	其他建设用地	9	4	2	22	6	3091		35	3169
	未利用土地	9	199	76	24	10	41	30648	998	32005
	耕地	136	74	158	1082	442	605	49	383931	386477
	合计	51300	29032	21403	9397	43523	3886	30748	386517	

旱作区的土地利用类型始终以耕地为主,其次是农村居民点和林地。2000~2015年,耕地、林地、草地面积减少,城镇用地、农村居民点和其他建设用地面积增大。2000~2005年,最大的面积转化为城镇用地转化为耕地、耕地转化为未利用土地和耕地转化为草地,分别为1008km²、871km²和554km²,分别占转出面积的74.44%、39.90%和25.38%;2005~2010年,最大面积转化为耕地转化为城镇用地和未利用土地转化为耕地,面积分别为577km²和429km²,分别占转出面积的35.14%和78.14%;2010~2015年,最大面积转化为城镇用地转化为耕地、耕地转化为未利用土地和耕地转化为林地,面积分别为1082km²、998km²和827km²,分别占转出面积的87.90%、38.58%和31.97%。

综合来看,城镇用地呈扩张趋势,耕地面积减少,应加大保护耕地的力度,严格控制耕地非农化,并在可能的情况下进行土地综合整治,以增加耕地数量、提升耕地质量。

二、种植制度

旱作区种植制度分区可分为三江平原长白山地区、冀鲁豫低洼平原区、大小兴安岭山地区、山东丘陵区、晋东山地区、松嫩平原区、江淮平原区、燕山太行山山前平原区、豫西山地丘陵区、辽吉西蒙东南冀北山地、辽宁平原区、鄂豫皖丘陵山地区和黄淮平原区共13个分区。其中,松嫩平原区最大,面积为2128.56km²,占旱作区面积的36.97%;黄淮平原区、冀鲁豫低洼平原区、燕山太行山山前平原区其次,分别占旱作区面积的19.73%、14.49%、11.70%;三江平原长白山地区、辽宁平原区分别占整个旱作区面积的

7.96%、7.12%；其余地区面积较小，均未超过旱作区面积的 1%（图 1-31、表 1-9）。

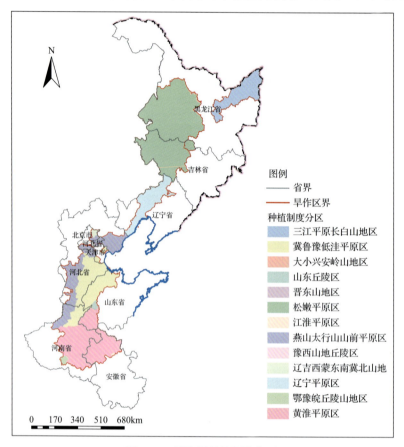

图 1-31　旱作区种植制度分区

表 1-9　旱作区种植制度分布及占比

指标区	面积/10^2km^2	比例/%
松嫩平原区	2128.56	36.97
黄淮平原区	1136.29	19.73
冀鲁豫低洼平原区	834.50	14.49
燕山太行山山前平原区	673.74	11.70
三江平原长白山地区	458.36	7.96
辽宁平原区	409.88	7.12
辽吉西蒙东南冀北山地	32.16	0.56
鄂豫皖丘陵山地区	28.08	0.49
山东丘陵区	23.15	0.40
大小兴安岭山地区	21.80	0.38
江淮平原区	6.26	0.11
晋东山地区	4.90	0.09
豫西山地丘陵区	0.40	<0.01
合计	5758.08	

三、灌溉条件

灌溉系数，又称灌溉水有效利用系数，是指灌溉期内，灌溉面积上不包括深层渗漏与田间流失的实际有效利用水量与渠道头进水总量之比。旱作区内整体灌溉系数偏低，灌溉系数 0～10.74%占比高达 39.89%；灌溉系数 10.75%～25.50%占比为 25.99%；灌溉系数 25.51%～44.14%、44.15%～63.32%和 63.33%～99.97%分别占旱作区面积的 12.25%、11.41%和 10.46%（图 1-32、表 1-10）。

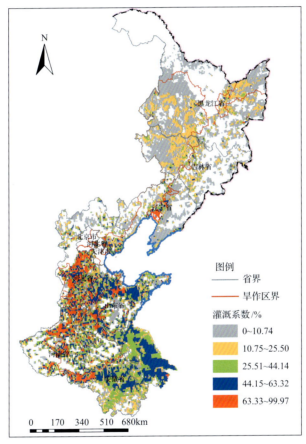

图 1-32　旱作区灌溉系数空间分布图

数据来源：国际土壤信息与参比中心

表 1-10　旱作区灌溉系数分级面积及占比

灌溉系数/%	面积/10^2km²	比例/%
0～10.74	2297.09	39.89
10.75～25.50	1496.37	25.99
25.51～44.14	705.14	12.25
44.15～63.32	657.23	11.41
63.33～99.97	602.24	10.46
合计	5758.08	

第二章

旱作区土壤分类与空间分布

【内容概要】本章系统介绍了旱作区土壤类型(含土类和亚类),阐述了每种土类的面积特征与空间分布。

第一节　旱作区土壤类型

土壤是一个独立的历史自然体,是地理环境的重要组成部分。任何土壤个体类型,都不可能离开其所处的特定环境条件而存在。土壤分类发生学原则,即把土壤视为成土过程和土壤属性的统一体。发生学土壤分类系统必须反映地带性与非地带性、主导成土过程与土壤属性、高级分类与低级分类间相统一的原则。土壤分类系统的各级单位不仅各得其所,而且能反映出各分类单元之间的发生联系。同时,由于不同地区的气候、地貌、母质、植被、潜水和人为因素等影响,土壤特性和分布规律有明显的地域性差异。

土壤分类必须以土壤形成的环境条件为前提,把成土过程和土壤属性有机地结合起来。作为土壤分类的综合依据,土壤分类必须反映土壤发生、发展的基本规律,为合理利用土壤资源指明方向。根据《全国第二次土壤普查土壤工作分类暂行方案》要求,土壤采用四级分类制,即:土类、亚类、土属、土种。土类和亚类是高级分类单元,主要反映土壤形成过程的主导方向和发育程度。土属和土种属于基层分类单元,主要反映土壤形成过程中土壤属性和发育程度上的差异。土类是在一定的综合自然条件和人为因素共同作用下主导的成土过程中具有一定相似发生层次的土壤群体。每一土类均要求具有一定的特征土层或其组合;具有一定的生态条件和地理分布区域;具有一定的成土过程和物质迁移的地球化学规律;具有一定的理化属性和肥力特征及改良利用方向。亚类则是在土类变异范围内的进一步划分,它反映土类的不同发育阶段或不同土类之间过渡类型。同一类的亚类,其成土过程的主导方向是一致的,土属是亚类的续分,又是若干土种的归纳,主要根据其成土母质类型进行划分。不同的母质类型及其成因,化学特性及化学组成都不相同。土种是在发育程度、土体构型、肥力状况等具有较稳定的显著差异的一系列基层土壤类型,是土壤分类的基本单元,具有鲜明的生产特性。在同一土属范围内,同一土种具有类似的土体构型。土种之间只表现土壤发育程度量上的差异。土种的属性相对稳定,非一般农业技术措施所能改变。

　　由于环境条件、土壤母质、地形、地貌、气候、植被及农业生产活动等成土因素的不同，土壤类型在成土因素综合影响下，形成了本区特定环境条件下多样的土壤类型。根据土壤特征和旱作区土壤分布规律及改良利用特点，旱作区土壤共分为潮土、黑土、黑钙土、褐土、暗潮土、砂姜黑土、潜育土、暗棕壤、棕壤、粗骨土、白浆土、黄褐土、风沙土、冲积土、水稻土、栗钙土、盐土、碱土、薄层土、黄绵土、黄棕壤、红色土、火山灰土、灰褐土共 24 个土类。具体土类面积及其占比见表 2-1。

表 2-1　旱作区土类面积及其占比

土壤类型	面积/10²km²	比例/%
潮土	1845.19	32.05
黑土	561.90	9.76
黑钙土	548.53	9.53
褐土	491.24	8.53
暗潮土	407.90	7.08
砂姜黑土	320.54	5.57
潜育土	257.71	4.48
暗棕壤	205.99	3.58
棕壤	179.63	3.12
粗骨土	157.66	2.74
白浆土	147.43	2.56
黄褐土	130.98	2.27
风沙土	110.30	1.92
冲积土	87.68	1.52
水稻土	70.81	1.23
栗钙土	47.67	0.83
盐土	42.44	0.74
碱土	21.46	0.37
薄层土	11.97	0.21
黄绵土	4.50	0.08
黄棕壤	2.99	0.05
红色土	2.03	0.04
火山灰土	1.34	0.02
灰褐土	0.37	0.01
水体	97.79	1.70
总计	5758.08	

注：本表中水体不属于土类，方便于对比，列入表中。

　　24 大土类细分为 76 个亚类，具体见表 2-2 和图 2-1。

表 2-2 旱作区土壤亚类面积及其占比

土壤类型	土壤亚类	面积/$10^2 km^2$	比例/%
暗潮土	漂白暗潮土	4.79	0.08
	普通暗潮土	272.72	4.74
	潜育暗潮土	54.34	0.94
	石灰性暗潮土	76.05	1.32
	小计	407.90	7.08
暗棕壤	表潜暗棕壤	1.23	0.02
	潮暗棕壤	1.50	0.03
	漂白暗棕壤	0.41	0.01
	普通暗棕壤	202.85	3.52
	小计	205.99	3.58
白浆土	潮白浆土	48.39	0.84
	普通白浆土	79.56	1.38
	潜育白浆土	19.48	0.34
	小计	147.43	2.56
薄层土	石灰性薄层土	11.97	0.21
	小计	11.97	0.21
潮土	灌淤潮土	11.16	0.19
	灰潮土	27.93	0.49
	碱化潮土	203.31	3.53
	普通潮土	37.46	0.65
	壤质石灰性潮土	572.72	9.95
	砂壤质石灰性潮土	259.30	4.50
	砂质石灰性潮土	195.12	3.39
	石灰性潮土	78.21	1.36
	脱潮土	21.89	0.38
	盐化潮土	235.91	4.10
	盐性潮土	79.83	1.39
	黏质石灰性潮土	122.35	2.12
	小计	1845.19	32.05
冲积土	普通冲积土	75.37	1.31
	石灰性冲积土	12.31	0.21
	小计	87.68	1.52
粗骨土	不饱和粗骨土	35.33	0.61
	普通粗骨土	72.31	1.26
	石灰性粗骨土	50.02	0.87
	小计	157.66	2.74

续表

土壤类型	土壤亚类	面积/10^2km^2	比例/%
风沙土	半固定普通风沙土	38.90	0.68
	固定普通风沙土	71.40	1.24
	小计	110.30	1.92
褐土	潮褐土	122.64	2.13
	堆垫褐土	7.43	0.13
	钙积褐土	135.34	2.35
	淋溶褐土	105.05	1.82
	普通褐土	120.78	2.10
	小计	491.24	8.53
黑钙土	潮黑钙土	26.87	0.47
	钙积黑钙土	230.41	4.00
	普通黑钙土	291.25	5.06
	小计	548.53	9.53
黑土	潮黑土	28.06	0.49
	漂白黑土	29.12	0.51
	普通黑土	504.72	8.77
	小计	561.90	9.76
红色土	红色土	2.03	0.04
	小计	2.03	0.04
黄褐土	潮黄褐土	21.45	0.37
	漂白黄褐土	40.30	0.70
	普通黄褐土	69.23	1.20
	小计	130.98	2.27
黄绵土	砂壤质普通黄绵土	4.50	0.08
	小计	4.50	0.08
黄棕壤	黏磐黄棕壤	2.99	0.05
	小计	2.99	0.05
灰褐土	漂白灰褐土	0.01	<0.01
	普通灰褐土	0.36	0.01
	小计	0.37	0.01
火山灰土	普通火山灰土	1.34	0.02
	小计	1.34	0.02
碱土	潮碱土	7.73	0.13
	龟裂碱土	4.01	0.07
	普通碱土	9.72	0.17
	小计	21.46	0.37

土壤类型	土壤亚类	面积/10^2km^2	比例/%
栗钙土	暗栗钙土	34.22	0.59
	潮栗钙土	10.86	0.19
	碱化栗钙土	0.11	<0.01
	普通栗钙土	2.48	0.04
	小计	47.67	0.83
潜育土	潮化潜育土	32.74	0.57
	泥炭潜育土	32.90	0.57
	普通潜育土	186.70	3.24
	盐化潜育土	5.37	0.09
	小计	257.71	4.48
砂姜黑土	漂白砂姜黑土	28.78	0.50
	普通砂姜黑土	191.88	3.33
	石灰性砂姜黑土	99.88	1.73
	小计	320.54	5.57
水稻土	漂白水稻土	0.12	<0.01
	普通水稻土	16.96	0.29
	潜育水稻土	11.50	0.20
	渗育水稻土	9.39	0.16
	脱潜水稻土	6.02	0.10
	潴育水稻土	26.82	0.47
	小计	70.81	1.23
盐土	暗潮盐土	1.42	0.02
	滨海盐土	26.07	0.45
	普通盐土	14.95	0.26
	小计	42.44	0.74
棕壤	潮棕壤	0.01	<0.01
	普通棕壤	179.62	3.12
	小计	179.63	3.12
	水体	97.79	1.70
	总计	5758.08	

第二节　旱作区土壤空间分布

旱作区土壤类型以潮土为主，面积为 $1845.19×10^2km^2$，占全区面积的 32.05%，主要集中在黄淮海旱作区；其次是黑土，面积为 $561.90×10^2km^2$，占旱作区面积的 9.76%，主要分布在东北旱作区；黑钙土面积为 $548.53×10^2km^2$，占旱作区面积的 9.53%，主要分布在吉林省和黑龙江省；褐土面积为 $491.24×10^2km^2$，占旱作区面积的 8.53%，分布河北省、北京市、天津市和辽宁省等地区(图 2-1)。

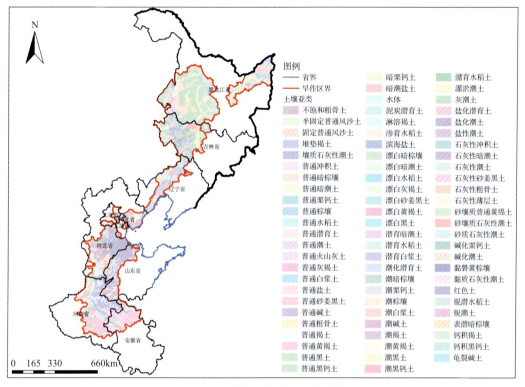

图 2-1　旱作区土壤类型分布图

砂姜黑土面积为 $320.54×10^2km^2$，占旱作区面积的 5.57%。砂姜黑土有机质(SOM)含量仅有 1%左右，不仅黏粒含量高，而且黏土矿物以交换量大的蒙脱石为主，所以保肥力强。由于长期明涝暗渍，加上耕作粗放，对用养结合注意不够，大部分属于低产土壤。砂姜黑土主要划分为漂白砂姜黑土、普通砂姜黑土、石灰性砂姜黑土 3 个亚类，主要分布在阜阳市、淮北市、亳州市、蚌埠市、宿州市、驻马店市、许昌市和济宁市等地(图 2-2)。

潜育土面积为 $257.71×10^2km^2$，占旱作区面积的 4.48%。潜育土是指矿质土表至50cm范围内，出现了不少于 10cm 厚度有潜育特征的土壤，相当于土壤发生学分类中的草甸土、潮土、林灌草甸土、沼泽土。其形成的主要条件一是低洼的地形；二是土壤水分饱和；三是有机物质的存在。由化学还原过程和有机质的厌氧分解过程共同作用形成了潜育土。潜育土主要划分为潮化潜育土、泥炭潜育土、盐化潜育土、普通潜育土 4 个亚类。主要呈带状分布在齐齐哈尔市、大庆市和绥化市等地(图 2-3)。

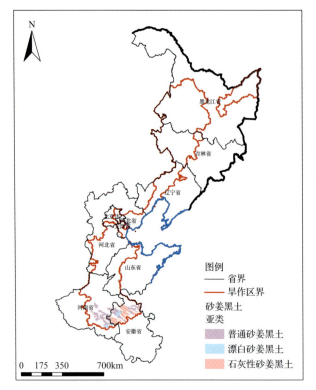

图 2-2　旱作区砂姜黑土分布图

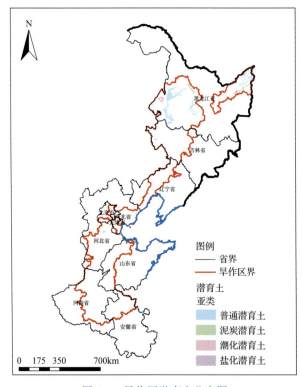

图 2-3　旱作区潜育土分布图

黄褐土面积为 $130.98×10^2km^2$，占旱作区面积的 2.27%。黄褐土土体深厚，土壤呈黄褐色或黄棕色，质地黏重(黏壤土至黏土)，土层紧实，并有铁锰胶膜和结核淀积。黄褐土主要划分为潮黄褐土、漂白黄褐土、普通黄褐土 3 个亚类，分布在蚌埠市、宿州市和阜阳市等地(图 2-4)。

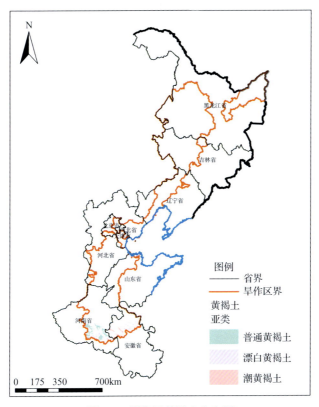

图 2-4　旱作区黄褐土分布图

黑土面积为 $561.90×10^2km^2$，占旱作区面积的 9.76%。黑土是一种具有强烈胀缩和扰动特性的黏质土壤，且其性状好、肥力高，非常适合植物生长。黑土主要划分为潮黑土、漂白黑土、普通黑土 3 个亚类。主要分布在黑河市、齐齐哈尔市、绥化市、长春市和四平市等地(图 2-5)。

黑钙土面积为 $548.53×10^2km^2$，占旱作区面积的 9.53%。黑钙土的主要特征是土壤中有机质的积累量大于分解量，土层上部有黑色或灰黑色肥沃的腐殖质层，在此层以下或土壤中下部有一石灰富积的钙积层，黑钙土是一种极为肥沃的土壤，小麦产量高，因此分布该种土壤的地带被称为世界粮仓。黑钙土主要划分为潮黑钙土、钙积黑钙土、普通黑钙土 3 个亚类。主要分布在松原市、白城市、绥化市、大庆市、齐齐哈尔市、长春市、哈尔滨市和四平市等地(图 2-6)。

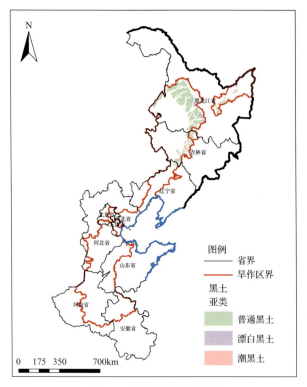

图 2-5　旱作区黑土分布图

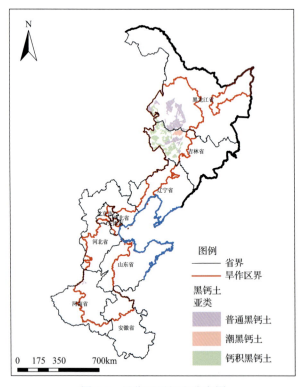

图 2-6　旱作区黑钙土分布图

褐土面积为 491.24×10²km²，占旱作区面积的 8.53%。褐土的表土呈褐色至棕黄色，剖面中、下部有黏粒和钙的积聚，呈中性(表层)至微碱性(褐土心底土层)反应。土壤剖面构型为有机质积聚层—黏化层—钙积层—母质层。褐土多发育于碳酸盐母质上，具有明显的黏化作用和钙化作用，呈中性至碱性，碳酸钙多为假菌丝体状，广泛存在于土层中、下层，有时出现在表土层。褐土主要划分为潮褐土、堆垫褐土、钙积褐土、淋溶褐土、普通褐土 5 个亚类。主要分布在秦皇岛市、唐山市、廊坊市、保定市、石家庄市、邯郸市、鹤壁市和郑州市等地(图 2-7)。

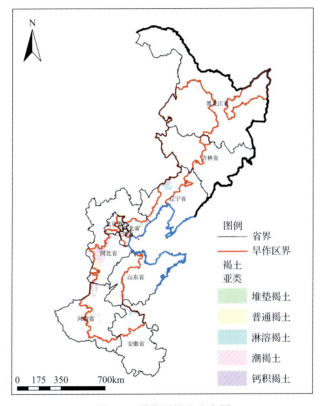

图 2-7　旱作区褐土分布图

风沙土面积为 110.30×10²km²，占旱作区面积的 1.92%。风沙土质地多为细砂质，部分粗砂质及粉砂质，丘间局部尚有砂壤土。由于成土时间短，有的还在移动，故发育缓慢。风沙土的主要特征为松散、无结构、单颗粒且有机质含量极低。风沙土主要划分为半固定普通风沙土、固定普通风沙土 2 个亚类。零星分布在齐齐哈尔市、白城市、四平市和阜新市等地(图 2-8)。

粗骨土面积为 157.66×10²km²，占旱作区面积的 2.74%。由于山丘地区地形起伏，地面坡度大，切割深，土体浅薄，加之风蚀、水蚀大多较重，细粒物质易被淋失，土体中残留粗骨碎屑物增多，因而具显著的粗骨性特征。还有部分母岩，在干湿条件下，物理风化尤为强烈，在漫长的成土年代可形成较深厚的半风化土体，细粒物质少，而砂粒

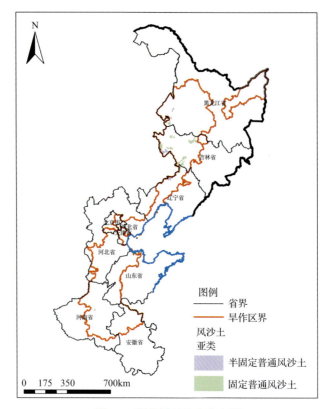

图 2-8　旱作区风沙土分布图

含量高。粗骨土大部分分布于边缘山丘地区，植被多为稀疏灌丛草类，覆盖率较高，地面有较多的凋落物积累，土壤持水量较大，有明显的生物积累特征。粗骨土主要划分为不饱和粗骨土、普通粗骨土、石灰性粗骨土 3 个亚类。主要分布在阜新市、北京市、葫芦岛市和唐山市等地(图 2-9)。

冲积土面积为 $87.68 \times 10^2 km^2$，占旱作区面积的 1.52%。冲积土指在河流冲积物上发育的土壤，广泛分布于世界各大河流泛滥地、冲积平原、三角洲，以及滨湖、滨海的低平地区。一般成土时间较短，发育层次不明显，土壤肥力较高。冲积土主要划分为普通冲积土、石灰性冲积土 2 个亚类。呈带状分布在白城市、大庆市、松原市和哈尔滨市等地(图 2-10)。

潮土面积为 $1845.19 \times 10^2 km^2$，占旱作区面积的 32.05%。潮土是发育于富含碳酸盐或不含碳酸盐的河流冲积物土，受地下潜水作用，经过耕作熟化而形成的一种半水成土壤。土壤腐殖积累过程较弱。具有腐殖质层(耕作层)、氧化还原层及母质层等剖面层次，沉积层明显。潮土主要划分为灌淤潮土、灰潮土、碱化潮土、普通潮土、壤质石灰性潮土、砂壤质石灰性潮土、砂质石灰性潮土、石灰性潮土、脱潮土、盐化潮土、盐性潮土、黏质石灰性潮土 12 个亚类。主要分布在河南省、安徽省、山东省、河北省、北京市和天津市等地区(图 2-11)。

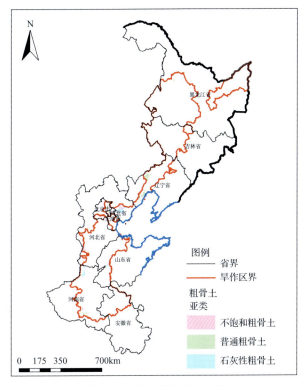

图 2-9 旱作区粗骨土分布图

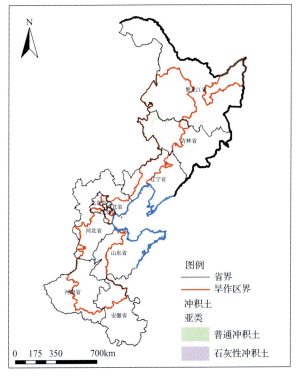

图 2-10 旱作区冲积土分布图

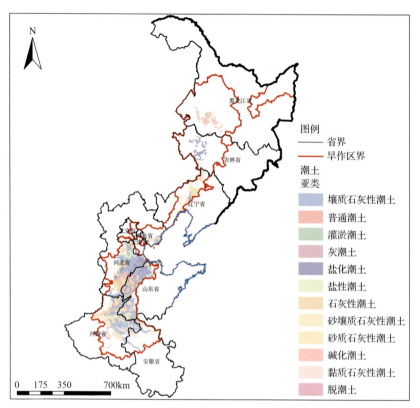

图 2-11　旱作区潮土分布图

　　白浆土面积为 $147.43 \times 10^2 km^2$，占旱作区面积的 2.56%。白浆土的白浆层含有大量的二氧化硅粉末及下层的铁锰结核，发育于温带和暖温带湿润季风气候条件下，有周期性滞水淋溶。白浆土质地比较黏重，是盐基饱和度较高的土壤。白浆土黏土矿物以水云母为主，伴有少量高岭石、蒙脱石和绿泥石。白浆土主要划分为潮白浆土、普通白浆土、潜育白浆土 3 个亚类。主要分布在佳木斯市和双鸭山市等地(图 2-12)。

　　暗棕壤面积为 $205.99 \times 10^2 km^2$，占旱作区面积的 3.58%。暗棕壤表层有机质含量较高，具有明显的森林土壤特点，即有机质含量由表层向下锐减。土体中的铁和黏粒有比较明显的移动过程，而铝移动则不明显。暗棕壤的黏土矿物主要以水化云母为主，并且含有一定量的蛭石、高岭石。土壤水分状况终年处于湿润状态，季节变化不明显。土壤表层含水量较高，向下剧烈降低，相差可达数倍。暗棕壤主要划分为表潜暗棕壤、潮暗棕壤、漂白暗棕壤、普通暗棕壤 4 个亚类。主要分布在黑河市、绥化市、哈尔滨市、长春市、佳木斯市和双鸭山市等地(图 2-13)。

　　暗潮土面积为 $407.90 \times 10^2 km^2$，占旱作区面积的 7.08%。暗潮土主要划分为漂白暗潮土、普通暗潮土、潜育暗潮土、石灰性暗潮土 4 个亚类。主要分布在长春市、白城市、哈尔滨市、大庆市、齐齐哈尔市、绥化市、佳木斯市和鹤岗市等地(图 2-14)。

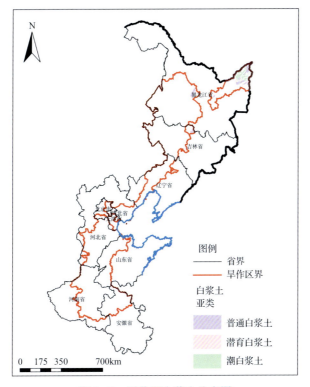

图 2-12　旱作区白浆土分布图

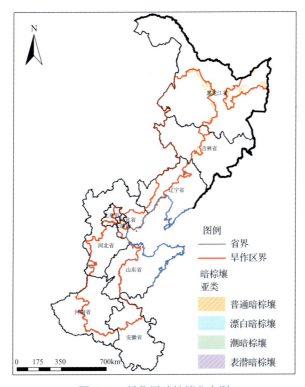

图 2-13　旱作区暗棕壤分布图

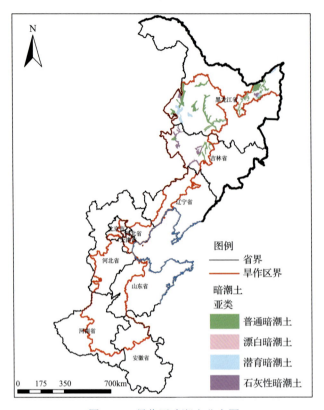

图 2-14　旱作区暗潮土分布图

第三章

旱作区耕地肥沃耕层关键指标空间分布特征

【内容概要】 本章分析了旱作区典型耕地土壤理化性质[土壤容重、质地、紧实度、pH、有机质(SOM)含量、阳离子交换量(CEC)]和土壤养分指标[速效钾(AK)含量、有效磷(AP)含量、全氮(TN)含量、全硒(TS)含量]水平与垂直空间分布特征。

第一节　旱作区耕地土壤理化性质空间分布特征

土壤理化性质是土壤水分和物理化学性质的综合反映，是土壤基本状况的体现。土壤性状除受母质、气候、地形等因素影响外，也受到土地利用方式的影响，其中包括不同覆被和人类干扰(耕作、施肥)的影响。不同土地利用方式能够改变土壤质地、有机质含量、pH 等，其主要通过不同土地利用方式下土壤表面植被覆盖差异、土地管理方式(耕作、施肥等)的差异影响土壤的理化性质。

基于 2017 年采集的 402 个(分 0～10cm、10～20cm、20～30cm 和 30～40cm 四层)样点化验数据分析旱作区典型土壤理化性质和空间分布特征(图 3-1)。

一、土壤容重

土壤容重为单位体积原状土壤的干重(单位为 g/cm^3 或 t/m^3)，可以直观地了解到土壤耕层板结情况，结合含水量等指标，可以明确土壤质量和土壤孔隙度情况，亦可以作为土壤熟化程度的指标之一。

旱作区 0～10cm 表层土壤容重变幅在 0.97～1.72g/cm^3，整体呈南高北低的空间格局。旱作区土壤容重小于 1.25g/cm^3 主要分布于旱作区的北部；土壤容重变幅在 1.25～1.35g/cm^3，主要分布于吉林省和河北省；土壤容重介于 1.35～1.45g/cm^3，主要位于旱作区中部地区；土壤容重大于 1.45g/cm^3，主要分布于河南省和安徽省界内。10～20cm 土壤容重变幅在 1.09～1.85g/cm^3，绝大部分区域土壤容重大于 1.45g/cm^3，仅在黑龙江省小部分区域土壤容重小于 1.35g/cm^3；20～30cm、30～40cm 旱作区土壤容重均大于 1.35g/cm^3(图 3-2)。

潮褐土土壤容重平均值随着土层深度的增加逐渐增大。0～10cm 土壤容重平均值最小，为 1.35g/cm^3，范围在 1.07～1.61g/cm^3；30～40cm 土壤容重平均值达到最大，为 1.57g/cm^3，范围在 1.29～1.76g/cm^3；10～20cm 土壤容重平均值为 1.50g/cm^3，范围在 1.27～1.63g/cm^3；20～30cm 土壤容重平均值为 1.56g/cm^3，范围在 1.39～1.68g/cm^3(表 3-1)。

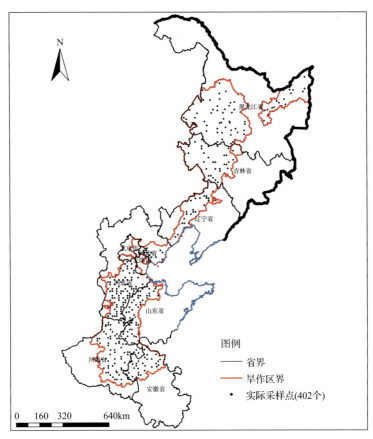

图 3-1　旱作区采样点分布图

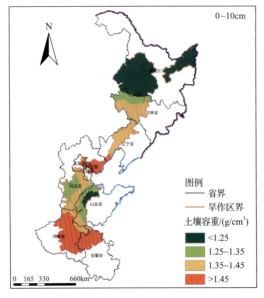 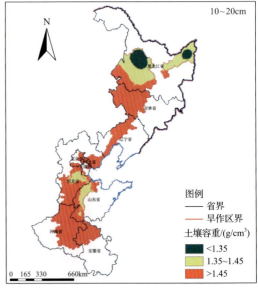

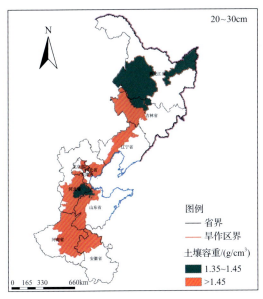
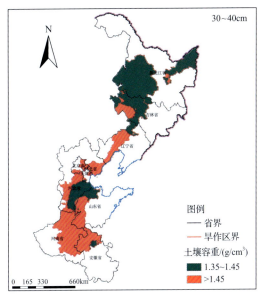

图 3-2　旱作区不同土层土壤容重空间分布图

表 3-1　潮褐土不同土层厚度土壤容重

指标名称	土层厚度/cm	样本数/个	平均值/(g/cm³)	标准差/(g/cm³)	变异系数/%	范围/(g/cm³)
容重	0～10	20	1.35	0.14	10.75	1.07～1.61
	10～20	20	1.50	0.10	6.72	1.27～1.63
	20～30	20	1.56	0.08	4.97	1.39～1.68
	30～40	20	1.57	0.12	7.95	1.29～1.76

　　随着深度的增加，钙积褐土土壤容重平均值逐渐增大。0～10cm 土壤容重平均值最小，为 1.35g/cm³，范围在 1.06～1.57g/cm³；30～40cm 和 20～30cm 土壤容重平均值达到最大，都为 1.57g/cm³，范围分别在 1.30～1.73g/cm³ 和 1.40～1.71g/cm³；10～20cm 土壤容重平均值为 1.49g/cm³，范围在 1.24～1.62g/cm³（表 3-2）。

表 3-2　钙积褐土不同土层厚度土壤容重

土层厚度/cm	样本数/个	平均值/(g/cm³)	标准差/(g/cm³)	变异系数/%	范围/(g/cm³)
0～10	22	1.35	0.12	9.14	1.06～1.57
10～20	22	1.49	0.10	6.69	1.24～1.62
20～30	22	1.57	0.08	4.98	1.40～1.71
30～40	22	1.57	0.10	6.33	1.30～1.73

　　随着土层深度的增加，钙积黑钙土土壤容重平均值先增大后减小。0～10cm 土壤容重平均值最小，为 1.36g/cm³，范围在 1.04～1.62g/cm³；10～20cm 土壤容重平均值达到最大，为 1.56g/cm³，范围在 1.33～1.69g/cm³；20～30cm 土壤容重平均值为 1.52g/cm³，范围在 1.29～1.65g/cm³；30～40cm 土壤容重平均值为 1.50g/cm³，范围在 1.28～1.63g/cm³

（表 3-3）。

表 3-3　钙积黑钙土不同土层厚度土壤容重

土层厚度/cm	样本数/个	平均值/(g/cm³)	标准差/(g/cm³)	变异系数/%	范围/(g/cm³)
0～10	16	1.36	0.19	13.82	1.04～1.62
10～20	16	1.56	0.09	6.05	1.33～1.69
20～30	16	1.52	0.09	6.02	1.29～1.65
30～40	16	1.50	0.11	7.27	1.28～1.63

随着土层深度的增加，碱化潮土土壤容重平均值先增大后减小。0～10cm 土壤容重平均值最小，为 1.30g/cm³，范围在 1.05～1.57g/cm³；20～30cm 土壤容重平均值达到最大，为 1.52g/cm³，范围在 1.30～1.64g/cm³；10～20cm 和 30～40cm 土壤容重平均值均为 1.50g/cm³，范围分别在 1.33～1.69g/cm³ 和 1.36～1.66g/cm³（表 3-4）。

表 3-4　碱化潮土不同土层厚度土壤容重

土层厚度/cm	样本数/个	平均值/(g/cm³)	标准差/(g/cm³)	变异系数/%	范围/(g/cm³)
0～10	14	1.30	0.15	11.45	1.05～1.57
10～20	14	1.50	0.09	6.10	1.33～1.69
20～30	14	1.52	0.08	5.11	1.30～1.64
30～40	14	1.50	0.09	5.75	1.36～1.66

随着土层深度的增加，暗潮土土壤容重平均值逐渐增大。0～10cm 土壤容重平均值最小，为 1.19g/cm³，范围在 1.05～1.40g/cm³；30～40cm 土壤容重平均值达到最大，为 1.40g/cm³，范围在 1.20～1.66g/cm³；10～20cm 土壤容重平均值为 1.37g/cm³，范围在 1.09～1.60g/cm³；20～30cm 土壤容重平均值为 1.38g/cm³，范围在 1.14～1.62g/cm³（表 3-5）。

表 3-5　暗潮土不同土层厚度土壤容重

土层厚度/cm	样本数/个	平均值/(g/cm³)	标准差/(g/cm³)	变异系数/%	范围/(g/cm³)
0～10	13	1.19	0.11	9.17	1.05～1.40
10～20	13	1.37	0.17	12.26	1.09～1.60
20～30	13	1.38	0.12	8.92	1.14～1.62
30～40	13	1.40	0.13	9.49	1.20～1.66

随着土层深度的增加，普通褐土土壤容重平均值先增大后减小。0～10cm 土壤容重平均值最小，为 1.48g/cm³，范围在 1.20～1.72g/cm³；10～20cm 土壤容重平均值达到最大，为 1.64g/cm³，范围在 1.53～1.85g/cm³；20～30cm 和 30～40cm 土壤容重平均值均为 1.63g/cm³，范围分别在 1.45～1.81g/cm³ 和 1.37～1.99g/cm³（表 3-6）。

表 3-6　普通褐土不同土层厚度土壤容重

土层厚度/cm	样本数/个	平均值/(g/cm³)	标准差/(g/cm³)	变异系数/%	范围/(g/cm³)
0～10	11	1.48	0.18	12.20	1.20～1.72
10～20	11	1.64	0.11	6.73	1.53～1.85
20～30	11	1.63	0.12	7.22	1.45～1.81
30～40	11	1.63	0.17	10.62	1.37～1.99

随着土层深度的增加，普通黑钙土土壤容重平均值先增大后减小再增大。0～10cm 土壤容重平均值最小，为 1.14g/cm³，范围在 1.00～1.50g/cm³；10～20cm 土壤容重平均值达到最大，为 1.41g/cm³，范围在 1.26～1.61g/cm³；20～30cm 土壤容重平均值为 1.39g/cm³，范围在 1.20～1.64g/cm³；30～40cm 土壤容重平均值为 1.40g/cm³，范围在 1.22～1.66g/cm³（表 3-7）。

表 3-7　普通黑钙土不同土层厚度土壤容重

土层厚度/cm	样本数/个	平均值/(g/cm³)	标准差/(g/cm³)	变异系数/%	范围/(g/cm³)
0～10	16	1.14	0.12	10.62	1.00～1.50
10～20	16	1.41	0.10	6.98	1.26～1.61
20～30	16	1.39	0.11	7.91	1.20～1.64
30～40	16	1.40	0.11	7.61	1.22～1.66

随着土层深度的增加，普通黑土土壤容重平均值先增大后减小再增大。0～10cm 土壤容重平均值最小，为 1.19g/cm³，范围在 0.97～1.52g/cm³；10～20cm 土壤容重平均值达到最大，为 1.45g/cm³，范围在 1.17～1.69g/cm³；20～30cm 土壤容重平均值为 1.43g/cm³，范围在 1.20～1.66g/cm³；30～40cm 土壤容重平均值为 1.44g/cm³，范围在 1.23～1.63g/cm³（表 3-8）。

表 3-8　普通黑土不同土层厚度土壤容重

土层厚度/cm	样本数/个	平均值/(g/cm³)	标准差/(g/cm³)	变异系数/%	范围/(g/cm³)
0～10	27	1.19	0.14	11.78	0.97～1.52
10～20	27	1.45	0.15	10.41	1.17～1.69
20～30	27	1.43	0.11	7.76	1.20～1.66
30～40	27	1.44	0.11	7.55	1.23～1.63

随着土层深度的增加，普通砂姜黑土土壤容重平均值先增大后减小。0～10cm 土壤容重平均值最小，为 1.48g/cm³，范围在 1.11～1.62g/cm³；10～20cm 土壤容重平均值达到最大，为 1.56g/cm³，范围在 1.45～1.70g/cm³；20～30cm 土壤容重平均值为 1.55g/cm³，范围在 1.43～1.71g/cm³；30～40cm 土壤容重平均值为 1.51g/cm³，范围在 1.34～1.64g/cm³（表 3-9）。

表 3-9　普通砂姜黑土不同土层厚度土壤容重

土层厚度/cm	样本数/个	平均值/(g/cm³)	标准差/(g/cm³)	变异系数/%	范围/(g/cm³)
0～10	22	1.48	0.11	7.21	1.11～1.62
10～20	22	1.56	0.06	3.71	1.45～1.70
20～30	22	1.55	0.07	4.23	1.43～1.71
30～40	22	1.51	0.08	5.29	1.34～1.64

随着土层深度的增加，普通棕壤土壤容重平均值先增大后减小。0～10cm 土壤容重平均值最小，为 1.33g/cm³，范围在 1.18～1.52g/cm³；10～20cm 和 20～30cm 土壤容重平均值达到最大，为 1.55g/cm³，范围分别在 1.43～1.78g/cm³ 和 1.42～1.83g/cm³；30～40cm 土壤容重平均值为 1.48g/cm³，范围在 1.34～1.68g/cm³（表 3-10）。

表 3-10　普通棕壤不同土层厚度土壤容重

土层厚度/cm	样本数/个	平均值/(g/cm³)	标准差/(g/cm³)	变异系数/%	范围/(g/cm³)
0～10	13	1.33	0.12	9.22	1.18～1.52
10～20	13	1.55	0.10	6.18	1.43～1.78
20～30	13	1.55	0.10	6.68	1.42～1.83
30～40	13	1.48	0.09	5.77	1.34～1.68

随着土层深度的增加，壤质石灰性潮土土壤容重平均值先增大后减小。0～10cm 土壤容重平均值最小，为 1.38g/cm³，范围在 1.09～1.64g/cm³；20～30cm 土壤容重平均值达到最大，为 1.50g/cm³，范围在 1.32～1.66g/cm³；10～20cm 土壤容重平均值为 1.47g/cm³，范围在 1.21～1.70g/cm³；30～40cm 土壤容重平均值为 1.49g/cm³，范围在 1.27～1.67g/cm³（表 3-11）。

表 3-11　壤质石灰性潮土不同土层厚度土壤容重

土层厚度/cm	样本数/个	平均值/(g/cm³)	标准差/(g/cm³)	变异系数/%	范围/(g/cm³)
0～10	63	1.38	0.13	9.72	1.09～1.64
10～20	63	1.47	0.08	5.68	1.21～1.70
20～30	63	1.50	0.08	5.46	1.32～1.66
30～40	63	1.49	0.08	5.50	1.27～1.67

随着土层深度的增加，砂壤质石灰性潮土土壤容重平均值先增大后减小。0～10cm 土壤容重平均值最小，为 1.43g/cm³，范围在 1.24～1.69g/cm³；20～30cm 土壤容重平均值达到最大，为 1.58g/cm³，范围在 1.35～1.85g/cm³；10～20cm 和 30～40cm 土壤容重平均值均为 1.57g/cm³，范围分别在 1.47～1.83g/cm³ 和 1.31～2.20g/cm³（表 3-12）。

表 3-12　砂壤质石灰性潮土不同土层厚度土壤容重

土层厚度/cm	样本数/个	平均值/(g/cm³)	标准差/(g/cm³)	变异系数/%	范围/(g/cm³)
0~10	27	1.43	0.12	8.19	1.24~1.69
10~20	27	1.57	0.10	6.43	1.47~1.83
20~30	27	1.58	0.11	6.68	1.35~1.85
30~40	27	1.57	0.16	10.32	1.31~2.20

随着土层深度的增加，砂质石灰性潮土土壤容重平均值逐渐增大。0~10cm 土壤容重平均值最小，为 1.35g/cm³，范围在 1.18~1.70g/cm³；20~30cm 和 30~40cm 土壤容重平均值达到最大，为 1.54g/cm³，范围分别在 1.35~1.77g/cm³ 和 1.34~1.80g/cm³；10~20cm 土壤容重平均值为 1.48g/cm³，范围在 1.15~1.74g/cm³（表 3-13）。

表 3-13　砂质石灰性潮土不同土层厚度土壤容重

土层厚度/cm	样本数/个	平均值/(g/cm³)	标准差/(g/cm³)	变异系数/%	范围/(g/cm³)
0~10	21	1.35	0.14	10.31	1.18~1.70
10~20	21	1.48	0.12	8.34	1.15~1.74
20~30	21	1.54	0.10	6.81	1.35~1.77
30~40	21	1.54	0.12	7.61	1.34~1.80

随着土层深度的增加，石灰性砂姜黑土土壤容重平均值逐渐增大。0~10cm 土壤容重平均值最小，为 1.47g/cm³，范围在 1.33~1.57g/cm³；30~40cm 土壤容重平均值达到最大，为 1.54g/cm³，范围在 1.45~1.62g/cm³；10~20cm 和 20~30cm 土壤容重平均值均为 1.53g/cm³，范围分别在 1.41~1.61g/cm³ 和 1.48~1.62g/cm³（表 3-14）。

表 3-14　石灰性砂姜黑土不同土层厚度土壤容重

土层厚度/cm	样本数/个	平均值/(g/cm³)	标准差/(g/cm³)	变异系数/%	范围/(g/cm³)
0~10	12	1.47	0.07	5.07	1.33~1.57
10~20	12	1.53	0.06	4.08	1.41~1.61
20~30	12	1.53	0.05	3.45	1.48~1.62
30~40	12	1.54	0.06	3.84	1.45~1.62

随着土层深度的增加，盐化潮土土壤容重平均值先增大后减小。0~10cm 土壤容重平均值最小，为 1.33g/cm³，范围在 1.15~1.46g/cm³；10~20cm 和 20~30cm 土壤容重平均值达到最大，为 1.48g/cm³，范围分别在 1.27~1.74g/cm³ 和 1.32~1.73g/cm³；30~40cm 土壤容重平均值为 1.46g/cm³，范围在 1.31~1.61g/cm³（表 3-15）。

表 3-15　盐化潮土不同土层厚度土壤容重

土层厚度/cm	样本数/个	平均值/(g/cm³)	标准差/(g/cm³)	变异系数/%	范围/(g/cm³)
0~10	21	1.33	0.09	7.09	1.15~1.46
10~20	21	1.48	0.11	7.59	1.27~1.74
20~30	21	1.48	0.09	6.27	1.32~1.73
30~40	21	1.46	0.08	5.50	1.31~1.61

随着土层深度的增加，黏质石灰性潮土土壤容重平均值先增大后减小再增大。0～10cm 土壤容重平均值最小，为 1.41g/cm³，范围在 1.11～1.59g/cm³；30～40cm 土壤容重平均值达到最大，为 1.53g/cm³，范围在 1.41～1.67g/cm³；10～20cm 土壤容重平均值为 1.50g/cm³，范围在 1.36～1.65g/cm³；20～30cm 土壤容重平均值为 1.49g/cm³，范围在 1.33～1.64g/cm³（表 3-16）。

表 3-16　黏质石灰性潮土不同土层厚度土壤容重

土层厚度/cm	样本数/个	平均值/(g/cm³)	标准差/(g/cm³)	变异系数/%	范围/(g/cm³)
0～10	13	1.41	0.12	8.76	1.11～1.59
10～20	13	1.50	0.09	5.79	1.36～1.65
20～30	13	1.49	0.08	5.47	1.33～1.64
30～40	13	1.53	0.08	5.09	1.41～1.67

旱作区土层厚度 0～10cm 处普通褐土土壤容重平均值最高，为 1.48g/cm³，范围为 1.20～1.72g/cm³，普通黑钙土土壤容重平均值最低，为 1.14g/cm³，范围为 1.00～1.50g/cm³；土层厚度 10～20cm 处砂壤质石灰性潮土土壤容重平均值最高，为 1.57g/cm³，范围为 1.47～1.83g/cm³，暗潮土容重平均值最低，为 1.37g/cm³，范围为 1.09～1.60g/cm³；土层厚度 20～30cm 处普通褐土容重平均值最高，为 1.63g/cm³，范围为 1.45～1.81g/cm³，暗潮土容重平均值最低，为 1.38g/cm³，范围为 1.14～1.62g/cm³；土层厚度 30～40cm 处普通褐土容重平均值最高，为 1.63g/cm³，范围为 1.37～1.99g/cm³，普通黑钙土容重平均值最低，为 1.40g/cm³，范围为 1.22～1.66g/cm³。

随着土层深度的增加，潮褐土、钙积褐土和暗潮土土壤容重逐渐增大。钙积褐土、钙积黑钙土、碱化潮土、普通砂姜黑土、普通棕壤、壤质石灰性潮土、砂壤质石灰性潮土和盐化潮土土壤容重先增大后减少（图 3-3）。

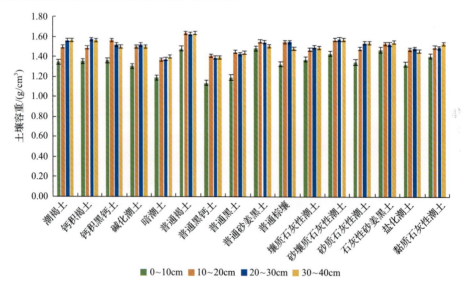

图 3-3　不同土层厚度各土壤亚类容重变化

二、土壤颗粒组成

土壤颗粒组成指土壤中不同直径大小的矿物颗粒的组合比例,是土壤物理性质之一,按颗粒大小分为石砾、砂粒、粉粒、黏粒四级,与土壤通气、保肥、保水状况及耕作的难易有密切关系,土壤质地状况是拟定土壤利用方式、管理措施和改良措施的重要依据。本书主要对旱作区的黏粒、粉粒和砂粒加以叙述。

(1)旱作区土壤黏粒含量范围在2.12%~15.26%,其中黏粒含量较高的地区主要分布在河南省和安徽省,黏粒含量较低的地区主要分布在吉林省和黑龙江省(图3-4)。

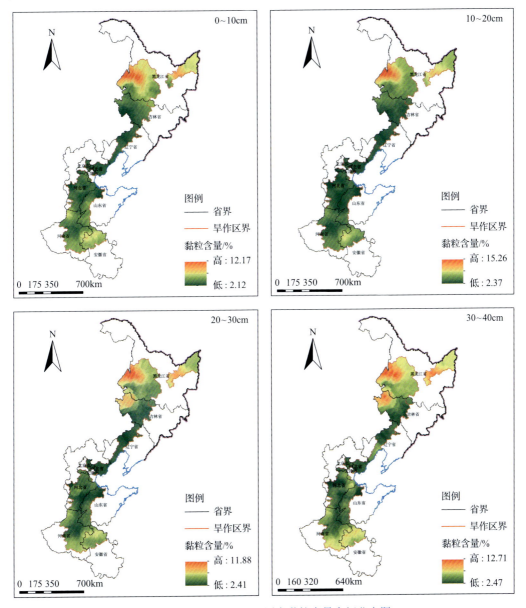

图3-4　旱作区不同土层厚度黏粒含量空间分布图

(2)砂粒粒径在 0.02～2mm，常以单粒存在，主要为石英颗粒，通透性好，保水肥能力差，比表面积小，无黏着性、可塑性和胀缩性，矿质养分含量低。砂粒含量呈现中部较高、北部较低的空间分布格局。旱作区砂粒含量处于 25.87%～89.52%范围内（图 3-5）。

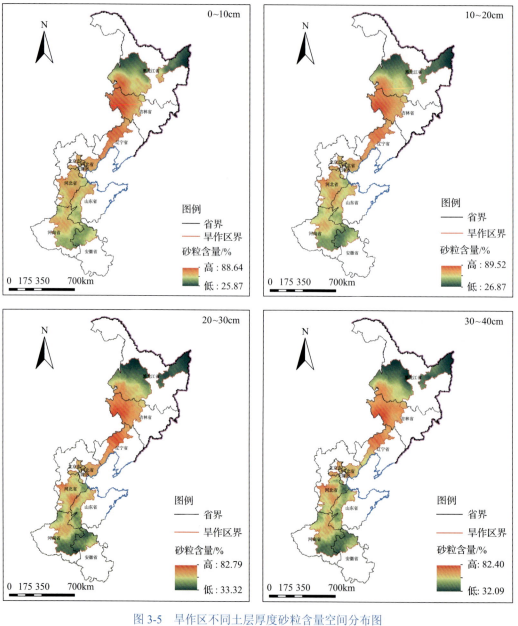

图 3-5　旱作区不同土层厚度砂粒含量空间分布图

(3)粉粒粒径在 0.002～0.02mm，比砂粒的比表面积大，保水性大为加强，透水性减弱，黏结性、黏着性、可塑性仍较弱，且矿质营养较砂粒高。粉粒含量呈现北部高、中部较低的空间分布格局，旱作区粉粒含量处于 8.24%～68.69%（图 3-6）。

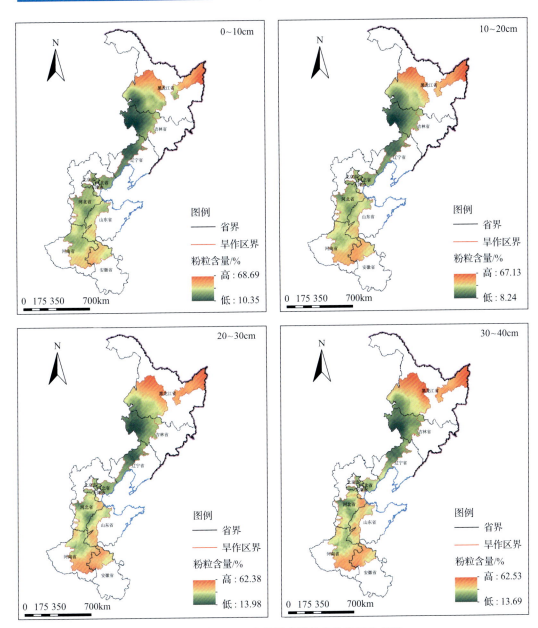

图 3-6　旱作区不同土层厚度粉粒含量空间分布图

三、土壤紧实度

1. 旱作区土壤紧实度

土壤紧实度又叫土壤硬度、土壤坚实度或土壤穿透阻力，一般用金属柱塞或探针压入土壤时的阻力表示（单位为 kPa）。在自然土壤的基础上，经过人类长期的耕作、施肥、灌溉等及自然因素的持续作用形成了农业耕作土壤，在耕作学中将其分为耕作层、犁底层、心土层和底土层(曹敏建等，2002；鲁植雄等，1994)。农田土壤压实主要由农业机械田间作业及土壤黏粒沉积所致，其既是一种物理过程，也是一种结构特征(Colombi et al., 2017；Richard et al., 2001)。压实程度受土壤质地、土壤水分以及农田耕作措施差异的影响，较高的土壤压实度可能会制约作物根系的生长，从而导致作物减产(Bayat et al., 2017; Jeřábek et al., 2017; Keller et al., 2017; Naderi-Boldaji et al., 2016)。同时，在农田土壤中压实层的位置及厚度也会影响作物根系的密度、形态及根区分布。

各省份旱作区土壤紧实度以土层深度 20cm 左右为突变界点，<20cm 随着土层深度的增加，呈上升趋势；20cm 以下，几乎无变化。各省份旱作区紧实度中，安徽省、黑龙江省土壤的穿透阻力最小；山东省和辽宁省的旱作区土壤穿透力最大，穿透深度达到 22cm 时，穿透阻力高达 3000kPa 左右；河南省、河北省和吉林省在 20cm 处达到最大穿透阻力，为 2200kPa 左右(图 3-7)。

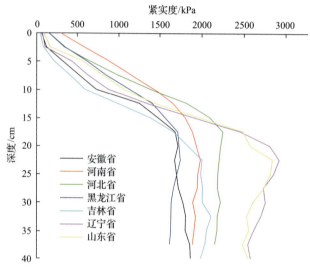

图 3-7 旱作区 0～40cm 不同层次土壤紧实度垂直梯度变化

随着土层深度的增加，潮褐土土壤紧实度平均值逐渐增大。0～10cm 土壤紧实度平均值最小，为 878.51kPa，范围在 242.00～2668.33kPa；10～20cm 土壤紧实度平均值为 2294.23kPa，范围在 586.00～4416.33kPa；20～30cm 土壤紧实度平均值为 2411.13kPa，范围在 943.00～3795.33kPa；30～40cm 土壤紧实度平均值为 2557.89kPa，范围在 828.33～4151.33kPa。表层土壤(0～10cm)变异系数较大，为 81.34%，可能与人为扰动有关(表 3-17)。

表 3-17 潮褐土不同土层厚度土壤紧实度

土层厚度/cm	样本数/个	平均值/kPa	标准差/kPa	变异系数/%	范围/kPa
0～10	15	878.51	714.54	81.34	242.00～2668.33
10～20	15	2294.23	1082.92	47.20	586.00～4416.33
20～30	15	2411.13	809.03	34.55	943.00～3795.33
30～40	15	2557.89	907.81	35.49	828.33～4151.33

随着土层深度的增加，钙积褐土土壤紧实度平均值先上升后下降。0~10cm 土壤紧实度平均值最小，为 946.69kPa，范围在 367.67~2484.00kPa；10~20cm 深度下土壤紧实度平均值为 2325.73kPa，范围在 978.00~4335.67kPa；20~30cm 深度下平均值达到最大，土壤紧实度平均值为 2428.18kPa，范围在 977.33~4404.33kPa；30~40cm 深度下土壤紧实度平均值开始降低，为 2309.55kPa，范围在 1092.33~3461.33kPa。钙积褐土的土壤变异系数随着深度的增大而逐渐降低，在 30~40cm 深度下土壤变异系数为 33.21%（表 3-18）。

表 3-18　钙积褐土不同土层厚度土壤紧实度

土层厚度/cm	样本数/个	平均值/kPa	标准差/kPa	变异系数/%	范围/kPa
0~10	17	946.69	620.46	65.54	367.67~2484.00
10~20	17	2325.73	989.30	42.54	978.00~4335.67
20~30	17	2428.18	978.24	40.29	977.33~4404.33
30~40	17	2309.55	767.07	33.21	1092.33~3461.33

随着土层深度的增加，碱化潮土土壤紧实度平均值先上升后下降。0~10cm 土壤紧实度平均值最小，为 1004.28kPa，范围在 172.67~3018.5kPa；10~20cm 土壤紧实度平均值最大，为 1979.92kPa，范围在 414.33~4295.50kPa；20~30cm 深度下土壤紧实度平均值开始降低，为 1823.51kPa，范围在 989.00~2806.00kPa；30~40cm 深度下土壤紧实度平均值为 1701.09kPa，范围在 943.00~3088.00kPa。碱化潮土的紧实度平均值整体不高，土壤变异系数在 0~10cm 深度下最高，为 80.45%（表 3-19）。

表 3-19　碱化潮土不同土层厚度土壤紧实度

土层厚度/cm	样本数/个	平均值/kPa	标准差/kPa	变异系数/%	范围/kPa
0~10	10	1004.28	807.98	80.45	172.67~3018.5
10~20	10	1979.92	1007.85	50.90	414.33~4295.50
20~30	10	1823.51	591.53	32.44	989.00~2806.00
30~40	10	1701.09	581.96	34.21	943.00~3088.00

随着土层深度的增加，普通褐土土壤紧实度平均值先上升后下降。0~10cm 土壤紧实度平均值最小，为 1255.35kPa，范围在 333.67~2495.67kPa；10~20cm 深度下土壤紧实度平均值最大，为 2408.17kPa，范围在 1357.00~3392.33kPa；20~30cm 深度下土壤紧实度平均值开始降低，为 2333.23kPa，范围在 1541.00~3392.33kPa；30~40cm 深度下土壤紧实度平均值为 2202.17kPa，范围在 1276.33~3679.67kPa。普通褐土的土壤变异系数整体上均不高，在 20~30cm 深度下最低，为 24.63%（表 3-20）。

表 3-20　普通褐土不同土层厚度土壤紧实度

土层厚度/cm	样本数/个	平均值/kPa	标准差/kPa	变异系数/%	范围/kPa
0~10	10	1255.35	548.03	43.66	333.67~2495.67
10~20	10	2408.17	694.92	28.86	1357.00~3392.33
20~30	10	2333.23	574.69	24.63	1541.00~3392.33
30~40	10	2202.17	683.37	31.03	1276.33~3679.67

随着土层深度的增加，普通黑钙土土壤紧实度平均值先上升后下降，且整体上土壤紧实度平均值不高。0～10cm 土壤紧实度平均值最小，为 911.42kPa，范围在 195.33～2000.67kPa；10～20cm 深度下土壤紧实度平均值最大，为 1590.33kPa，范围在 736.33～2357.33kPa；20～30cm 深度下土壤紧实度平均值开始降低，为 1432.92kPa，范围在 598.00～2069.67kPa；30～40cm 深度下土壤紧实度平均值 1368.31kPa，范围在 506.33～2138.67kPa。普通黑钙土的土壤变异系数 20～30cm 深度下最低，为 27.34%（表 3-21）。

表 3-21 普通黑钙土不同土层厚度土壤紧实度

土层厚度/cm	样本数/个	平均值/kPa	标准差/kPa	变异系数/%	范围/kPa
0～10	12	911.42	508.88	55.83	195.33～2000.67
10～20	12	1590.33	509.56	32.04	736.33～2357.33
20～30	12	1432.92	391.69	27.34	598.00～2069.67
30～40	12	1368.31	416.35	30.43	506.33～2138.67

随着土层深度的增加，普通黑土土壤紧实度平均值变化幅度较小，整体上土壤紧实度平均值不高。0～10cm 土壤紧实度平均值最小，为 889.07kPa，范围在 195.33～2645.00kPa；10～20cm 深度下土壤紧实度平均值上升至 1328.94kPa，范围在 724.67～2564.67kPa；20～30cm 深度下土壤紧实度平均值小幅度下降至 1319.62kPa，范围在 724.33～2300.00kPa；30～40cm 深度下紧实度平均值又上升至 1332.22kPa，范围在 644.00～2518.67kPa。普通黑土的土壤变异系数在 0～10cm 深度下最高，为 69.25%，在 10～40cm 深度下土壤变异系数变化不大（表 3-22）。

表 3-22 普通黑土不同土层厚度土壤紧实度

土层厚度/cm	样本数/个	平均值/kPa	标准差/kPa	变异系数/%	范围/kPa
0～10	17	889.07	615.70	69.25	195.33～2645.00
10～20	17	1328.94	454.99	34.24	724.67～2564.67
20～30	17	1319.62	399.46	30.27	724.33～2300.00
30～40	17	1332.22	480.66	36.08	644.00～2518.67

随着土层深度的增加，普通砂姜黑土土壤紧实度平均值表现出先上升后下降再上升的趋势，整体上土壤紧实度平均值较高。0～10cm 土壤紧实度平均值最小，为 1263.21kPa，范围在 276.00～2915.50kPa；10～20cm 深度下土壤紧实度平均值上升至 2179.70kPa，范围在 886.00～4416.00kPa；20～30cm 深度下土壤紧实度平均值小幅度下降至 2156.55kPa，范围在 1138.00～4002.00kPa；30～40cm 深度下土壤紧实度平均值又上升至 2171.99kPa，范围在 1185.00～3898.00kPa。普通砂姜黑土的土壤变异系数 0～10cm 深度下最高，为 65.93%（表 3-23）。

随着土层深度的增加，普通棕壤土壤紧实度平均值先大幅度上升后小幅度下降，整体上土壤紧实度平均值不高。0～10cm 土壤紧实度平均值最小，为 692.06kPa，范围在 103.67～1356.67kPa；10～20cm 深度下土壤紧实度平均值上升至 1845.20kPa，范围在

701.33～2553.00kPa；20～30cm 深度下土壤紧实度平均值小幅度下降至 1637.24kPa，范围在 598.33～3036.00kPa；30～40cm 深度下土壤紧实度平均值又下降至 1605.91kPa，范围在 505.67～2932.67kPa。普通棕壤的土壤变异系数 10～20cm 深度下最低，为 24.44%（表 3-24）。

表 3-23 普通砂姜黑土不同土层厚度土壤紧实度

土层厚度/cm	样本数/个	平均值/kPa	标准差/kPa	变异系数/%	范围/kPa
0～10	16	1263.21	832.86	65.93	276.00～2915.50
10～20	16	2179.70	1034.13	47.44	886.00～4416.00
20～30	16	2156.55	958.12	44.43	1138.00～4002.00
30～40	16	2171.99	894.00	41.16	1185.00～3898.00

表 3-24 普通棕壤不同土层厚度土壤紧实度

土层厚度/cm	样本数/个	平均值/kPa	标准差/kPa	变异系数/%	范围/kPa
0～10	11	692.06	453.69	65.56	103.67～1356.67
10～20	11	1845.20	450.90	24.44	701.33～2553.00
20～30	11	1637.24	575.73	35.16	598.33～3036.00
30～40	11	1605.91	586.04	36.49	505.67～2932.67

随着土层深度的增加，壤质石灰性潮土土壤紧实度平均值表现出先上升后下降，整体上土壤紧实度平均值较高。0～10cm 土壤紧实度平均值最小，为 1021.84kPa，范围在 173.00～3898.00kPa；10～20cm 深度下土壤紧实度平均值上升至 2442.91kPa，范围在 862.00～4382.00kPa；20～30cm 深度下土壤紧实度平均值小幅度继续上升至 2477.06kPa，范围在 1184.33～4059.33kPa；30～40cm 深度下土壤紧实度平均值小幅度下降，为 2405.16kPa，范围在 1535.28～4128.33kPa。壤质石灰性潮土的土壤变异系数在 20～30cm 深度下最低，为 29.95%（表 3-25）。

表 3-25 壤质石灰性潮土不同土层厚度土壤紧实度

土层厚度/cm	样本数/个	平均值/kPa	标准差/kPa	变异系数/%	范围/kPa
0～10	45	1021.84	756.13	74.00	173.00～3898.00
10～20	45	2442.91	786.79	32.21	862.00～4382.00
20～30	45	2477.06	741.95	29.95	1184.33～4059.33
30～40	45	2405.16	860.33	35.77	1535.28～4128.33

随着土层深度的增加，砂壤质石灰性潮土土壤紧实度平均值先上升后下降，整体上土壤紧实度平均值较高。0～10cm 土壤紧实度平均值最小，为 1195.99kPa，范围在 184.00～3864.00kPa；10～20cm 深度下土壤紧实度平均值上升至 2373.10kPa，范围在 852.67～5830.00kPa；20～30cm 深度下土壤紧实度平均值下降至 2306.15kPa，范围在 634.67～4761.00kPa；30～40cm 深度下土壤紧实度平均值继续下降，为 2248.42kPa，范围在 664.67～3772.00kPa。砂壤质石灰性潮土的土壤变异系数差异较大，0～10cm 深度下达到

了 85.23%，但 30～40cm 深度下变异系数为 21.50%（表 3-26）。

表 3-26　砂壤质石灰性潮土不同土层厚度土壤紧实度

土层厚度/cm	样本数/个	平均值/kPa	标准差/kPa	变异系数/%	范围/kPa
0～10	21	1195.99	1019.35	85.23	184.00～3864.00
10～20	21	2373.10	907.80	38.25	852.67～5830.00
20～30	21	2306.15	743.37	32.23	634.67～4761.00
30～40	21	2248.42	483.33	21.50	664.67～3772.00

　　随着土层深度的增加，砂质石灰性潮土土壤紧实度先大幅度上升后逐渐下降，整体上土壤紧实度平均值较高。0～10cm 深度下土壤紧实度平均值最小，为 936.87kPa，范围在 80.33～2225.00kPa；10～20cm 深度下土壤紧实度平均值上升至 2576.67kPa，范围在 874.00～4128.33kPa；20～30cm 深度下土壤紧实度平均值下降至 2491.21kPa，范围在 1138.67～4116.67kPa；30～40cm 深度下土壤紧实度平均值继续下降，为 2472.15kPa，范围在 1035.33～4864.67kPa。砂质石灰性潮土在 10～20cm 深度下和 30～40cm 深度下的土壤变异系数相似，分别为 33.82%和 33.79%（表 3-27）。

表 3-27　砂质石灰性潮土不同土层厚度土壤紧实度

土层厚度/cm	样本数/个	平均值/kPa	标准差/kPa	变异系数/%	范围/kPa
0～10	16	936.87	571.16	60.96	80.33～2225.00
10～20	16	2576.67	871.49	33.82	874.00～4128.33
20～30	16	2491.21	742.29	29.80	1138.67～4116.67
30～40	16	2472.15	835.31	33.79	1035.33～4864.67

　　随着土层深度的增加，石灰性砂姜黑土土壤紧实度先上升后下降再小幅度上升，整体上土壤紧实度平均值较低。0～10cm 土壤紧实度平均值最小，为 686.17kPa，范围在 218.00～1127.00kPa；10～20cm 深度下土壤紧实度平均值上升至 1512.25kPa，范围在 644.00～2473.00kPa；20～30cm 深度下土壤紧实度平均值下降至 1450.17kPa，范围在 817.00～3243.00kPa；30～40cm 深度下土壤紧实度平均值又上升至 1490.17kPa，范围在 931.00～2530.00kPa。石灰性砂姜黑土的土壤变异系数整体上波动较大，0～10cm 深度下与 20～30cm 深度下变异系数分别为 45.69%和 43.86%（表 3-28）。

表 3-28　石灰性砂姜黑土不同土层厚度土壤紧实度

土层厚度/cm	样本数/个	平均值/kPa	标准差/kPa	变异系数/%	范围/kPa
0～10	12	686.17	313.49	45.69	218.00～1127.00
10～20	12	1512.25	546.74	36.15	644.00～2473.00
20～30	12	1450.17	636.05	43.86	817.00～3243.00
30～40	12	1490.17	508.47	34.12	931.00～2530.00

　　随着土层深度的增加，盐化潮土土壤紧实度先上升后下降，整体上土壤紧实度平均值较高。0～10cm 深度下土壤紧实度平均值最小，为 922.79kPa，范围在 276.00～

1771.33kPa；10～20cm 深度下土壤紧实度平均值最大，为 2265.09kPa，范围在 1161.33～4675.00kPa；20～30cm 与 30～40cm 深度下土壤紧实度平均值小幅度下降，且平均值基本相等，分别为 2125.97kPa 和 2124.47kPa，范围分别在 1357.33～3950.50kPa 和 1362.50～3830.00kPa。盐化潮土的土壤变异系数随着深度的增加而逐渐减小，在 30～40cm 深度下变异系数为 32.42%（表 3-29）。

表 3-29　盐化潮土不同土层厚度土壤紧实度

土层厚度/cm	样本数/个	平均值/kPa	标准差/kPa	变异系数/%	范围/kPa
0～10	13	922.79	524.05	56.79	276.00～1771.33
10～20	13	2265.09	1070.70	47.27	1161.33～4675.00
20～30	13	2125.97	726.38	34.17	1357.33～3950.50
30～40	13	2124.47	688.72	32.42	1362.50～3830.00

随着土层深度的增加，黏质石灰性潮土土壤紧实度逐渐上升，整体上土壤紧实度平均值较高。0～10cm 土壤紧实度平均值最小，为 878.35kPa，范围在 241.33～1690.00kPa；在 10～20cm 深度下土壤紧实度平均值上升至 2130.87kPa，范围在 1173.00～3679.67kPa；在 20～30cm 深度下土壤紧实度继续上升至 2300.15kPa，范围在 1501.00～4174.67kPa；30～40cm 深度下土壤紧实度平均值最终上升至 2465.10kPa，范围在 1817.00～3553.50kPa。石灰性砂姜黑土的土壤变异系数则随着深度的增加而逐渐降低，在 30～40cm 深度下土壤紧实度变异系数为 23.41%（表 3-30）。

表 3-30　黏质石灰性潮土不同土层厚度土壤紧实度

土层厚度/cm	样本数/个	平均值/kPa	标准差/kPa	变异系数/%	范围/kPa
0～10	10	878.35	465.84	53.04	241.33～1690.00
10～20	10	2130.87	796.69	37.39	1173.00～3679.67
20～30	10	2300.15	974.92	42.39	1501.00～4174.67
30～40	10	2465.10	577.01	23.41	1817.00～3553.50

旱作区 0～10cm 普通砂姜黑土土壤紧实度平均值最高，为 1263.21kPa，范围在 276.00～2915.50kPa，石灰性砂姜黑土土壤紧实度平均值最低，值为 686.17kPa，范围为 218.00～1127.00kPa；10～20cm 砂质石灰性潮土土壤紧实度平均值最高，为 2576.67kPa，范围为 874.00～4128.33kPa，普通黑土土壤紧实度平均值最低，为 1328.94kPa，范围为 724.67～2564.67kPa；20～30cm 砂质石灰性潮土土壤紧实度平均值最高，为 2491.21kPa，范围为 1138.67～4116.67kPa，普通黑土土壤紧实度平均值最低，为 1319.62kPa，范围为 724.33～2300.00kPa；30～40cm 潮褐土土壤紧实度平均值最高，为 2557.89kPa，范围为 828.33～4151.33kPa，普通黑土土壤紧实度平均值最低，为 1332.22kPa，范围为 644.00～2518.67kPa。

随着土层深度的增加，不同土壤类型呈现不同的变化规律，但整体而言，呈增加趋势。0～10cm 土层土壤紧实度都远小于同土类的其他土层，这可能与耕地长期耕作压实作用有关，以此也可以表征不同土壤类型的耕作层厚度。钙积褐土、普通砂姜黑土、壤质石灰性潮土、砂壤质石灰性潮土、砂质石灰性潮土和盐化潮土 10～30cm 土壤紧实度差异性不大(图 3-8)。

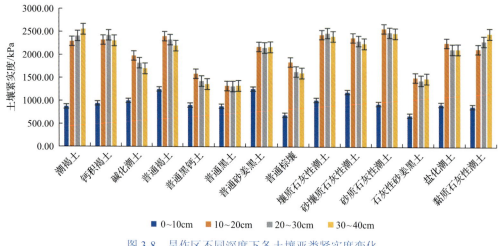

图 3-8　旱作区不同深度下各土壤亚类紧实度变化

2. 东北旱作区土壤穿透阻力变化特征及其影响因素

1) 土壤基本物理性状特征

东北旱作区各深度土层的土壤质地多为粉质壤土，粉粒含量、黏粒含量及土壤含水量随着土壤深度的增加而增加。0～10cm 土层土壤容重显著低于 10～20cm、20～30cm 和 30～40cm 土层($P<0.05$，P 表示统计量的显著性)，可见耕作活动对农田表层土壤的容重具有较大影响。在 0～10cm 土层土壤穿透阻力的平均值最小，为 350.00±0.80kPa；在 20～30cm 土层土壤穿透阻力的平均值最大，达到 1490.00±0.30kPa，并显著高于其在 0～10cm、10～20cm 土层深度的均值($P<0.05$)(表 3-31)。

表 3-31　不同土层深度中土壤物理性状的描述性统计数据

土层深度/cm	粉粒含量/%	黏粒含量/%	含水量/%	容重/(g/cm³)	穿透阻力/kPa
0～10	59.20±0.33 a	4.85±0.53 a	19.00±0.33 a	1.24±0.13 a	350.00±0.80 a
10～20	59.58±0.34 a	5.50±0.55 ab	20.00±0.30 ab	1.46±0.10 b	1020.00±0.47 b
20～30	59.97±0.32 a	5.62±0.64 b	21.00±0.30 bc	1.46±0.09 b	1490.00±0.30 c
30～40	61.07±0.32 a	5.70±0.56 b	22.00±0.33 c	1.47±0.09 b	1450.00±0.36 c

注：相同字母元素表示无差异，下同。

2) 土壤穿透阻力变化特征

尽管土壤容重可以用来表征土壤压实程度，但由于土壤容重取样缺乏连续性以及受人为因素干扰较大，其并不是一种准确的测量方法(Wilson et al., 2016)。与土壤容重相比，土壤穿透阻力可视为一个连续的变量，空间分辨率高，并且不需要破坏性取样，可以较好地表征土壤压实程度。由东北旱作区不同土壤类型剖面穿透阻力变化特征(图3-9)可知，表层(0～10cm)土壤的穿透阻力低于亚表层(10～20cm)，且在0～20cm土层，土壤穿透阻力随土层深度的增加而增加(Saglam et al., 2017)。对于潮土、草甸土、棕壤和暗棕壤，在20～25cm深度存在土壤穿透阻力较高的土层，但该层在上述各土壤类型剖面中的位置及穿透阻力存在差异。在草甸土中，压实层出现的深度高于其他土壤类型，而压实层在暗棕壤中最浅。尽管潮土和棕壤中压实层相对较深，但其穿透阻力的最大值分别为1714.44kPa和1857.33kPa，均高于其在草甸土和暗棕壤中的最大值。黑土和黑钙土中土壤穿透阻力的突变并不是很明显，在0～20cm土层土壤穿透阻力较小，其值随着深度的增加而增加；而在20～40cm土层土壤穿透阻力的值变化不明显。整体而言，在黑土和黑钙土中，土壤穿透阻力的最大值均小于1500kPa；而在潮土、草甸土、棕壤和暗棕壤中，压实层的最大土壤穿透阻力均高于1500kPa。

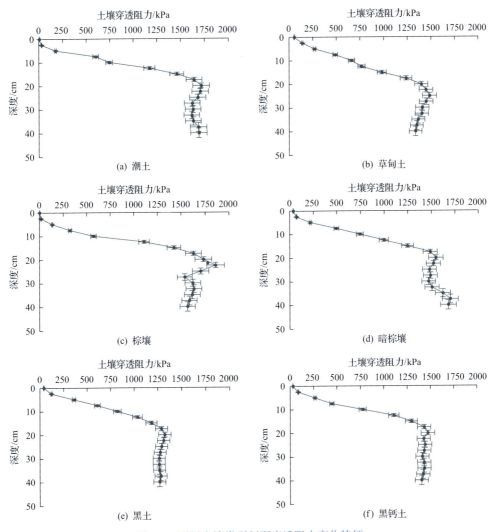

图3-9　不同土壤类型剖面穿透阻力变化特征

3）土壤容重、含水量及质地对土壤穿透阻力的影响

通过分析不同土层深度土壤穿透阻力与容重及含水量的关系(图 3-10)，可以发现，土壤容重及含水量均对土壤穿透阻力具有显著影响，但不同土层深度，其作用大小存在差异。在土壤容重相同的条件下，土壤穿透阻力在 20～30cm 和 30～40cm 土层深度均高于其在 0～10cm 和 10～20cm 土层深度的值，各土层深度土壤穿透阻力整体呈现出随容重的增加而增大的趋势。同时，在土壤含水量相同的条件下，土壤穿透阻力也呈现出在 20～30cm 和 30～40cm 土层深度高于其在 0～10cm 和 10～20cm 土层的特征，但在 20～30cm 和 30～40cm 土层深度，穿透阻力明显呈现出随含水量的增加而减小的趋势，表明土壤容重对东北旱作区 0～10cm 和 10～20cm 土层土壤穿透阻力的影响作用强于土壤含水量，但随着土层深度的增加，土壤含水量对土壤穿透阻力的影响作用不断增强。

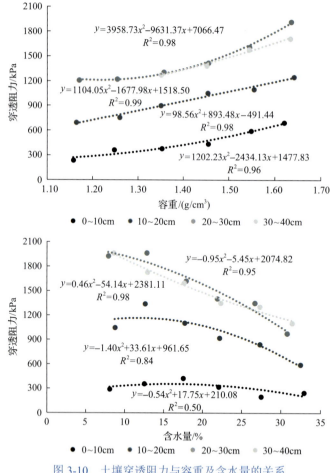

图 3-10　土壤穿透阻力与容重及含水量的关系

在 0～10cm 土层，当土壤含水量达到 15%～20% 时，砂壤土和粉壤土的土壤穿透阻力均达到最大值，分别为 465.00kPa、406.34kPa。在 0～10cm 土层，当土壤含水量小于 20% 时，砂壤土、黏壤土的土壤穿透阻力呈现出随水分增加而增加的趋势，但不同水分

条件下土壤穿透阻力间的差异均不显著($P>0.05$)。在10～20cm土层,粉壤土的土壤穿透阻力随土壤含水量的增加呈现先增后减的变化趋势,当土壤含水量达到10%～15%时,其土壤穿透阻力达到最大值1322.84kPa。在20～30cm土层,当土壤含水量达到10%～15%时,砂壤土和粉壤土的土壤穿透阻力均达到最大值,分别为2019.34kPa、1884.77kPa;当土壤含水量大于10%时,粉壤土的土壤穿透阻力呈现持续下降趋势。在30～40cm土层,当土壤含水量小于10%时,砂壤土和粉壤土的土壤穿透阻力均达到最大值,分别为1860.03kPa、2271.25kPa。在30～40cm土层,砂壤土、粉壤土的土壤穿透阻力随着土壤含水量的增加整体呈现下降趋势,这表明该土层深度土壤含水量对土壤穿透阻力的影响持续增加(图3-11)。

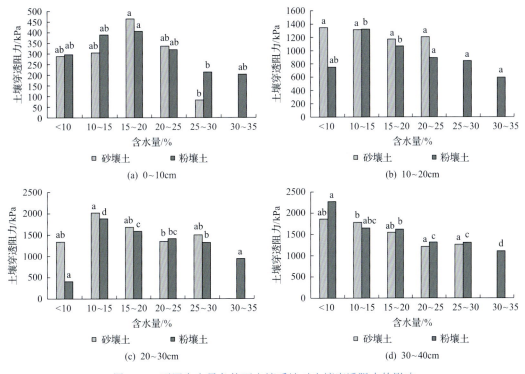

图3-11　不同含水量条件下土壤质地对土壤穿透阻力的影响

4)耕作层和压实层空间分布特征

吉林省旱作区的西北部和东南部呈现"耕作层浅,压实层厚"的特点,其中压实层厚度的最小值为5.08cm,最大值达到12.51cm。而除三江平原局部地区外,黑龙江省旱作区耕层结构整体呈现"耕作层厚,压实层薄"的特征,耕作层厚度的最大值达到20.64cm(图3-12)。耕作层和压实层土壤穿透阻力较高的区域主要分布在黑龙江省旱作区西北部和吉林省旱作区西部,其中耕作层土壤穿透阻力的最大值达到1072.34kPa,压实层土壤穿透阻力的最大值高达2489.68kPa。此外,压实层土壤穿透阻力较低的地区呈现弧形分布的特征,其与东北旱作区内典型黑土区的空间分布基本一致(图3-13)。

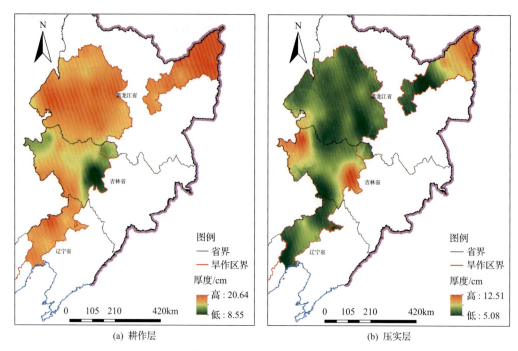

图 3-12　耕作层和压实层厚度的空间分布特征

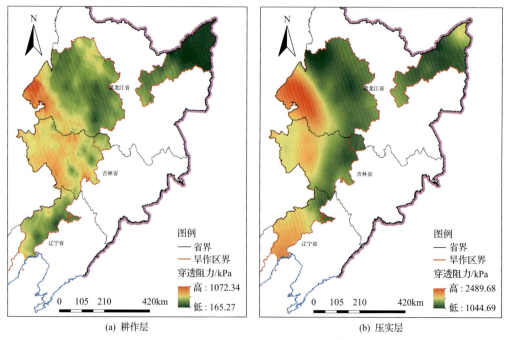

图 3-13　耕作层和压实层土壤穿透阻力的空间变化

5）影响因素分析

由不同农机总动力保有量区耕作层和压实层厚度及土壤穿透阻力变化特征可知（图 3-14），在高农机保有量地区，耕作层厚度最小为 14.60cm，而压实层厚度最大达到

8.31cm。高农机总动力保有量地区耕作层的厚度显著低于中、低农机总动力保有量地区（$P<0.05$），但不同农机总动力保有量地区之间压实层厚度没有显著差异（$P>0.05$）。由不同农机总动力保有量地区耕作层和压实层土壤穿透阻力的分布特征可知，耕作层的土壤穿透阻力在高农机保有量地区最大，为597.80kPa，并呈现随农机总动力的降低而减小的趋势，但各类型区间差异不显著（$P>0.05$）。压实层土壤穿透阻力在低农机总动力保有量的地区最小，为1462.03kPa，且其在不同农机总动力保有量地区差异并不明显（$P>0.05$）。县域农机总动力保有量可能对东北旱作区农田土壤压实层厚度及土壤穿透阻力的大小具有重要影响。

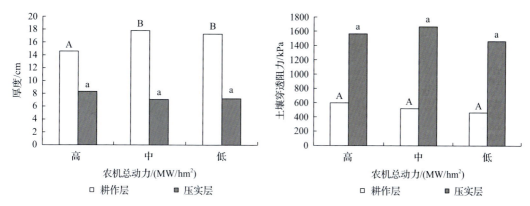

图3-14　不同农机总动力保有量区耕作层和压实层的厚度及土壤穿透阻力变化特征

由东北旱作区典型黑土田块尺度上土壤穿透阻力的变化特征可知，在起垄种植的传统耕作（conventional tillage, CT）条件下，各样点的平均土壤穿透阻力在0～10cm土层明显小于其在10～20cm、20～30cm和30～40cm土层深度的值；而在平地种植的免耕（no-tillage, NT）条件下，各样点的平均土壤穿透阻力在0～10cm土层明显大于其在10～20cm、20～30cm和30～40cm土层深度的值。耕作措施的不同还导致农田耕层构造呈现出差异性。传统耕作条件下，位于垄间的采样点S1、S5表层土壤穿透阻力均高于位于垄上采样点S2、S3、S4表层土壤穿透阻力。免耕条件下，虽然也呈现出采样点S1、S5表层土壤穿透阻力高于采样点S2、S3、S4表层土壤穿透阻力的现象，但在不同点位之间的变化较小。同时由图3-15可以看出，在田块尺度上，传统耕作和免耕两种模式下土壤穿透阻力都存在突变现象，但二者在剖面上的位置及其成因均存在明显差异，前者为亚表土层的压实，受人为因素影响更大，而后者为表土压实。

由耕作层和压实层的厚度变化来看，在传统耕作条件下采样点S2、S4的压实层厚度均为5cm；而在免耕条件下采样点S2、S4的压实层厚度均为2.5cm，都小于其在传统耕作条件下的值。从耕作层和压实层的土壤穿透阻力变化来看，各采样点耕作层的土壤穿透阻力在免耕条件下均大于其在传统耕作条件下的值，但均小于1100kPa。其中，免耕条件下采样点S2和S4耕作层的土壤穿透阻力分别为584.96kPa、576.42kPa，均小于其他样点耕作层的土壤穿透阻力。在传统耕作条件下垄上采样点S2和S4压实层的土壤穿透阻力分别为1630.00kPa、1719.09kPa，均大于其在免耕条件下的值（图3-16）。

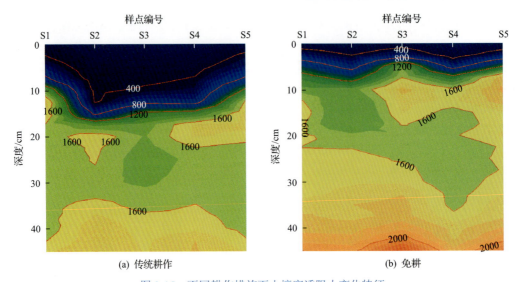

(a) 传统耕作　　　　　　　　　　(b) 免耕

图 3-15　不同耕作措施下土壤穿透阻力变化特征

在传统耕作中，S1、S5 为垄间采样点；S2、S3、S4 为垄台采样点，绘图时取统一水平面

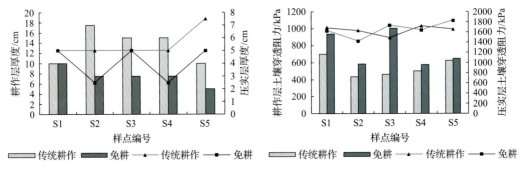

图 3-16　不同耕作措施下耕作层和压实层的厚度及穿透阻力变化特征

3. 皖北旱作区土壤紧实度及其影响因素

以皖北旱作区为研究对象，综合考虑土壤类型、耕地质量、土壤黏粒含量，实施网格布点加分层取样，获取皖北旱作区 29 个采样点，研究分析 0～40cm 不同层次土壤紧实度水平-垂直梯度变化，揭示其与耕作方式、土壤类型、土壤容重和土壤含水量的关系。

皖北旱作区土壤紧实度随深度的增加呈先增加后稳定的规律，20cm 以后土壤紧实度逐渐稳定。全区平均耕层深度为 14.1cm，平均耕层紧实度为 573.6kPa。耕作方式对土壤紧实度影响很大，旋耕平均耕层深度为 12.5cm，翻耕平均耕层深度为 16.8cm，是旋耕的 1.34 倍。不同土壤类型之间土壤紧实度的差异也很明显，全区 0～40cm 潮土各层平均紧实度均大于砂姜黑土。潮土平均耕层深度为 14.7cm，平均耕层紧实度为 730.5kPa，砂姜黑土平均耕层深度为 13.9cm，平均耕层紧实度为 513.9cm。皖北旱作区土壤容重随深度的增加呈先增加后降低的趋势，0～10cm 容重最小，平均为 1.48g/cm³，10～20cm 容重最大，平均为 1.56g/cm³。土壤紧实度变化与土壤容重变化呈正相关。皖北旱作区土壤含水量随土壤深度的增加呈先降低后增加的趋势，0～10cm 土壤含水量平均为 22.95%；10～20cm 最低，平均为 20.33%；30～40cm 含水量最高，平均为 23.04%。土壤紧实度变化与土壤含水量变化关系复杂，总体上呈现负相关（葛畅等，2018）（图 3-17）。

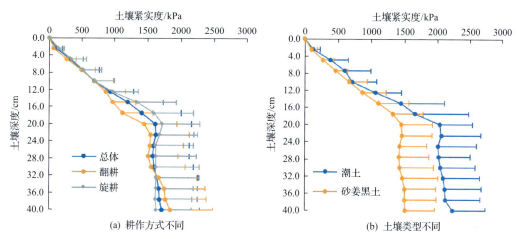

图 3-17　皖北旱作区不同耕作方式和土壤类型下不同土层深度紧实度变化图

四、土壤含水量

土壤含水量是指土壤水重量与干土重量的百分比。重量含水量是指土壤中水分的重量与相应固相物质重量的比值，体积含水率是指土壤中水分占有的体积和土壤总体积的比值。测定土壤含水量可掌握作物对水的需要情况，对农业生产有重要指导意义。

旱作区土壤深度为 0～10cm 的土壤含水量以＜12%为主，分布在旱作区中部地区，呈现出中间低、两端高的特征；土壤深度为 10～20cm 的土壤含水量以＜12%为主，主要分布在旱作区中部以及北部地区，含水量高值区主要集中在黑龙江省和安徽省北部地区；土壤深度为 20～30cm 的土壤含水量以＜12%为主，分布在河北省、河南省、北京市和天津市，呈现出北高南低的趋势；土壤深度为 30～40cm 的土壤含水量以 15%～20%为主，主要分布在黑龙江省和安徽省的北部地区（图 3-18）。

随着土层深度的增加，潮褐土土壤含水量平均值先减小后增大。0～10cm 土壤含水量平均值最大，为 15.61%，范围在 7.51%～25.52%；10～20cm 土壤含水量平均值最小，为 13.04%，范围在 7.70%～20.32%；20～30cm 土壤含水量平均值为 13.89%，范围在 8.20%～24.53%；30～40cm 土壤含水量平均值为 14.07%，范围在 8.70%～26.21%（表 3-32）。

随着土层深度的增加，钙积褐土土壤含水量平均值先减小后增大。0～10cm 土壤含水量平均值最大，为 16.12%，范围在 9.90%～40.54%；20～30cm 土壤含水量平均值达到最小，为 13.19%，范围在 8.49%～19.47%；10～20cm 土壤含水量平均值为 13.56%，范围在 7.98%～19.79%；30～40cm 土壤含水量平均值为 13.80%，范围在 7.72%～22.70%（表 3-33）。

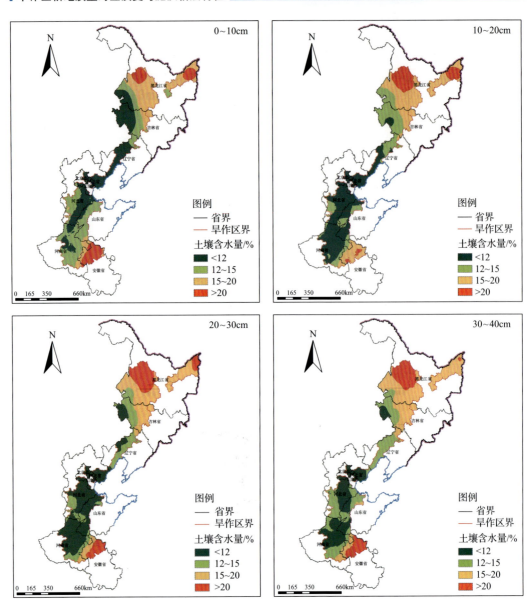

图 3-18　旱作区不同土层厚度土壤含水量分布图

表 3-32　潮褐土不同土层厚度土壤含水量

土层厚度/cm	样本数/个	平均值/%	标准差/%	变异系数/%	范围/%
0~10	20	15.61	4.47	28.66	7.51~25.52
10~20	20	13.04	3.79	29.04	7.70~20.32
20~30	20	13.89	5.52	39.79	8.20~24.53
30~40	20	14.07	4.25	30.19	8.70~26.21

表 3-33　钙积褐土不同土层厚度土壤含水量

土层厚度/cm	样本数/个	平均值/%	标准差/%	变异系数/%	范围/%
0～10	22	16.12	6.44	39.97	9.90～40.54
10～20	22	13.56	3.21	23.69	7.98～19.79
20～30	22	13.19	3.15	23.91	8.49～19.47
30～40	22	13.80	3.14	22.74	7.72～22.70

随着土层深度的增加，钙积黑钙土土壤含水量平均值持续减小。0～10cm 土壤含水量平均值最大，为 17.07%，范围在 10.15%～23.42%；30～40cm 土壤含水量平均值达到最小，为 15.76%，范围在 8.36%～22.39%；10～20cm 土壤含水量平均值为 16.93%，范围在 9.57%～22.29%；20～30cm 平均土壤含水量为 16.04%，范围在 8.28%～21.28%（表 3-34）。

表 3-34　钙积黑钙土不同土层厚度土壤含水量

土层厚度/cm	样本数/个	平均值/%	标准差/%	变异系数/%	范围/%
0～10	16	17.07	3.16	18.52	10.15～23.42
10～20	16	16.93	3.57	21.07	9.57～22.29
20～30	16	16.04	3.40	21.20	8.28～21.28
30～40	16	15.76	3.96	25.09	8.36～22.39

随着土层深度的增加，碱化潮土土壤含水量平均值先减小后增大。30～40cm 土壤含水量平均值最大，为 15.73%，范围在 2.23%～26.06%；10～20cm 土壤含水量平均值达到最小，为 13.81%，范围在 6.09%～23.87%；0～10cm 土壤含水量平均值为 14.34%，范围在 6.81%～28.47%；20～30cm 平均土壤含水量为 14.90%，范围在 6.29%～23.88%（表 3-35）。

表 3-35　碱化潮土不同土层厚度土壤含水量

土层厚度/cm	样本数/个	平均值/%	标准差/%	变异系数/%	范围/%
0～10	14	14.34	6.06	42.29	6.81～28.47
10～20	14	13.81	4.73	34.25	6.09～23.87
20～30	14	14.90	4.64	31.12	6.29～23.88
30～40	14	15.73	6.38	40.52	2.23～26.06

随着土层深度的增加，暗潮土土壤含水量平均值逐渐增大。30～40cm 土壤含水量平均值最大，为 25.11%，范围在 12.60%～46.56%；0～10cm 土壤含水量平均值达到最小，为 23.12%，范围在 15.37%～33.66%；10～20cm 土壤含水量平均值为 23.13%，范围在 9.02%～34.14%；20～30cm 土壤含水量平均值为 24.02%，范围在 8.71%～36.71%（表 3-36）。

表 3-36　暗潮土不同土层厚度土壤含水量

土层厚度/cm	样本数/个	平均值/%	标准差/%	变异系数/%	范围/%
0～10	13	23.12	5.67	24.51	15.37～33.66
10～20	13	23.13	7.63	32.99	9.02～34.14
20～30	13	24.02	7.71	32.09	8.71～36.71
30～40	13	25.11	8.79	35.03	12.60～46.56

随着土层深度的增加，普通褐土土壤含水量平均值先减小后增大。30～40cm 土壤含水量平均值最大，为 14.10%，范围在 5.56%～23.40%；10～20cm 土壤含水量平均值最小，为 12.59%，范围在 5.19%～18.48%；0～10cm 土壤含水量平均值为 13.27%，范围在 5.36%～23.37%；20～30cm 土壤含水量平均值为 13.14%，范围在 5.56%～18.95%（表 3-37）。

表 3-37　普通褐土不同土层厚度土壤含水量

土层厚度/cm	样本数/个	平均值/%	标准差/%	变异系数/%	范围/%
0～10	11	13.27	4.79	36.08	5.36～23.37
10～20	11	12.59	4.14	32.85	5.19～18.48
20～30	11	13.14	4.36	33.21	5.56～18.95
30～40	11	14.10	4.67	33.13	5.56～23.40

随着土层深度的增加，普通黑钙土土壤含水量平均值持续增大。30～40cm 土壤含水量平均值最大，为 25.78%，范围在 14.35%～38.55%；0～10cm 土壤含水量平均值最小，为 20.56%，范围在 10.64%～32.61%；10～20cm 土壤含水量平均值为 23.18%，范围在 12.92%～31.39%；20～30cm 土壤含水量平均值为 24.87%，范围在 16.12%～35.25%（表 3-38）。

表 3-38　普通黑钙土不同土层厚度土壤含水量

土层厚度/cm	样本数/个	平均值/%	标准差/%	变异系数/%	范围/%
0～10	16	20.56	5.79	28.19	10.64～32.61
10～20	16	23.18	5.29	22.81	12.92～31.39
20～30	16	24.87	5.12	20.60	16.12～35.25
30～40	16	25.78	6.05	23.48	14.35～38.55

随着土层深度的增加，普通黑土土壤含水量平均值持续增大。30～40cm 土壤含水量平均值最大，为 24.24%，范围在 15.45%～38.03%；在 0～10cm 土壤含水量平均值最小，为 21.23%，范围在 12.24%～34.63%；10～20cm 土壤含水量平均值为 22.61%，范围在 15.89%～34.35%；20～30cm 土壤含水量平均值为 23.59%，范围在 12.54%～38.10%（表 3-39）。

表 3-39　普通黑土不同土层厚度土壤含水量

土层厚度/cm	样本数/个	平均值/%	标准差/%	变异系数/%	范围/%
0～10	27	21.23	5.05	23.78	12.24～34.63
10～20	27	22.61	4.92	21.74	15.89～34.35
20～30	27	23.59	5.17	21.92	12.54～38.10
30～40	27	24.24	5.27	21.72	15.45～38.03

随着土层深度的增加，普通砂姜黑土土壤含水量平均值先减小后增大。30～40cm 土壤含水量平均值最大，为 19.50%，范围在 10.20%～35.24%；10～20cm 土壤含水量平均值最小，为 16.63%，范围在 10.91%～28.53%；0～10cm 土壤含水量平均值为 17.92%，范围在 10.76%～26.10%；20～30cm 土壤含水量平均值为 17.54%，范围在 10.91%～28.53%（表 3-40）。

表 3-40　普通砂姜黑土不同土层厚度土壤含水量

土层厚度/cm	样本数/个	平均值/%	标准差/%	变异系数/%	范围/%
0～10	22	17.92	4.60	25.68	10.76～26.10
10～20	22	16.63	4.69	28.21	9.95～25.53
20～30	22	17.54	5.69	32.42	10.91～28.53
30～40	22	19.50	7.00	35.89	10.20～35.24

随着土层深度的增加，普通棕壤土壤含水量平均值持续增大，30～40cm 土壤含水量平均值最大，为 18.69%，范围在 7.76%～26.63%；0～10cm 土壤含水量平均值最小，为 15.04%，范围在 5.68%～24.25%；10～20cm 土壤含水量平均值为 16.11%，范围在 7.25%～23.29%；20～30cm 土壤含水量平均值为 17.34%，范围在 6.85%～25.96%（表 3-41）。

表 3-41　普通棕壤不同土层厚度土壤含水量

土层厚度/cm	样本数/个	平均值/%	标准差/%	变异系数/%	范围/%
0～10	13	15.04	6.31	41.98	5.68～24.25
10～20	13	16.11	4.97	30.86	7.25～23.29
20～30	13	17.34	5.14	29.65	6.85～25.96
30～40	13	18.69	5.49	29.38	7.76～26.63

随着土层深度的增加，壤质石灰性潮土土壤含水量平均值先减小后增大。0～10cm 土壤含水量平均值最大，为 15.29%，范围在 5.67%～27.86%；20～30cm 土壤含水量平均值最小，为 12.88%，范围在 4.99%～28.42%；10～20cm 土壤含水量平均值为 13.09%，范围在 5.48%～24.67%；20～30cm 土壤含水量平均值为 12.88%，范围在 4.99%～28.42%（表 3-42）。

表 3-42   壤质石灰性潮土不同土层厚度土壤含水量

土层厚度/cm	样本数/个	平均值/%	标准差/%	变异系数/%	范围/%
0～10	63	15.29	5.09	33.27	5.67～27.86
10～20	63	13.09	4.78	36.48	5.48～24.67
20～30	63	12.88	5.30	41.12	4.99～28.42
30～40	63	14.59	6.09	41.71	1.91～30.46

随着土层深度的增加，砂壤质石灰性潮土土壤含水量平均值先减小后增大。30～40cm 含水量平均值最大，为 15.46%，范围在 3.97%～29.59%；10～20cm 土壤含水量平均值最小，为 13.84%，范围在 3.48%～23.59%；0～10cm 土壤含水量平均值为 14.21%，范围在 0.99%～27.48%；20～30cm 土壤含水量平均值为 14.45%，范围在 3.80%～22.15%（表 3-43）。

表 3-43   砂壤质石灰性潮土不同土层厚度土壤含水量

土层厚度/cm	样本数/个	平均值/%	标准差/%	变异系数/%	范围/%
0～10	27	14.21	6.49	45.64	0.99～27.48
10～20	27	13.84	5.18	37.41	3.48～23.59
20～30	27	14.45	5.14	35.56	3.80～22.15
30～40	27	15.46	6.44	41.67	3.97～29.59

随着土层深度的增加，砂质石灰性潮土土壤含水量平均值先减小后增大。30～40cm 土壤含水量平均值最大，为 13.95%，范围在 5.55%～25.96%；20～30cm 土壤含水量平均值最小，为 12.06%，范围在 4.73%～26.80%；10～20cm 土壤含水量平均值为 12.24%，范围在 4.78%～26.07%；0～10cm 土壤含水量平均值为 13.93%，范围在 2.95%～26.10%（表 3-44）。

表 3-44   砂质石灰性潮土不同土层厚度土壤含水量

土层厚度/cm	样本数/个	平均值/%	标准差/%	变异系数/%	范围/%
0～10	21	13.93	5.42	38.94	2.95～26.10
10～20	21	12.24	5.55	45.33	4.78～26.07
20～30	21	12.06	5.29	43.90	4.73～26.80
30～40	21	13.95	6.98	50.03	5.55～25.96

随着土层深度的增加，石灰性砂姜黑土土壤含水量平均值先减小后增大。0～10cm 土壤含水量平均值最大，为 23.04%，范围在 11.49%～27.07%；10～20cm 土壤含水量平均值最小，为 20.60%，范围在 10.75%～26.03%；20～30cm 土壤含水量平均值为 21.26%，范围在 16.06%～26.86%；30～40cm 土壤含水量平均值为 21.29%，范围在 16.16%～28.30%（表 3-45）。

表 3-45　石灰性砂姜黑土不同土层厚度土壤含水量

土层厚度/cm	样本数/个	平均值/%	标准差/%	变异系数/%	范围/%
0～10	12	23.04	3.99	17.30	11.49～27.07
10～20	12	20.60	3.80	18.45	10.75～26.03
20～30	12	21.26	3.10	14.60	16.06～26.86
30～40	12	21.29	3.79	17.82	16.16～28.30

随着土层深度的增加，盐化潮土土壤含水量平均值先减小后增大。30～40cm 土壤含水量平均值最大，为 14.39%，范围在 7.62%～23.64%；10～20cm 土壤含水量平均值最小，为 13.17%，范围在 6.25%～22.82%；0～10cm 土壤含水量平均值为 13.52%，范围在 8.02%～23.62%；20～30cm 土壤含水量平均值为 14.13%，范围在 8.05%～25.20%（表 3-46）。

表 3-46　盐化潮土不同土层厚度土壤含水量

土层厚度/cm	样本数/个	平均值/%	标准差/%	变异系数/%	范围/%
0～10	21	13.52	4.12	30.52	8.02～23.62
10～20	21	13.17	4.18	31.78	6.25～22.82
20～30	21	14.13	4.83	34.19	8.05～25.20
30～40	21	14.39	4.33	30.10	7.62～23.64

随着土层深度的增加，黏质石灰性潮土土壤含水量平均值先减小后增大。0～10cm 土壤含水量平均值最大，为 20.72%，范围在 8.97%～47.75%；20～30cm 土壤含水量平均值最小，为 13.99%，范围在 5.78%～22.97%；10～20cm 土壤含水量平均值为 15.02%，范围在 6.38%～24.45%；30～40cm 土壤含水量平均值为 14.38%，范围在 4.81%～23.60%（表 3-47）。

表 3-47　黏质石灰性潮土不同土层厚度土壤含水量

土层厚度/cm	样本数/个	平均值/%	标准差/%	变异系数/%	范围/%
0～10	13	20.72	9.32	45.01	8.97～47.75
10～20	13	15.02	5.25	34.98	6.38～24.45
20～30	13	13.99	5.10	36.43	5.78～22.97
30～40	13	14.38	5.91	41.13	4.81～23.60

旱作区暗潮土土层厚度 0～10cm 土壤含水量平均值最高，为 23.12%，范围为 15.37%～33.66%，盐化潮土土壤含水量平均值最低，为 13.52%，范围为 8.02%～23.62%；土层厚度 10～20cm 暗潮土土壤含水量平均值最高，为 23.13%，范围为 9.02%～34.14%，普通褐土土壤含水量平均值最低，为 12.59%，范围为 5.19%～18.48%；土层厚度 20～30cm 普通黑钙土土壤含水量平均值最高，为 24.87%，范围为 16.12%～35.25%，砂质石灰性潮土土壤含水量平均值最低，为 12.06%，范围为 4.73%～26.80%；土层厚度 30～40cm 普通黑钙土土壤含水量平均值最高，为 25.78%，范围为 14.35%～38.55%，钙积褐土土

壤含水量平均值最低，为 13.80%，范围为 7.72%～22.70%。土壤含水量主要受植被根系蓄水影响，在 10cm 左右深度含水量达最大。土壤含水量受植被根系蓄水和地下水的共同影响，土层厚度在 20cm 以内，随土层厚度增加而增加；土层厚度在 20～30cm，土壤含水量随深度增加而减少，30～40cm 土壤含水量趋于稳定。

随着土层深度的增加，潮褐土、钙积褐土、碱化潮土、普通褐土、普通砂姜黑土、壤质石灰性潮土、砂壤质石灰性潮土、砂质石灰性潮土、石灰性砂姜黑土、盐化潮土和黏质石灰性潮土、砂质石灰性潮土土壤含水量呈现先减少后增大的趋势；潮褐土、碱化潮土、普通褐土、普通砂姜黑土、石灰性砂姜黑土和盐化潮土在 10～20cm 处的土壤含水量均为最低。暗潮土、普通黑钙土、普通黑土和普通棕壤随着深度的增加土壤含水量逐渐增大(图 3-19)。

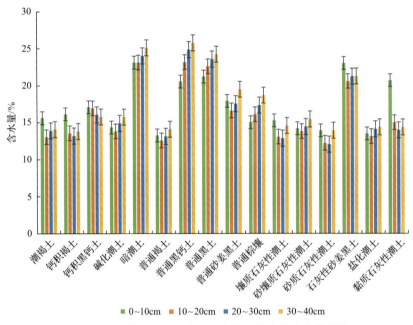

图 3-19　旱作区不同深度下各土壤亚类土壤含水量变化

五、土壤 pH

土壤 pH 即为土壤溶液的 pH，即土壤酸碱度。土壤 pH 是土壤酸碱度的强度指标，是土壤的基本性质和肥力的重要影响因素之一。它直接影响土壤养分的存在状态、转化和有效性，从而影响植物的生长发育。

土壤 pH<6.5 定义为酸性土壤，6.5～7.5 定义为中性土壤，7.5～8.5 定义为碱性土壤，>8.5 定义为强碱性土壤。旱作区土壤酸碱度范围在 6.46～8.49，具体表现出"南酸北碱"的空间分布格局，但在黑龙江省附近出现了部分弱酸性区域。土壤 pH 7.5～8.5 范围内的区域面积最大，占整个旱作区面积的 50.05%，可以看出，旱作区土地大部分区域呈碱性；土壤 pH<6.5 的土地面积占整个旱作区土地面积的 8.32%；土壤 pH 6.5～7.5 范围

内的土地面积占旱作区面积的 40.06%；pH＞8.5 的强碱性土壤占整个旱作区面积的
1.57%（图 3-20、图 3-21）。

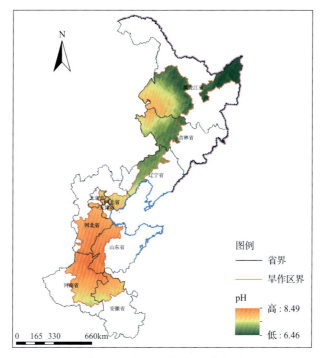

图 3-20　旱作区土壤 pH 分布图

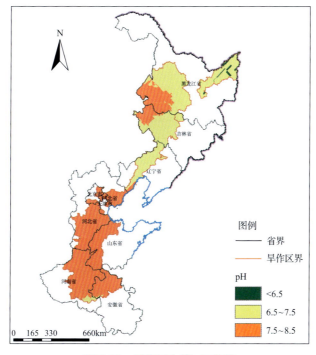

图 3-21　旱作区土壤 pH 分级

壤质石灰性潮土土壤 pH 平均值最高，碱性程度最强，为 8.37，范围为 5.8～9.1；普通砂姜黑土平均土壤 pH 为 7.77，范围为 7.0～8.4；普通黑钙土土壤 pH 平均值为 7.50，范围为 5.2～8.7；石灰性砂姜黑土土壤 pH 平均值为 7.49，范围为 6.0～8.2；普通棕壤土壤 pH 平均值为 7.15，范围为 6.0～8.4；普通黑土土壤 pH 平均值为 6.61，范围为 5.7～8.2，主要表现为酸性(图 3-22、表 3-48)。

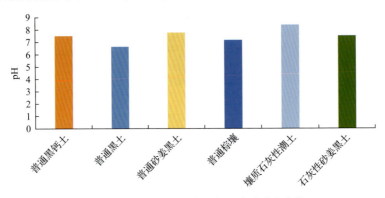

图 3-22　旱作区各土壤亚类土壤酸碱度变化

表 3-48　不同土壤亚类 pH

土壤亚类	样本数/个	平均值	标准差	变异系数/%	范围
普通黑钙土	12	7.50	1.27	16.97	5.2～8.7
普通黑土	17	6.61	0.52	7.92	5.7～8.2
普通砂姜黑土	16	7.77	0.44	5.72	7.0～8.4
普通棕壤	11	7.15	0.59	8.19	6.0～8.4
壤质石灰性潮土	13	8.37	0.90	10.75	5.8～9.1
石灰性砂姜黑土	12	7.49	0.44	5.93	6.0～8.2

六、土壤有机质

土壤有机质是指存在于土壤中的含碳有机物质，包括各种动植物的残体、微生物残体及会分解和合成的各种有机质。土壤有机质是土壤固相部分的重要组成成分，尽管土壤有机质的含量只占土壤总量的很小一部分，但它对土壤形成、土壤肥力、环境保护及农林业可持续发展等方面都有着极其重要的意义。进入土壤中的有机质一般以新鲜的有机物、分解的有机物和腐殖质状态存在，通常在其他条件相同或相近的情况下，在一定含量范围内，有机质的含量与土壤肥力水平呈正相关。

2017 年旱作区土壤有机质在空间上总体呈北高南低的趋势，黑龙江省土壤有机质含量最高，河北中南部部分地区与安徽北部土壤有机质含量最低。对比不同土层厚度旱作区土壤有机质分布情况发现，随着土层深度增加，土壤有机质含量逐渐下降(图 3-23)。

就不同土壤亚类而言，随着土层深度的增加，潮褐土土壤有机质含量平均值逐渐减小。0～10cm 土壤有机质含量平均值最大，为 18.55g/kg，范围在 5.99～30.63g/kg；30～

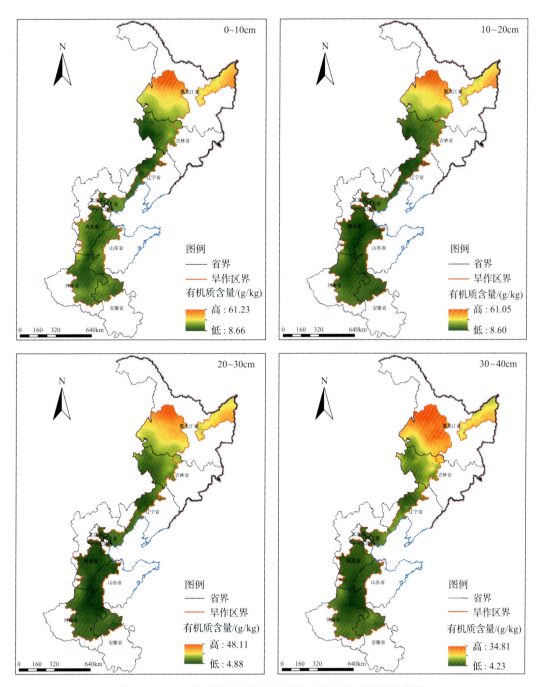

图 3-23　2017 年旱作区不同土层厚度土壤有机质含量分布图

40cm 土壤有机质含量平均值最小，为 8.87g/kg，范围在 2.89～15.95g/kg；10～20cm 土壤有机质含量平均值为 15.28g/kg，范围在 4.25～23.97g/kg；20～30cm 土壤有机质含量平均值为 10.64g/kg，范围在 3.99～15.49g/kg（表 3-49）。

随着土层深度的增加，钙积褐土土壤有机质含量平均值逐渐减小。0～10cm 土壤有机质含量平均值最大，为 23.78g/kg，范围在 8.21～79.27g/kg；30～40cm 土壤有机质含量平均值最小，为 9.57g/kg，范围在 3.33～17.30g/kg；10～20cm 土壤有机质含量平均值为 19.02g/kg，范围在 7.50～52.40g/kg；20～30cm 土壤有机质含量平均值为 12.82g/kg，范围在 3.92～30.48g/kg（表 3-50）。

表 3-49 潮褐土不同土层厚度土壤有机质含量

土层厚度/cm	样本数/个	平均值/(g/kg)	标准差/(g/kg)	变异系数/%	范围/(g/kg)
0～10	20	18.55	12.85	69.28	5.99～30.63
10～20	20	15.28	12.67	82.90	4.25～23.97
20～30	20	10.64	10.60	99.70	3.99～15.49
30～40	20	8.87	9.15	103.17	2.89～15.95

表 3-50 钙积褐土不同土层厚度土壤有机质含量

土层厚度/cm	样本数/个	平均值/(g/kg)	标准差/(g/kg)	变异系数/%	范围/(g/kg)
0～10	22	23.78	12.08	50.82	8.21～79.27
10～20	22	19.02	11.91	62.63	7.50～52.40
20～30	22	12.82	10.09	78.76	3.92～30.48
30～40	22	9.57	8.71	90.96	3.33～17.30

随着土层深度的增加，钙积黑钙土土壤有机质含量平均值逐渐减小。0～10cm 土壤有机质含量平均值最大，为 39.09g/kg，范围在 21.79～75.51g/kg；30～40cm 土壤有机质含量平均值最小，为 26.27g/kg，范围在 12.66～46.97g/kg；10～20cm 土壤有机质含量平均值为 36.19g/kg，范围在 15.80～69.32g/kg；20～30cm 土壤有机质含量平均值为 30.73g/kg，范围在 18.65～52.86g/kg（表 3-51）。

随着土层深度的增加，碱化潮土土壤有机质含量平均值逐渐减小。0～10cm 土壤有机质含量平均值最大，为 23.73g/kg，范围在 8.53～35.78g/kg；30～40cm 土壤有机质含量平均值最小，为 14.39g/kg，范围在 6.34～24.13g/kg；10～20cm 土壤有机质含量平均值为 22.86g/kg，范围在 9.93～46.16g/kg；20～30cm 土壤有机质含量平均值为 17.33g/kg，范围在 6.77～32.08g/kg（表 3-52）。

表 3-51 钙积黑钙土不同土层厚度土壤有机质含量

土层厚度/cm	样本数/个	平均值/(g/kg)	标准差/(g/kg)	变异系数/%	范围/(g/kg)
0～10	16	39.09	14.14	36.18	21.79～75.51
10～20	16	36.19	14.38	39.72	15.80～69.32
20～30	16	30.73	9.81	31.92	18.65～52.86
30～40	16	26.27	7.91	30.12	12.66～46.97

表 3-52　碱化潮土不同土层厚度土壤有机质含量

土层厚度/cm	样本数/个	平均值/(g/kg)	标准差/(g/kg)	变异系数/%	范围/(g/kg)
0~10	14	23.73	13.70	57.72	8.53~35.78
10~20	14	22.86	13.44	58.79	9.93~46.16
20~30	14	17.33	11.38	65.64	6.77~32.08
30~40	14	14.39	9.78	67.93	6.34~24.13

随着土层深度的增加，暗潮土土壤有机质含量平均值逐渐减小。0~10cm 土壤有机质含量平均值最大，为 24.40g/kg，范围在 10.74~77.13g/kg；30~40cm 土壤有机质含量平均值最小，为 12.47g/kg，范围在 3.48~39.82g/kg；10~20cm 土壤有机质含量平均值为 21.46g/kg，范围在 7.61~75.41g/kg；20~30cm 土壤有机质含量平均值为 16.54g/kg，范围在 2.02~45.27g/kg（表 3-53）。

表 3-53　暗潮土不同土层厚度土壤有机质含量

土层厚度/cm	样本数/个	平均值/(g/kg)	标准差/(g/kg)	变异系数/%	范围/(g/kg)
0~10	13	24.40	14.03	57.49	10.74~77.13
10~20	13	21.46	15.86	73.91	7.61~75.41
20~30	13	16.54	12.59	76.10	2.02~45.27
30~40	13	12.47	10.19	81.71	3.48~39.82

随着土层深度的增加，普通褐土土壤有机质含量平均值逐渐减小。0~10cm 土壤有机质含量平均值最大，为 20.89g/kg，范围在 14.71~33.81g/kg；30~40cm 土壤有机质含量平均值最小，为 12.59g/kg，范围在 6.89~20.78g/kg；10~20cm 土壤有机质含量平均值为 17.07g/kg，范围在 11.39~24.20g/kg；20~30cm 土壤有机质含量平均值为 13.31g/kg，范围在 8.11~23.77g/kg（表 3-54）。

表 3-54　普通褐土不同土层厚度土壤有机质含量

土层厚度/cm	样本数/个	平均值/(g/kg)	标准差/(g/kg)	变异系数/%	范围/(g/kg)
0~10	11	20.89	12.57	60.16	14.71~33.81
10~20	11	17.07	12.46	72.98	11.39~24.20
20~30	11	13.31	10.45	78.47	8.11~23.77
30~40	11	12.59	9.00	71.50	6.89~20.78

随着土层深度的增加，普通黑钙土土壤有机质含量平均值逐渐减小。0~10cm 土壤有机质含量平均值最大，为 21.34g/kg，范围在 11.41~38.37g/kg；30~40cm 土壤有机质含量平均值最小，为 11.62g/kg，范围在 4.10~37.58g/kg；10~20cm 土壤有机质含量平均值为 15.80g/kg，范围在 5.03~34.47g/kg；20~30cm 土壤有机质含量平均值为 13.52g/kg，

范围在 4.79～39.13g/kg（表 3-55）。

表 3-55　普通黑钙土不同土层厚度土壤有机质含量

土层厚度/cm	样本数/个	平均值/(g/kg)	标准差/(g/kg)	变异系数/%	范围/(g/kg)
0～10	16	21.34	15.45	72.38	11.41～38.37
10～20	16	15.80	17.74	112.24	5.03～34.47
20～30	16	13.52	13.07	96.64	4.79～39.13
30～40	16	11.62	10.29	88.55	4.10～37.58

随着土层深度的增加，普通黑土土壤有机质含量平均值逐渐减小。0～10cm 土壤有机质含量平均值最大，为 27.67g/kg，范围在 9.15～63.64g/kg；30～40cm 土壤有机质含量平均值最小，为 15.22g/kg，范围在 2.96～36.11g/kg；10～20cm 土壤有机质含量平均值为 23.02g/kg，范围在 4.67～63.35g/kg；20～30cm 土壤有机质含量平均值为 17.90g/kg，范围在 4.58～46.52g/kg（表 3-56）。

表 3-56　普通黑土不同土层厚度土壤有机质含量

土层厚度/cm	样本数/个	平均值/(g/kg)	标准差/(g/kg)	变异系数/%	范围/(g/kg)
0～10	27	27.67	14.77	53.39	9.15～63.64
10～20	27	23.02	16.19	70.33	4.67～63.35
20～30	27	17.90	12.82	71.63	4.58～46.52
30～40	27	15.22	10.82	71.11	2.96～36.11

随着土层深度的增加，普通砂姜黑土土壤有机质含量平均值逐渐减小。0～10cm 土壤有机质含量平均值最大，为 20.51g/kg，范围在 10.84～30.94g/kg；30～40cm 土壤有机质含量平均值最小，为 7.44g/kg，范围在 2.28～16.20g/kg；10～20cm 土壤有机质含量平均值 13.86g/kg，范围在 7.01～21.39g/kg；20～30cm 土壤有机质含量平均值为 9.98g/kg，范围在 5.42～22.20g/kg（表 3-57）。

表 3-57　普通砂姜黑土不同土层厚度土壤有机质含量

土层厚度/cm	样本数/个	平均值/(g/kg)	标准差/(g/kg)	变异系数/%	范围/(g/kg)
0～10	22	20.51	11.96	58.32	10.84～30.94
10～20	22	13.86	12.04	86.86	7.01～21.39
20～30	22	9.98	10.33	103.50	5.42～22.20
30～40	22	7.44	8.93	119.91	2.28～16.20

随着土层深度的增加，普通棕壤土壤有机质含量平均值逐渐减小。0～10cm 土壤有机质含量平均值最大，为 31.90g/kg，范围在 14.63～71.43g/kg；在 30～40cm 土壤有机质含量平均值最小，为 20.52g/kg，范围在 7.33～46.91g/kg；10～20cm 土壤有机质含量平均

值为 28.11g/kg，范围在 13.17～61.42g/kg；20～30cm 土壤有机质含量平均值为 23.26g/kg，范围在 8.90～62.74g/kg（表 3-58）。

表 3-58　普通棕壤不同土层厚度土壤有机质含量

土层厚度/cm	样本数/个	平均值/(g/kg)	标准差/(g/kg)	变异系数/%	范围/(g/kg)
0～10	13	31.90	17.27	54.13	14.63～71.43
10～20	13	28.11	14.39	51.19	13.17～61.42
20～30	13	23.26	14.42	61.98	8.90～62.74
30～40	13	20.52	12.66	61.69	7.33～46.91

随着土层深度的增加，壤质石灰性潮土土壤有机质含量平均值逐渐减小。0～10cm 土壤有机质含量平均值最大，为 20.84g/kg，范围在 4.95～42.00g/kg；30～40cm 土壤有机质含量平均值最小，为 9.46g/kg，范围在 1.04～32.88g/kg；10～20cm 土壤有机质含量平均值为 15.70g/kg，范围在 4.58～46.37g/kg；20～30cm 土壤有机质含量平均值为 11.44g/kg，范围在 2.83～33.57g/kg（表 3-59）。

表 3-59　壤质石灰性潮土不同土层厚度土壤有机质含量

土层厚度/cm	样本数/个	平均值/(g/kg)	标准差/(g/kg)	变异系数/%	范围/(g/kg)
0～10	63	20.84	11.86	56.89	4.95～42.00
10～20	63	15.70	11.72	74.64	4.58～46.37
20～30	63	11.44	10.00	87.41	2.83～33.57
30～40	63	9.46	8.61	91.01	1.04～32.88

随着土层深度的增加，砂壤质石灰性潮土土壤有机质含量平均值逐渐减小。0～10cm 土壤有机质含量平均值最大，为 20.36g/kg，范围在 7.94～48.63g/kg；30～40cm 土壤有机质含量平均值最小，为 10.46g/kg，范围在 3.27～29.59g/kg；10～20cm 土壤有机质含量平均值为 17.45g/kg，范围在 3.90～50.17g/kg；20～30cm 土壤有机质含量平均值为 13.44g/kg，范围在 2.55～43.55g/kg（表 3-60）。

表 3-60　砂壤质石灰性潮土不同土层厚度土壤有机质含量

土层厚度/cm	样本数/个	平均值/(g/kg)	标准差/(g/kg)	变异系数/%	范围/(g/kg)
0～10	27	20.36	11.78	57.89	7.94～48.63
10～20	27	17.45	11.66	66.82	3.90～50.17
20～30	27	13.44	9.96	74.08	2.55～43.55
30～40	27	10.46	8.58	82.02	3.27～29.59

随着土层深度的增加，砂质石灰性潮土土壤有机质含量平均值逐渐减小。0～10cm 土壤有机质含量平均值最大，为 21.05g/kg，范围在 5.72～32.25g/kg；30～40cm 土壤有

机质含量平均值最小，为 11.18g/kg，范围在 1.27～31.88g/kg；10～20cm 土壤有机质含量平均值为 16.14g/kg，范围在 4.96～30.93g/kg；20～30cm 土壤有机质含量平均值为 12.93g/kg，范围在 3.26～32.24g/kg（表 3-61）。

表 3-61　砂质石灰性潮土不同土层厚度土壤有机质含量

土层厚度/cm	样本数/个	平均值/(g/kg)	标准差/(g/kg)	变异系数/%	范围/(g/kg)
0～10	21	21.05	12.13	57.60	5.72～32.25
10～20	21	16.14	11.96	74.11	4.96～30.93
20～30	21	12.93	10.14	78.41	3.26～32.24
30～40	21	11.18	8.74	78.17	1.27～31.88

随着土层深度的增加，石灰性砂姜黑土土壤有机质含量平均值逐渐减小。0～10cm 土壤有机质含量平均值最大，为 20.24g/kg，范围在 14.88～24.83g/kg；30～40cm 土壤有机质含量平均值最小，为 7.50g/kg，范围在 2.96～12.47g/kg；10～20cm 土壤有机质含量平均值为 15.19g/kg，范围在 10.20～25.16g/kg；20～30cm 土壤有机质含量平均值为 8.22g/kg，范围在 4.63～12.02g/kg（表 3-62）。

表 3-62　石灰性砂姜黑土不同土层厚度土壤有机质含量

土层厚度/cm	样本数/个	平均值/(g/kg)	标准差/(g/kg)	变异系数/%	范围/(g/kg)
0～10	12	20.24	4.50	22.22	14.88～24.83
10～20	12	15.19	3.39	22.31	10.20～25.16
20～30	12	8.22	2.24	27.29	4.63～12.02
30～40	12	7.50	2.87	38.21	2.96～12.47

随着土层深度的增加，盐化潮土土壤有机质含量平均值逐渐减小。0～10cm 土壤有机质含量平均值最大，为 20.06g/kg，范围在 5.31～38.94g/kg；30～40cm 土壤有机质含量平均值最小，为 12.22g/kg，范围在 2.01～35.22g/kg；10～20cm 土壤有机质含量平均值为 18.01g/kg，范围在 3.48～43.26g/kg；20～30cm 土壤有机质含量平均值为 14.52g/kg，范围在 1.65～40.92g/kg（表 3-63）。

表 3-63　盐化潮土不同土层厚度土壤有机质含量

土层厚度/cm	样本数/个	平均值/(g/kg)	标准差/(g/kg)	变异系数/%	范围/(g/kg)
0～10	21	20.06	13.17	65.65	5.31～38.94
10～20	21	18.01	12.20	67.73	3.48～43.26
20～30	21	14.52	10.81	74.45	1.65～40.92
30～40	21	12.22	9.59	78.48	2.01～35.22

随着土层深度的增加，黏质石灰性潮土土壤有机质含量平均值逐渐减小。0～10cm

土壤有机质含量平均值最大，为 21.92g/kg，范围在 10.85～36.41g/kg；30～40cm 土壤有机质含量平均值最小，为 6.86g/kg，范围在 3.97～11.96g/kg；10～20cm 土壤含量平均值为 14.01g/kg，范围在 10.50～22.02g/kg；20～30cm 土壤有机质含量平均值为 8.54g/kg，范围在 5.67～13.98g/kg（表 3-64）。

表 3-64　黏质石灰性潮土不同土层厚度土壤有机质含量

土层厚度/cm	样本数/个	平均值/(g/kg)	标准差/(g/kg)	变异系数/%	范围/(g/kg)
0～10	13	21.92	12.47	56.87	10.85～36.41
10～20	13	14.01	12.26	87.55	10.50～22.02
20～30	13	8.54	10.40	121.84	5.67～13.98
30～40	13	6.86	8.99	131.05	3.97～11.96

旱作区土层厚度 0～10cm 钙积黑钙土土壤有机质含量平均值最高，为 39.09g/kg，范围为 21.79～75.51g/kg，潮褐土土壤有机质含量平均值最低，为 18.55g/kg，范围为 5.99～30.63g/kg；10～20cm 钙积黑钙土土壤有机质含量平均值最高，为 36.19g/kg，范围为 15.80～69.32g/kg，普通砂姜黑土土壤有机质含量平均值最低，为 13.86g/kg，范围为 7.01～22.20g/kg；20～30cm 钙积黑钙土土壤有机质含量平均值最高，为 30.73g/kg，范围为 18.65～52.86g/kg，黏质石灰性潮土土壤有机质含量平均值最低，为 8.54g/kg，范围为 5.67～13.98g/kg；30～40cm 钙积黑钙土土壤有机质含量平均值最高，为 26.27g/kg，范围为 12.66～46.97g/kg，黏质石灰性潮土土壤有机质含量平均值最低，为 6.86g/kg，范围为 3.97～11.96g/kg。显然，土壤有机质含量自表层至深层逐渐降低，且钙积黑钙土土壤有机质含量在各深度下均大于其他土壤亚类，这可能与其有机质的积累量大于分解量、土壤上部有肥沃的腐殖质、下部有石灰富集的钙积层有关（图 3-24）。

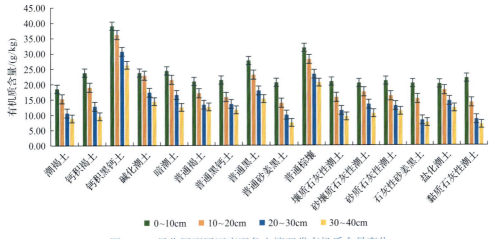

图 3-24　旱作区不同深度下各土壤亚类有机质含量变化

随着土层深度的增加，潮褐土、钙积褐土、钙积黑钙土、碱化潮土、暗潮土、普通褐土、普通黑钙土、普通黑土、普通砂姜黑土、普通棕壤、壤质石灰性潮土、砂壤质石灰性潮土、石灰性砂姜黑土、盐化潮土和黏质石灰性潮土土壤有机质含量逐渐减小，无论何种土壤类型，最大有机质含量均出现在 0～10cm，这可能与人为施肥相关。

七、土壤阳离子交换量

土壤阳离子交换量是指土壤胶能吸附各种阳离子的总量，其数值以每千克土壤中含有各种阳离子的物质的量来表示。土壤阳离子交换量影响土壤缓冲能力，也是评价土壤保肥能力、改良土壤和合理施肥的重要依据。

根据阳离子交换能力等级划分，<15cmol/kg、15～20cmol/kg、20～25cmol/kg、>25cmol/kg 分别为土壤保肥(供肥)性能偏低、保肥(供肥)性能中等、保肥(供肥)性能较强、保肥(供肥)性能强的范围。河南省和河北省接壤的东部地区以及辽宁省极少数地区处于保肥(供肥)性能偏低水平，占旱作区面积不足 5%；土壤保肥(供肥)性能中等水平的区域大都在辽宁省、吉林省西部、河北省西部、河南省北部、山东省南部；保肥(供肥)性能较强和强的地区在旱作区内所占面积为 50%以上，黑龙江省、吉林省东部、河南省南部、山东省北部、安徽省土壤保肥(供肥)性好。黑龙江省土壤阳离子交换量大都大于25cmol/kg，处于保肥(供肥)能力强的水平(图 3-25)。

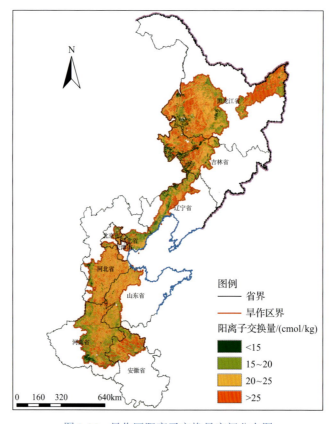

图 3-25　旱作区阳离子交换量空间分布图

第二节　旱作区耕地土壤养分空间分布特征

一、土壤速效钾含量

速效钾含量是指土壤中易被作物吸收利用的钾素。根据钾存在的形态和作物吸收利用的情况，可分为水溶性钾、交换性钾和黏土矿物中固定的钾三类。速效钾含量是表征土壤钾素供应状况的重要指标之一，及时测定和了解土壤速效钾含量及其变化，对指导钾肥的施用是十分必要的。

旱作区土壤速效钾含量平均值变幅在 27.59～400.90mg/kg，以 100～200mg/kg 为主，占旱作区面积的 64.58%；其次是 50～100mg/kg，占旱作区面积的 26.19%。按照《全国第二次土壤普查养分分级标准》，速效钾含量<50mg/kg、50～100mg/kg、100～150mg/kg、150～200mg/kg、>200mg/kg 分别为缺乏、较缺乏、适中、较丰富和丰富。旱作区极少数地区土壤速效钾含量处于缺乏范围，占旱作区面积的 1.50%；旱作区大部分区域处于适中范围，比例高达 64.58%，主要分布在黑龙江省、河北省和安徽省；处于丰富范围的地区主要分布在黑龙江省、吉林省与黑龙江省的交界处，占旱作区面积的 7.23%；较缺乏的地区主要分布在辽宁省大部分、河北省、河南省，占旱作区面积的 26.19%（图 3-26）。

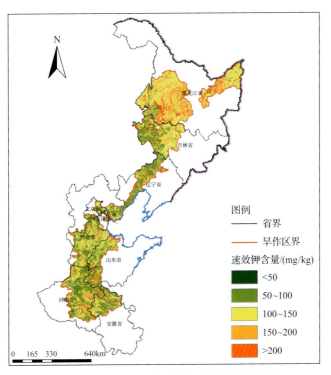

图 3-26　旱作区土壤速效钾含量空间分布图

二、土壤有效磷含量

有效磷含量是指土壤中可被植物吸收利用的磷的总称，它包括全部水溶性磷、部分吸附态磷、一部分微溶性的无机磷和易矿化的有机磷等。土壤有效磷含量是土壤磷素养分供应水平高低的指标，土壤磷素含量高低在一定程度反映了土壤中磷素的贮量和供应能力。

旱作区土壤有效磷含量以＞40mg/kg 为主，占旱作区面积的 48.43%；20～40mg/kg 占旱作区面积的 24.69%。按照《全国第二次土壤普查养分分级标准》进行划分，土壤有效磷含量＜5mg/kg、5～10mg/kg、10～20mg/kg、20～40mg/kg、＞40mg/kg 分别为缺乏、较缺乏、适中、较丰富和丰富，旱作区多数地区土壤有效磷含量处于丰富范围，占旱作区面积的 54.98%（图 3-27）。

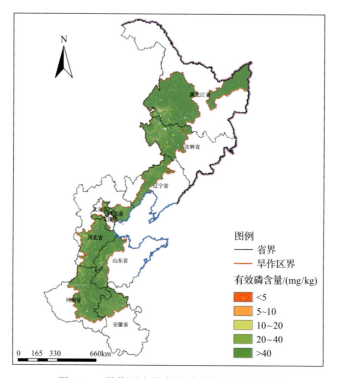

图 3-27　旱作区土壤有效磷含量空间分布图

三、土壤全氮含量

土壤全氮含量是指土壤中各种形态氮素含量之和，包括有机态氮和无机态氮，但不包括土壤空气中的分子态氮。对于自然土壤来说，达到稳定水平时，其全氮含量的平衡值是气候、地形或地貌、植被和生物、母质以及成土年龄或时间的函数。对于耕种土壤来说，除前述因素外，还取决于利用方式、轮作制度、施肥制度以及耕作和灌溉制度等。

此外，土壤全氮含量还受土壤侵蚀的强烈影响。

旱作区土壤全氮含量变幅在 0.13～7.3g/kg。整体含量以＜0.75g/kg 为主，占旱作区面积的 33.61%；其次是 1.0～1.5g/kg，占旱作区面积的 24.91%。按照《全国第二次土壤普查养分分级标准》，全氮含量＜0.75g/kg、0.75～1.0g/kg、1.0～1.5g/kg、1.5～2.0g/kg 和＞2.0g/kg 分别为缺乏、较缺乏、适中、较丰富和丰富，旱作区多数地区土壤全氮含量处于缺乏范围，占旱作区面积的 33.61%，主要集中在河北省；处于丰富范围的地区主要集中在东北三省，占旱作区面积的 14.89%；处于较丰富范围的地区占旱作区面积的 12.68%，主要集中在黑龙江省；处于适中范围的地区占旱作区面积的 24.91%（图 3-28）。

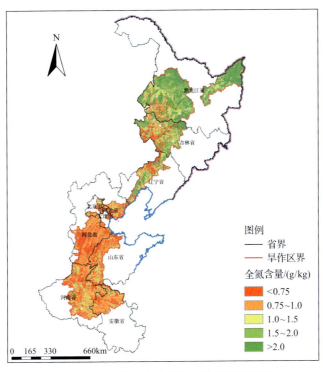

图 3-28　旱作区土壤全氮含量空间分布图

四、土壤碳、氮、磷生态化学计量特征

1. 东北旱作区土壤碳、氮、磷生态化学计量特征

生态化学计量学（Ecological Stoichiometry）已经成为研究生态系统各组分主要构成元素平衡及耦合关系的重要方法，在生物地球化学循环和生态系统稳定性等研究领域发挥了极其重要的作用（林永静等，2018；王绍强等，2008）。土壤作为陆生生态系统的基质，是诸多生态过程的载体，对植物的生长起着关键作用，并直接影响植物群落的组成、稳定和演替（冯德枫等，2017；Li et al.，2016；Zeng et al.，2017）。而土壤碳、氮、磷等元

素不仅是土壤养分的重要组成部分，同时也是植物生长所必需的元素，且直接影响土壤微生物动态、凋落物分解以及土壤养分的积累与循环(曹祥会等，2017；卢同平等，2017)。由于土壤中的养分元素在生态系统中既相互独立又互相耦合，仅分析养分元素本身的变化难以阐明生态系统中土壤养分的整体变异特征，必须深入分析各养分元素之间的比例关系(杨文等，2015；曾全超等，2015；Zhang et al., 2012)。因此，比对评价土壤养分的生态化学计量与土壤质量、揭示土壤养分之间的平衡关系具有重要意义(卓志清等，2019)。

1)土壤碳、氮、磷含量及生态化学计量统计特征

东北旱作区 SOC(有机碳)、TN(全氮)、TP(全磷)含量的变化范围分别为 4.94～36.19g/kg、0.51～3.07g/kg、0.27～1.16g/kg。有机碳、全氮含量的平均值由大到小地区排名为黑龙江省、吉林省、辽宁省，且黑龙江省显著高于吉林省和辽宁省($P<0.05$)；土壤全磷含量的平均值由大到小地区排名为黑龙江省、辽宁省、吉林省。除黑龙江省旱作区外，吉林省、辽宁省旱作区有机碳、全氮、全磷含量平均值均低于我国农田(0～10cm)有机碳、全氮、全磷含量的平均值(Tian 等，2010)。东北旱作区土壤 C/N(碳氮比)、C/P(碳磷比)和 N/P(氮磷比)的变化范围分别为 4.81～24.06、13.83～40.56、1.31～2.60，其中黑龙江省、吉林省、辽宁省旱作区土壤 C/N 的平均值由大到小地区排名为黑龙江省、吉林省、辽宁省，且黑龙江省显著高于吉林省和辽宁省($P<0.05$)；土壤 N/P 的平均值由大到小地区排名为吉林省、黑龙江省、辽宁省，但彼此间差异不显著($P<0.05$)。除黑龙江省旱作区土壤 C/N 略高于全国农田土壤 C/N 平均值外，吉林省和辽宁省旱作区土壤 C/N、C/P 和 N/P 均低于全国农田土壤 C/N 的平均值(表 3-65)。

表 3-65 东北旱作区土壤碳、氮、磷含量及生态化学计量特征描述性统计

	有机碳含量/(g/kg)	全氮含量/(g/kg)	全磷含量/(g/kg)	C/N	C/P	N/P
黑龙江省	$(22.10\pm0.38)^a$	$(1.74\pm0.32)^a$	$(0.90\pm0.28)^a$	$(12.79\pm0.27)^a$	$(25.07\pm0.30)^a$	$(1.99\pm0.23)^a$
吉林省	$(11.26\pm0.43)^b$	$(1.13\pm0.34)^b$	$(0.55\pm0.48)^b$	$(9.91\pm0.28)^b$	$(21.64\pm0.39)^b$	$(2.19\pm0.30)^b$
辽宁省	$(9.52\pm0.34)^b$	$(0.99\pm0.31)^b$	$(0.73\pm0.97)^b$	$(9.85\pm0.29)^b$	$(17.81\pm0.40)^b$	$(1.88\pm0.42)^b$
平均值	16.79 ± 0.53	1.43 ± 0.40	0.77 ± 0.53	16.79 ± 0.29	22.82 ± 0.36	2.03 ± 0.29

注：a、b 表示土壤生态化学计量特征指标在不同地区之间的差异显著性($P<0.05$)。

土壤有机氮占全氮含量的 95%以上，而有机氮主要在土壤有机物结构中结合，因此二者关系变化密切(冯德枫等，2017；王绍强等，2008)。东北旱作区有机碳、全氮、全磷含量三者之间均存在显著相关关系($P<0.05$)。

2)土壤碳、氮、磷含量及生态化学计量的空间分异

东北旱作区土壤碳、氮、磷含量及生态化学计量比的半变异函数模型及全局 Moran's I(莫兰指数)统计量如表 3-66 所示。经 K-S 检验(Kolmogorov-Smirnov test)发现，C/P 符合正态分布，有机碳、全氮、全磷含量和 C/N、C/P、N/P 均符合对数正态分布。东北旱

作区有机碳、全氮、全磷含量及 C/N、C/P、N/P 的 Moran's I 均为正值，表明其呈现空间聚合特征，但彼此间的聚合程度存在一定差异。有机碳、全氮、全磷含量及 C/N、C/P 的 Moran's I 标准化 Z 值均大于显著性检验的临界值 2.56（P＜0.01），表明 C/N 和 C/P 在东北旱作区存在较明显的空间自相关性，即高值点周围样点相应值高，低值点周围样点相应值低，而 N/P 虽然呈现集聚特征，但空间自相关性并不显著。

表 3-66　土壤碳、氮、磷含量及生态化学计量比半变异函数模型及全局 Moran's I 统计量

指标	偏度	峰度	转换	模型	块金系数	Moran's I	Z	P
有机碳含量	−0.32	2.95	对数转换	指数	0.13	0.45	8.34	＜0.01
全氮含量	−0.53	3.97	对数转换	指数	0.34	0.32	5.95	＜0.01
全磷含量	−0.38	2.84	对数转换	球状	0.18	0.26	4.91	＜0.01
C/N	−0.05	3.84	对数转换	球状	0.10	0.21	3.93	＜0.01
C/P	0.77	3.13		高斯	0.37	0.21	3.92	＜0.01
N/P	−0.46	4.75	对数转换	球状	0.82	0.74	0.74	＞0.10

东北旱作区有机碳、全氮、全磷含量均呈现由西南向东北递增的趋势，空间变化具有一致性。高值区主要分布在小兴安岭南麓、东北平原北部及三江平原地区，低值区则主要集中在吉林省和辽宁省旱作区的西部平原区。东北旱作区土壤 C/N、C/P 表现出相同的空间分布特征，高值区呈斑块状散布于东北平原北部及三江平原南部，低值区在吉林省和辽宁省旱作区连片分布；土壤 N/P 的高值区在东北旱作区西北部大面积分布，低值区则呈斑块状零散分布于黑龙江省旱作区东部和吉林省、辽宁省旱作区的南部（图 3-29～图 3-31）。

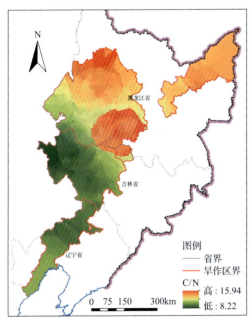

图 3-29　东北旱作区土壤 C/N

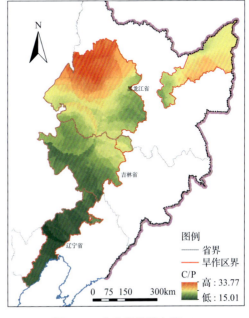

图 3-30　东北旱作区土壤 C/P

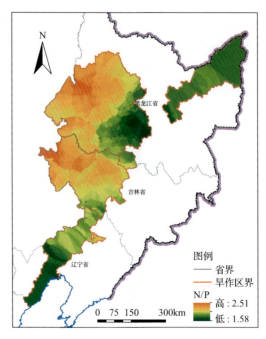

图 3-31　东北旱作区土壤 N/P

3）土壤碳、氮、磷化学计量特征与影响因素

研究表明，农田土壤有机碳主要来源于动植物残体的矿化分解与转化累积，生物固氮、降水、灌溉及肥料的施用是土壤氮素的主要来源，其存在形态受矿化与固定、硝化与反硝化等过程的影响(张兴义等，2008)；而土壤磷元素主要来自成土母质、施肥和地表作物的归还，磷的累积与转化同样受到微生物分解的影响。东北旱作区有机碳、全氮、全磷含量整体平均值分别为 16.79g/kg、1.43g/kg、0.77g/kg，均高于我国农田 0～10cm 有机碳、全氮、全磷含量均值(Zemin et al.，2017)，但各省旱作区之间存在差异。东北旱作区有机碳、全氮和全磷含量在空间上呈现由东北向西南递减的趋势。低温减缓了有机质的分解，有助于有机碳的积累，同时，由于微生物分解有机质所需的氮素减少，使得氮素积累增加。有机质含量的提高促进了微生物的活性，从而使土壤有效磷含量提高。可见有机碳、全氮和全磷之间的关系是其呈现空间分布一致性的主要原因(Zaipeng et al.，2017)。但由于耕作和施肥存在差异，导致有机碳、全氮含量在局部地区呈现较强的变异性。

C/N 影响微生物分解有机质的速率，从而影响土壤中有机碳和氮的循环。在一定范围内，C/N 越高，有机残体分解越慢；土壤 C/N 较低时，超过微生物生长所需的氮素就会释放到土壤中，土壤氮素逐渐增加。东北旱作区土壤 C/N 的均值为 11.49，略低于全国农田土壤的平均值，主要原因一方面是化肥施用提高了微生物量及其活性，加速作物残茬和有机碳的矿化速率，降低了土壤有机碳的含量；另一方面，秸秆还田量相对较少，农田土壤有机质积累不足(江叶枫等，2017)。

农田土壤生态化学计量特征受区域水热条件、土壤母质的风化作用等自然环境以及耕作、施肥等人为因素的综合调控，不同土地利用强度对农田土壤碳、氮、磷储量及循环过程有着显著的影响。东北旱作区有机碳、全氮、全磷含量及 C/P 均随施肥强度和粮食单产的增加而下降。一方面是目前在高氮、高产的施肥策略下氮肥施用量大，有机质积累缓慢，另一方面高产区农业机械化程度高，高强度的耕作导致表层土壤结构遭受破坏，使土壤有机碳、氮、磷容易随地表径流流失、渗漏，从而导致高产区土壤 C/N 较低 (Zemin et al., 2017)。区域土壤 TP 含量和 N/P 均在低施肥强度区和低产区较高，这主要与气候条件及土壤母质风化程度有关。此外，黑龙江省旱作区北部主要实行玉米-大豆轮作，而吉林省和辽宁省旱作区主要为玉米连作。相关研究发现，东北黑土区长期玉米-大豆轮作能够提高有机碳、全氮含量，同时土壤 pH 出现下降趋势；长期玉米连作虽可增加高活性、易氧化的有机碳含量，但如没有配合采用合理的耕作措施，会增加有机碳矿化分解的风险(郭金瑞等，2015)。因此，区域种植模式的差异可能对土壤碳、氮、磷生态化学计量空间分布特征也有一定影响，还需深入分析。

2. 东北典型黑土区土壤碳、氮、磷生态化学计量特征

典型黑土区特是指我国土壤分类系统中土类"黑土"的主要分布区，其主要位于松嫩平原及其四周的丘陵漫岗带，北起黑龙江省嫩江县，南至辽宁省昌图县，西起大兴安岭东麓，东达小兴安岭西麓及长白山山地以西，形成了东西窄(约 126°E～128°E)、南北长(约 43°N～50°N)的弓形狭长地带(段兴武等，2012)，总面积约为 $9.4 \times 10^4 km^2$。松嫩平原东部典型黑土区是东北旱作区内粮食产量的高产区和稳产区，但高强度的土地利用及重开发、轻保护的生产方式导致有机碳、全磷含量增加，表层土壤酸化。

1)土壤碳、氮、磷生态化学计量特征描述性统计

东北典型黑土区 0～10cm、10～20cm、20～30cm 和 30～40cm 各层有机碳、全氮、全磷含量的平均值变化范围分别为 14.70～20.81g/kg、1.06～1.68g/kg、0.77～0.94g/kg。黑土区有机碳、全氮含量均随土层深度的增加而下降，且有机碳、全氮含量在 0～10cm 土层显著高于 10～20cm、20～30cm 土层($P<0.05$)。土壤全磷含量平均值的最大值出现在 10～20cm 土层，最小值出现在 30～40cm 土层，且在 30～40cm 土层显著低于其余各土层($P<0.05$)。土壤C/N平均值的最大值出现在 10～20cm 土层，显著高于其在 0～10cm、20～30cm 土层的均值($P<0.05$)。各土层土壤 C/P 的均值呈现随土层深度增加而下降的趋势，且其在 0～10cm 土层显著高于在 20～30cm、30～40cm 土层的均值($P<0.05$)。各层土壤 N/P 的平均值在 0～10cm 土层最大，并显著高于其余各土层的均值(表 3-67)。

表 3-67　典型黑土区土壤碳、氮、磷含量及生态化学计量特征描述性统计

土层/cm	有机碳含量/(g/kg)	全氮含量/(g/kg)	全磷含量/(g/kg)	C/N	C/P	N/P
0～10	20.81±0.43a	1.68±0.38a	0.86±0.35ab	12.49±0.29a	24.86±0.32a	2.03±0.26a
10～20	19.16±0.47ab	1.32±0.45b	0.94±0.30b	15.21±0.50bc	21.20±0.47ab	1.48±0.46b
20～30	16.46±0.42bc	1.23±0.37bc	0.82±0.31ab	13.28±0.15a	20.98±0.43b	1.56±0.37b
30～40	14.70±0.36c	1.06±0.32c	0.77±0.28a	13.91±0.22ac	19.87±0.37b	1.44±0.34b

注：a、b、c、ab、bc、ac 表示土壤碳、氮、磷含量及其生态化学计量比在不同土层之间的差异显著性($P<0.05$)。

2）土壤碳、氮、磷生态化学计量比空间差异

东北典型黑土区土壤碳、氮、磷含量及其生态化学计量比半变异函数模型及参数见表 3-68。经 K-S 检验发现，0～10cm、10～20cm 土层的有机碳含量、全氮含量、C/N、C/P 和 N/P 均符合对数正态分布；在 20～30cm 和 30～40cm 土层均符合正态分布，各土层深度的全磷含量均符合对数正态分布。有机碳含量的块金系数 $C_0/(C_0+C)$ 在各土层深度均小于 25%，呈现较强的空间自相关性。全氮含量在 0～10cm 土层深度呈现出中等程度空间自相关性，在 10～20cm、20～30cm 和 30～40cm 土层均呈现出较强的空间自相关性，但其变程的范围在各土层均较小，整体呈现小范围的、高程度的空间自相关性。土壤全磷含量在各土层深度均呈现较大范围的中等程度空间自相关性。土壤 C/N 在 0～10cm、20～30cm 土层深度具有小范围、中等程度的空间自相关性，而在 10～20cm、

表 3-68　典型黑土区土壤碳、氮、磷含量及生态化学计量比半变异函数模型

指标	土层/cm	偏度	峰度	转换	模型	块金系数	变程/km
有机碳含量/(g/kg)	0～10	0.25	2.27	对数转换	高斯	0.12	6.85
	10～20	−0.67	4.11	对数转换	Exponential 指数	0.13	0.55
	20～30	0.41	2.97		球状	0.06	25.16
	30～40	−0.07	−0.21		高斯	0.11	0.57
全氮含量/(g/kg)	0～10	0.52	3.09	对数转换	Exponential 指数	0.42	0.55
	10～20	−1.10	6.18	对数转换	高斯	0.07	0.55
	20～30	0.07	2.09		球状	0.08	0.60
	30～40	0.10	2.98		球状	0.10	0.76
全磷含量/(g/kg)	0～10	−0.09	2.58	对数转换	Exponential 指数	0.29	6.85
	10～20	0.14	2.54	对数转换	球状	0.71	3.93
	20～30	0.28	2.09	对数转换	高斯	0.60	3.53
	30～40	0.09	2.11	对数转换	高斯	0.45	5.46
C/N	0～10	0.83	3.94	对数转换	高斯	0.85	2.93
	10～20	2.11	10.04	对数转换	球状	0.33	6.85
	20～30	−0.05	2.91		高斯	0.57	0.63
	30～40	0.15	3.55		Exponential 指数	0.53	5.04
C/P	0～10	−0.34	3.73	对数转换	Exponential 指数	0.66	0.55
	10～20	−1.08	6.58	对数转换	Exponential 指数	0.04	0.58
	20～30	0.72	3.26		高斯	0.57	1.27
	30～40	0.03	2.33		高斯	0.74	0.57
N/P	0～10	0.04	2.12	对数转换	高斯	0.83	2.14
	10～20	0.93	5.80	对数转换	高斯	0.14	0.55
	20～30	0.25	2.59		球状	0.40	1.50
	30～40	−0.01	2.47		高斯	0.70	1.35

注：峰度、偏度均为转换后的值。

30~40cm 土层呈现较大范围、中等程度的空间自相关性。土壤 C/P 和 N/P 在 10~20cm 土层均具有强烈空间自相关性，在其他土层则表现出中等程度空间自相关性，可见表层土壤 C/P 和 N/P 受气温降水等结构性因素的影响明显，而土壤 C/P 和 N/P 的变程在 0~40cm 的各土层均较小，说明 C/P 和 N/P 在小范围内存在较强的空间自相关性，受随机性因素影响较大。

　　典型黑土区各土层深度有机碳、全氮含量的分布均呈现由北向南递减的趋势(图 3-32)。各土层有机碳含量的高值区分布在松嫩平原北部的典型黑土区，而低值区主要位于松嫩平原南部的典型黑土区。在 0~10cm、10~20cm 土层，全氮含量的高值区聚集在典型黑土区的北端，而在 20~30cm、30~40cm 土层其高值区在松嫩平原北部的典型黑土区集中连片分布。在 0~10cm、10~20cm 土层，全磷含量的分布呈现南北高、中间低的分布格局，而在 20~30cm、30~40cm 土层呈现由北向南递减趋势。东北旱作区土壤 C/N 在 0~10cm、30~40cm 土层呈现由北向南递减的趋势，而在 10~20cm 和 20~30cm 土层 C/N 呈现南北高、中间低的分布格局。土壤 C/P 和 N/P 的高值区均集中分布在典型黑土区的北端，这主要受有机碳、全氮空间分布特征的影响。

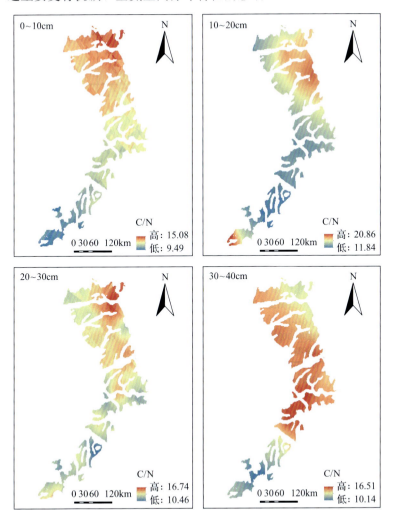

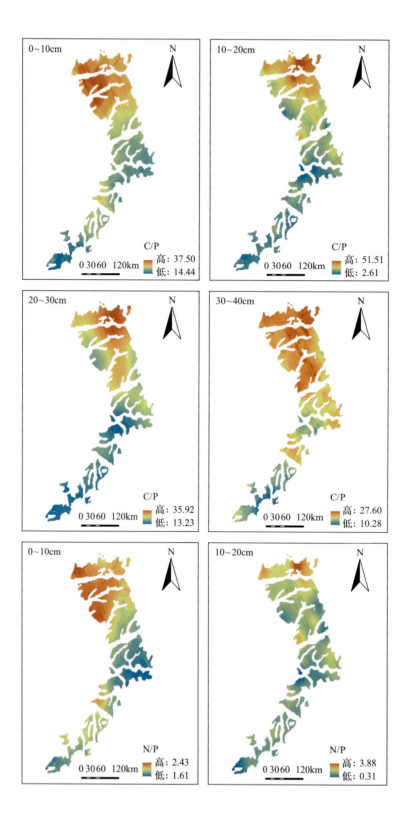

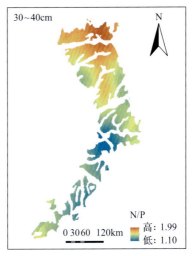

图 3-32　东北典型黑土区土壤碳、氮、磷含量及其生态化学计量特征空间分布图

3) 典型黑土区不同土层深度碳、氮、磷生态化学计量特征及类型划分

为进一步了解东北典型黑土区土壤碳、氮、磷生态化学计量比在不同土层深度的特征与类型，采用平方 Euclidean(欧式)距离，用离差平方和法对东北旱作区 46 个采样点剖面特征进行系统聚类，建立聚类树状图(图 3-33)，并对各个类群主要土壤性状指标进行了统计分析(表 3-69)。东北旱作区采样点在距离为 18 时可将 46 个采样点聚为两类，第Ⅰ类为典型黑土区土壤碳、氮、磷生态化学计量比的高值区；第Ⅱ类为典型黑土区土壤碳、氮、磷生态化学计量比的低值区。

各土层有机碳、全氮含量及 C/N、C/P 和 N/P 的平均值均表现为第Ⅰ类大于第Ⅱ类。第Ⅰ类、第Ⅱ类型区各样点有机碳、全氮含量的平均值随土层深度的增加均呈下降趋势，且各区域内样点有机碳、全氮含量的平均值均高于第Ⅱ类型区(表 3-69)。各类型区样点 TP 含量的平均值随土层深度的增加呈现先增后降的变化趋势，最大值均出现在 10~20cm 土层，分别为(1.07±0.26)g/kg、(0.82±0.28)g/kg；第Ⅰ类型区各样点 TP 含量高于第Ⅱ类型区。第Ⅰ类型区各土层土壤 C/N、C/P 和 N/P 的平均值均高于第Ⅱ类型区，这主要与典型黑土区有机碳、全氮含量整体由北向南递减的空间分布趋势有关。

第Ⅰ类型区各样点土壤含水量的平均值随土层深度的增加而增加；而第Ⅱ类型区各样点土壤含水量平均值随土层深度的增加呈现先减后增的变化趋势，最小值出现在 10~20cm 土层深度，且第Ⅰ类型区各土层样点土壤含水量均高于第Ⅱ类型区(表 3-69)。第Ⅰ类型区各样点土壤容重的平均值随土层深度的增加而增大，且各土层土壤容重均小于第Ⅱ类型区。第Ⅱ类型区各样点容重的平均值在 10~20cm 土层达到最大值，为(1.52±0.07)g/kg，并随土层深度的增加呈现先增后减的变化趋势。第Ⅰ类型区各样点土壤砂粒含量的平均值随土层深度的增加呈现先增后减的变化趋势，且各土层深度土壤砂粒的含量均低于第Ⅱ类型区，而第Ⅰ类型区各样点各层土壤粉粒、黏粒含量的平均值均高于第Ⅱ类型区。各类型区土壤 pH 均呈现随土层深度的增加而上升的趋势，且第Ⅰ类型区各样点不同土层深度土壤 pH 的平均值均小于第Ⅱ类型区。整体而言，第Ⅰ类型区各层土壤含水量、容重、粉粒及黏粒均小于第Ⅱ类型区，这可能与气候条件、成土母质以及耕作制度等差异有关(王丹丹等, 2009；张立江等, 2017)。

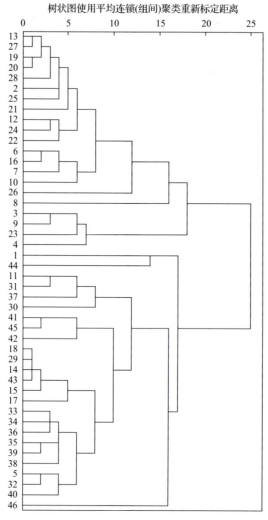

图 3-33　东北典型黑土区土壤碳、氮、磷生态化学计量特征聚类分析图

表 3-69　不同类型区碳、氮、磷生态化学计量特征及土壤物理性状剖面变化特征

指标	第Ⅰ类型区				第Ⅱ类型区			
	0~10cm	10~20cm	20~30cm	30~40cm	0~10cm	10~20cm	20~30cm	30~40cm
有机碳含量/(g/kg)	27.41±0.32	26.83±0.28	21.84±0.26	18.15±0.21	15.42±0.29	12.91±0.31	12.09±0.34	11.98±0.38
全氮含量/(g/kg)	2.13±0.32	1.73±0.35	1.59±0.26	1.26±0.21	1.32±0.21	0.98±0.29	0.93±0.30	0.90±0.30
全磷含量/(g/kg)	1.01±0.25	1.07±0.26	0.95±0.26	0.87±0.24	0.73±0.37	0.82±0.28	0.73±0.27	0.69±0.27
C/N	13.28±0.28	16.19±0.29	13.84±0.14	14.72±0.19	11.85±0.28	14.50±0.65	12.83±0.15	13.26±0.23
C/P	27.44±0.28	26.91±0.39	25.21±0.39	22.37±0.31	22.81±0.32	16.72±0.37	17.51±0.38	17.94±0.39
N/P	2.14±0.26	1.74±0.46	1.82±0.34	1.55±0.31	1.94±0.24	1.27±0.37	1.35±0.32	1.36±0.32
pH	5.35±0.09	6.05±0.07	6.31±0.08	6.43±0.10	5.57±0.15	6.14±0.10	6.57±0.08	6.76±0.06
砂粒含量/%	13.48±0.34	14.04±0.52	15.19±0.76	11.38±0.45	33.91±0.37	33.72±0.40	31.84±0.46	33.24±0.50

指标	第Ⅰ类型区				第Ⅱ类型区			
	0~10cm	10~20cm	20~30cm	30~40cm	0~10cm	10~20cm	20~30cm	30~40cm
粉粒含量/%	80.13±0.07	78.79±0.10	78.49±0.13	82.15±0.06	61.98±0.18	62.24±0.19	63.52±0.20	62.39±0.23
黏粒含量/%	6.39±0.27	7.17±0.40	6.32±0.44	6.47±0.23	4.11±0.46	4.04±0.54	4.65±0.43	4.37±0.52
容重/(g/cm³)	1.10±0.04	1.29±0.08	1.30±0.07	1.36±0.06	1.26±0.10	1.52±0.07	1.45±0.06	1.42±0.07
含量水/%	25.2±0.20	27.5±0.14	29.3±0.14	30.0±0.18	19.0±0.22	18.7±0.18	21.1±0.14	21.7±0.16

4) 土壤碳、氮、磷化学计量比与土壤性质的关系

由相关分析可知，不同土层深度有机碳、全氮、全磷含量与黏粒含量、含水量具有显著正相关性（$P<0.05$）；与容重、砂粒含量呈显著负相关关系（$P<0.05$），其中有机碳、全氮含量与砂粒、含水量、容重的相关系数的绝对值随土层深度的增加均呈现先增后减的变化趋势（图 3-34），分别在 10~20cm 和 20~30cm 土层达到最大值，而土壤 TP 含量与含水量、容重相关系数的绝对值均呈现随土层深度的增加而下降的变化趋势。

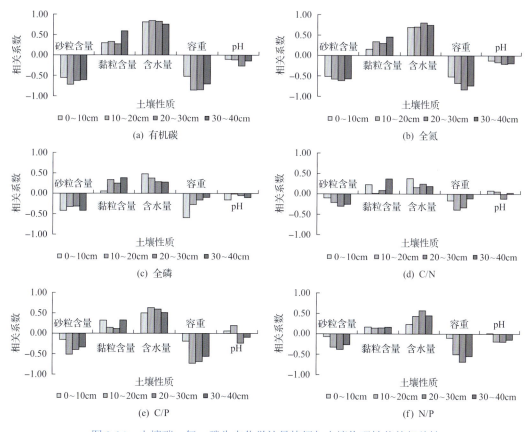

图 3-34　土壤碳、氮、磷生态化学计量特征与土壤物理性状的相关性

土壤 C/N、C/P 和 N/P 与黏粒含量、含水量呈现正相关性，与砂粒含量、容重呈负相关性。土壤 C/N 与砂粒含量相关系数绝对值在 20~30cm 土层最大，而与容重相关系数绝对值在 10~20cm 土层最高。土壤 C/P、N/P 与砂粒含量、含水量、容重相关系数的

绝对值均随土层深度的增加呈现先增后降的趋势，且各相关系数的绝对值分别在 10～20cm 和 20～30cm 土层最高。研究结果表明，东北典型黑土区土壤砂粒含量、含水量和容重等物理指标与土壤碳、氮、磷含量及其生态化学计量特征具有相对较强的相关性。各土层有机碳、全氮、全磷含量及 C/N、C/P 和 N/P 与黏粒含量、含水量存在不同程度的正相关性，而与砂粒含量、容重存在不同程度的负相关性。有机碳、全氮、全磷含量与 pH 具有不同程度的负相关性，而表层土壤 C/N、C/P 和 N/P 与 pH 呈现正相关关系。

五、土壤全硒含量

硒是一种对人体和动物健康都有影响的微量元素，人与动物的许多疾病与生态系中硒的失调有关。土壤是生态系统的枢纽，万物土中生，万象土为本，无论是动物、人体还是植物，其硒的最终来源是土壤，所以土壤中的硒状况对人、动物和植物的硒营养起决定性的作用。

旱作区 2017 年土壤全硒含量平均值最高的省份为安徽省，达到 0.183mg/kg，其次为河北省、辽宁省、河南省、黑龙江省和山东省旱作区，分别为 0.172mg/kg、0.164mg/kg、0.163mg/kg、0.151mg/kg 和 0.122mg/kg，吉林省旱作区的最低，仅为 0.071mg/kg。其中东北旱作区土壤全硒含量平均值为 0.161mg/kg，黄淮海旱作区为 0.125mg/kg。

旱作区土壤全硒含量整体呈北低南高(图 3-35)。按照《全国第二次土壤养分分级

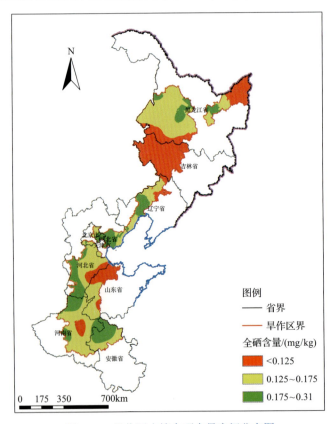

图 3-35　旱作区土壤全硒含量空间分布图

标准》进行划分，<0.125mg/kg、0.125～0.175mg/kg、0.175～0.40mg/kg、0.40～3.0mg/kg、≥3.0mg/kg 分别为缺硒土壤、少硒土壤、足硒土壤、富硒土壤和过量硒土壤（尹炳等，2021）。旱作区无富硒和过量硒土壤。缺硒土壤主要集中在吉林省、黑龙江省和山东省西部地区等；少硒土壤主要集中在黄淮海旱作区，在黑龙江北部也有一定的分布；足硒土壤是一种潜在的富硒土壤，零星分布在黑龙江省、辽宁省、北京市、河北省和安徽省北部等地区（尹炳等，2021）。

综合考虑全区土壤硒变异函数和全局 Moran's I 指数分析结果，以有机质含量（$P=0.34^{**①}$）作为协变量进行克里格空间插值预测。以空间插值后旱作区各省、市的区县为单元进行热点分析（Getis-OrdGi*）运算，其区县密度符合热点分析聚类模式的统计特征。基于 Getis-OrdGi*，计算 Getis-Ord 指数得到 G 得分（正负代表高、低值，大小代表聚集程度），从而生成旱作区土壤硒冷热点空间分布格局，用不同的颜色渲染不同的冷热点聚集区域。

我国旱作区土壤硒含量高值聚集区域（热点）主要集中在位于黄淮海区的河北省、北京市和天津市等地，在辽宁省也有一定的分布；而低值聚集区域（冷点）则主要集中在吉林省、黑龙江省东北部以及山东省等地区（图 3-36）。

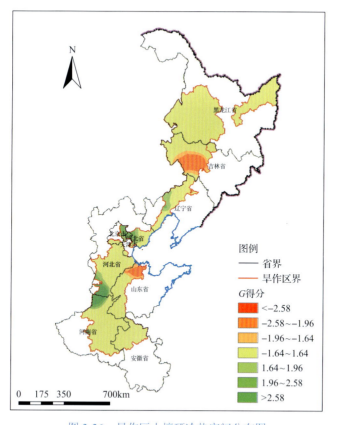

图 3-36　旱作区土壤硒冷热空间分布图

① ** 代表极显著相关。

从科学开发利用土地硒资源和维护土地质量的角度出发，以土壤硒元素评价结果为主导，以农用地土地利用等别为依据，确定土地利用分区类型，同时提出不同类型区域土地的发展方向和建设措施，以期为旱作区土壤硒的合理开发利用和富硒农业发展提供科学依据。具体所用的分区方法是叠图法。采用 K-Mean 聚类分析，将旱作区农用地土地利用等别聚类为高、中、低 3 类，高等别：11～13 等；中等别：7～10 等；低等别：5～6 等。以土壤硒冷热空间分布为底图，土地利用等别聚类结果叠加分析，以硒含量为决策因素，考虑集中连片，划分为 4 种类型区，并根据各分区土壤硒含量特征和利用等别指标的特点，结合前人研究成果，将 4 个分区分别命名为富硒农业发展先导区、特色高硒农业挖掘区、基础农业保护区和土地综合涵养区。

富硒农业发展先导区主要分布于辽宁省旱作区中部、河北省旱作区西部、天津市和北京市等地区，共 84 个县/区，面积约为 $6.42\times10^4km^2$，占总面积的 11.12%，面积相对较大。因此为大力发展富硒农业，应开展更为详细的地球化学调查和农产品普查，摸清该区域内每个地块土壤硒元素含量分布和农产品富硒特征，筛选出富硒能力强、市场前景广阔的农产品。同时该区域土地利用等别较低，所以在发展富硒农业的同时，应加强土地综合整治工作，根据地区特点优化施肥结构，提高区域土地质量，从而为富硒农产品开发提供强有力的基础支撑。

特色高硒农业挖掘区主要分布于黑龙江省旱作区西北部、辽宁省、北京市、河北省和河南省等地区，面积约为 $20.90\times10^4km^2$，占总面积的 36.24%。该区土地硒含量相对较高，可以满足高硒农业发展的需求，土地利用处于中、低等别，建议对区域土地加强硒资源开发与利用，在发展高硒农业的同时，优化施肥结构，提高土地质量，提升发展潜力。

基础农业保护区主要分布于黑龙江省和吉林省东部、山东省、河南省和安徽省等地区，面积约为 $21.60\times10^4km^2$，占总面积的 37.44%。由于该区土壤硒含量为中硒水平，可以满足作物的正常生长需求，且土地利用均处于高、中等别，土地质量良好，所以该区也是划定基本农田和保护基础农业发展的重点区域。建议应以加强耕地监管与保护、提高土地质量和农产品质量为主，优化农业生产格局，促进农业转型升级，提高农用地的综合经济效益。

土地综合涵养区主要分布于黑龙江省、吉林省西北部和山东省等地区，面积约为 $8.76\times10^4km^2$，占总面积的 15.20%。该区域土壤硒含量低，处于我国缺硒带，同时土地利用处于低等别，土地质量差，建议应加强土地质量管理，优化土地生产要素投入结构，提升土地开发利用程度，并加强土地整治，提高农用地的生产能力和生态效益(图 3-37、表 3-70)。

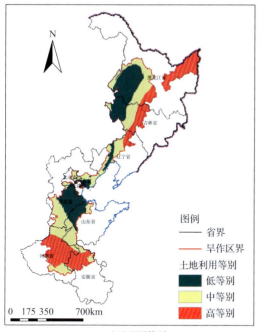

(a) 土地利用等别

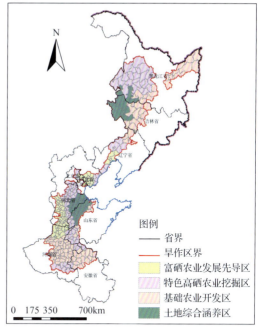

(b) 土壤硒综合利用分区

图 3-37　旱作区土地利用等别聚类和土壤硒综合利用分区空间分布图

表 3-70　旱作区土壤硒综合利用分区结果

综合分区	G 得分	土地利用等别	面积/10^4km²(占比/%)	涉及省份
富硒农业发展先导区	>2.58	—	6.42(11.12%)	河北省、天津市、北京市和辽宁省等
特色高硒农业挖掘区	1.64~2.58	中、低等别	20.90(36.24%)	黑龙江省、辽宁省、北京市、河北省、河南省
基础农业保护区	1.64~2.58 ＜-1.64	高等别 高、中等别	21.60(37.44%)	黑龙江省、吉林省、山东省、河南省、安徽省
土地综合涵养区	＜-1.64	低等别	8.76(15.20%)	黑龙江省、吉林省和山东省等

注："—"表示具体分区过程中仅以土壤硒冷热点为分区依据,土地利用等别不予考虑。

第四章
旱作区耕地土壤肥力与生产力时空演变特征

【内容概要】从典型县域、区域等不同尺度，系统研究并揭示了旱作区土壤肥力、不同条件下的生产力及潜力情况。

第一节　典型县域土壤肥力

土壤肥力是反映土壤肥沃性的重要指标，是土壤区别于成土母质和其他自然体的最本质的特征，也是土壤作为自然资源和农业生产资料的物质基础。评价指标体系的构建是土壤肥力质量评价的核心工作，直接关系到评价结果的客观性与正确性，因此土壤肥力评价方法要求能够解释土壤的功能过程。以旱作区典型县域为对象，采用综合指数法，评价分析旱作区典型县域土壤肥力状况。

一、县域尺度下土壤肥力状况评价

参照《耕地地力评价技术规程》（DB11/T 1083—2014），采用综合指数法，以北京市密云区作为典型区域，开展土壤肥力评价。

密云区耕地土壤有机质含量在冯家峪镇北部、太师屯镇与北庄镇交界处、北庄镇、大城子镇东北部含量最高，在古北口镇、新城子镇、太师屯镇东部含量较高，其他区域的含量均较低；土壤全氮含量在石城镇北部、冯家峪镇北部以及其与不老屯镇交界处、太师屯镇与北庄镇交界处含量最高，在高岭镇北部、古北口镇、新城子镇、太师屯镇北部含量较高，在其他区域含量较低；土壤有效磷含量在太师屯镇与北庄镇的交界处，西田各庄镇的东部，密云镇以及其与檀营乡、十里堡镇、河南寨镇各自交界处含量最高，其他区域的含量普遍较低；土壤速效钾含量在北庄镇以及其与太师屯镇交界处最高，其他区域较低(图4-1)。

对农田土壤肥力各指标进行综合评价，获得密云区土壤综合肥力等级图(图4-2)。

总体来看，大部分地区的土壤肥力等级在中等及以上，少部分地区为低等和高等。高等土壤肥力区域位于冯家峪镇北部、古北口镇西部、新城子镇东部、太师屯镇中部、北庄镇以及密云镇西北部和穆家峪镇西部；中等土壤肥力区域集中在密云区南部的西田各庄镇中部、溪翁庄镇南部、十里堡镇北部、穆家峪镇中部偏西、河南寨镇

表 4-1 密云区各乡镇土壤肥力等级面积及占比

项目		北庄镇	不老屯镇	大城子镇	东邵渠镇	冯家峪镇	高岭镇	古北口镇	河南寨镇	巨各庄镇	密云镇	穆家峪镇	十里堡镇	石城镇	大师屯镇	檀营乡	西田各庄镇	溪翁庄镇	新城子镇	全区
高等	面积/hm²	546.02	10.60	29.94		485.40	37.63	257.60	5.04	12.73	153.56	118.26		63.62	377.25		93.77		199.49	2390.91
	比例/%	99.30	1.31	16.07		73.48	3.46	51.29	0.26	1.14	60.09	7.39		31.62	28.63		2.45		20.56	13.40
中等	面积/hm²	3.87	660.80	101.38	585.15	175.23	796.67	244.65	1874.32	811.06	102.00	1020.64	475.35	130.70	697.93	4.58	2252.78	717.81	770.76	11425.67
	比例/%	0.70	81.58	54.43	47.82	26.52	73.18	48.71	95.26	72.79	39.91	63.78	72.03	64.95	52.97	100.00	58.95	79.27	79.44	64.05
低等	面积/hm²		138.60	54.93	638.57		254.29		88.28	290.45		461.31	184.56	6.89	242.43		1474.88	187.76		4022.96
	比例/%		17.11	29.49	52.18		23.36		4.49	26.07		28.83	27.97	3.43	18.40		38.59	20.73		22.55

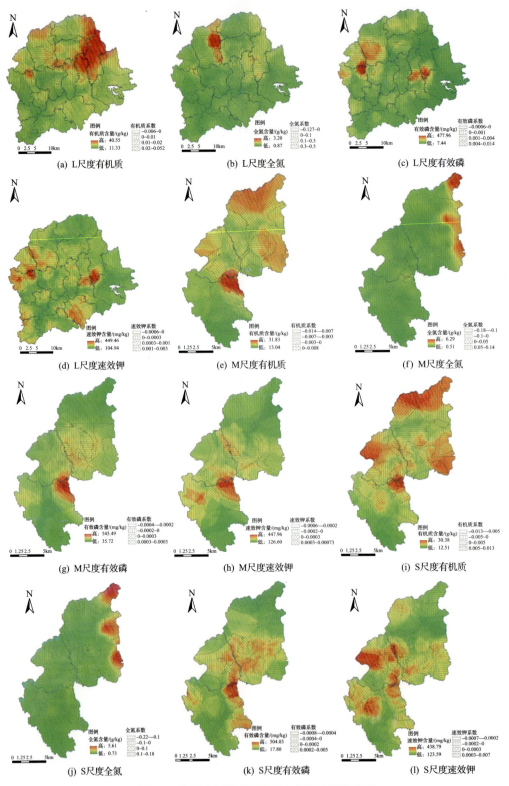

图 4-3　各尺度四种指标含量与回归系数分布图

第二节　典型区域水分生产力

水分生产力 CWP（crop water production）是指作物产量与蒸散量的比值，是衡量水分利用效率的重要指标。利用作物生长模型可以对作物水分生产力进行长期的动态模拟。随着植物生长模拟技术的日趋成熟，植物生长模拟模型已成为近年来美国、加拿大和澳大利亚等发达国家研究植物生产过程中水分管理效应的有效工具，它具有系统性、动态性、机制性、预测性和通用性，有助于人们理解、预测和调控植物生长过程及其生长环境，实现植物生产的持续高产、稳产和高效的目标。目前，世界上影响较大的作物生长模型有作物生长动态解释性模型 WOFOST（world food studies）、气候-土壤-作物-管理综合动力学模型 EPIC（environmental policy integrated climate）、农业技术转移决策支持系统 DSSAT（decision support system for agrotechnology transer）和农业生产系统模型 APSIM（agricultural production system simulator）等。

一、海河流域平原区冬小麦和夏玉米单产及水分生产力 SWAT 模拟

1）冬小麦和夏玉米单产 SWAT（soil and water assessment tool）模拟

通过模拟，各县冬小麦和夏玉米平均单产分别为 6569.17kg/hm^2 和 7219.61kg/hm^2。模拟冬小麦单产相对误差为 5.58%，均方根误差为 689.54kg/hm^2。模拟夏玉米单产相对误差为 8.7%，均方根误差为 934.27kg/hm^2（图4-4）。

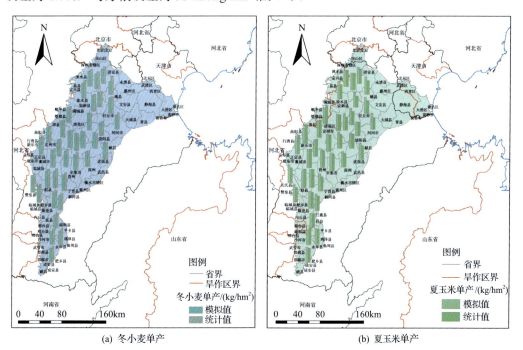

图 4-4　海河流域平原区县域尺度冬小麦和夏玉米单产 SWAT 模拟

2）冬小麦和夏玉米水分生产力 SWAT 模拟

根据县域尺度冬小麦和夏玉米水分生产力 SWAT 模拟，冬小麦水分生产力最高为1.86kg/mm，最低值为 1.26kg/mm。夏玉米水分生产力最高为 2.54kg/mm，最低值为1.95kg/mm（图4-5）。

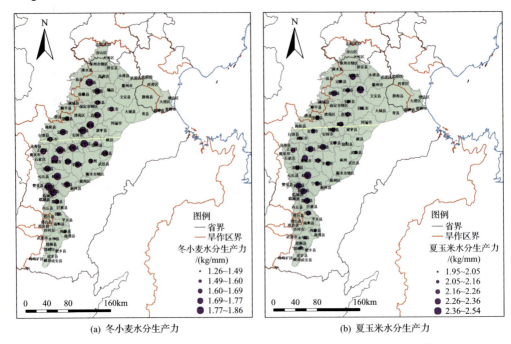

(a) 冬小麦水分生产力　　　　　　　　　(b) 夏玉米水分生产力

图 4-5　海河流域平原区县域尺度冬小麦和夏玉米水分生产力 SWAT 模拟

二、东北旱作区吉林省春玉米水分生产力遥感估算

1）吉林省旱作区春玉米种植区域时空分布

2000～2017 年，吉林省旱作区春玉米种植力度逐年增加，历年播种面积依次为111 万 hm²、139 万 hm²、113 万 hm²、115 万 hm²、159 万 hm²、176 万 hm²、172 万 hm²、205 万 hm²、210 万 hm²、209 万 hm²、285 万 hm²、255 万 hm²、332 万 hm²、293 万 hm²、245 万 hm²、303 万 hm²、321 万 hm² 和 292 万 hm²，最小值所在年份为 2000 年，最大值所在年份为 2012 年，历年播种面积平均值为 219 万 hm²（图 4-6）。

2）吉林省旱作区春玉米单产分布

吉林省旱作区春玉米单产分布整体表现为南部地区（梨树县、公主岭市）高于其他地区，这与土壤类型、降水量有着密切关系。2000～2017 年，春玉米历年平均单产分别为 7857kg/hm²、8009kg/hm²、8542kg/hm²、8321kg/hm²、8168kg/hm²、8053kg/hm²、8532kg/hm²、8307kg/hm²、8216kg/hm²、7792kg/hm²、7980kg/hm²、8478kg/hm²、7564kg/hm²、7981kg/hm²、7297kg/hm²、7779kg/hm²、7987kg/hm² 和 8120kg/hm²，多年平均为 8055kg/hm²（图 4-7）。

3) 吉林省旱作区春玉米历年水分生产力分布

水分生产力的高低可以反映作物对水资源的利用效率，水分生产力越高对水资源的利用效率越高。水分生产力的分布趋势与产量的分布情况类似，在梨树县和公主岭市的值高于其他地区。2000～2017 年春玉米历年平均水分生产力分别为 1.67kg/m³、1.68kg/m³、1.77kg/m³、1.79kg/m³、1.69kg/m³、1.76kg/m³、1.66kg/m³、1.77kg/m³、1.75kg/m³、1.53kg/m³、1.60kg/m³、1.68kg/m³、1.53kg/m³、1.59kg/m³、1.43kg/m³、1.53kg/m³、1.57kg/m³ 和 1.70kg/m³，多年平均值为 1.65kg/m³（图 4-8）。

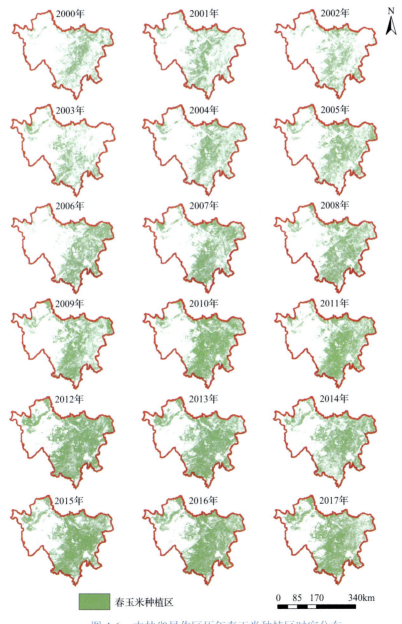

图 4-6　吉林省旱作区历年春玉米种植区时空分布

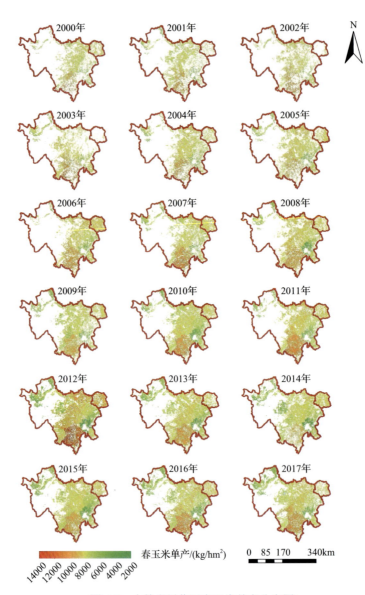

图 4-7　吉林省旱作区春玉米单产分布图

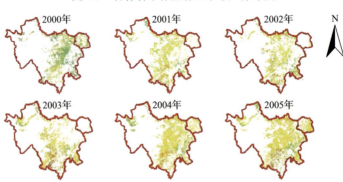

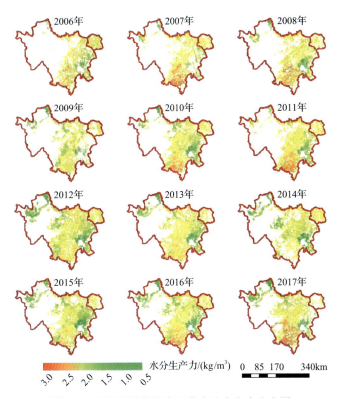

图 4-8　吉林省旱作区春玉米水分生产力分布图

第三节　土地生产力

土地生产力(land productivity)是指作为劳动对象的土地和劳动工具在不同结合方式及方法下所形成的生产能力和生产效果。一般由气候生产潜力和地形、土壤、水文等组成的土壤生产潜力形成土地资源生产潜力，经过人类劳动和社会经济投入而转化为社会现实的土地生产力，是鉴别土地质量的重要依据。在农业生产上，土地生产力指土地的生物生产能力，当土地的自然条件适合农作物生长要求时，被认为土地质量好、作物的生物产量高。农业土地生产力一般用土地的产出量和产出效益表示；非农业生产的土地生产力一般用产值、利润和级差收益表示。

土地生产力可分为土地自然生产潜力和土地劳动生产力。土地自然生产潜力是由于土地本身的自然物质及其所在自然环境要素共同作用形成的天然生产潜力，不受人类劳动的影响。土地劳动生产力，又称土地经济生产力，是指土地的自然生产潜力与人类的劳动投入相结合形成的生产力。土地的自然生产潜力是土地经济生产力形成的基础，人类劳动的投入则是土地自然生产潜力得以体现的媒介。人们往往将这种生产力又称为土地的综合生产力。

一、旱作区土地生产力现状

黄淮海平原主导作物为夏玉米与冬小麦，整体呈现中部高、南北部低。山东省冬小麦单产多为＞600kg/亩，主要分布在河南省、山东省交界处；河北省冬小麦单产多为 500～700kg/亩；河南省冬小麦单产多为＞900kg/亩；皖北地区冬小麦单产最低，在 400～500kg/亩。北京市耕地面积较少，冬小麦全市单产共 7.62 万 t，为各省最低，但亩产为各省最高，平均 1186kg/亩；河南省冬小麦单产共 143.17 万 t，为各省最高，亩产为 995kg；河北省冬小麦单产为 57.46 万 t，亩产为 584kg；安徽省冬小麦单产为 36.92 万 t，亩产仅 418kg，为各省最低。旱作区全区冬小麦单产共计 290.63 万 t，全区平均 784kg/亩。

山东省夏玉米单产为 77.27 万 t，亩产为 1251kg；河南省夏玉米单产最高，约 172.44 万 t，平均每亩 1200kg 左右；北京市夏玉米单产最低，约 10.72 万 t，但亩产最高，平均每亩 1295kg；安徽省夏玉米单产为 73.53 万 t，亩产为各省最低，近 833kg/亩；河北省夏玉米单产为 103.92 万 t，平均每亩 1057kg。旱作区夏玉米总产量为 437.88 万 t，平均每亩 1127kg。

春玉米只种植于东北地区，其单产呈北高南低分布，黑龙江省、吉林两省相对较高，亩产在 1000kg 以上；辽宁省相对较低，亩产在 800～1000kg；河北省春玉米单产仅 42.82 万亩，亩产仅 874kg，为各省最低；黑龙江省春玉米单产为 245.55 万 t，亩产为 2138kg，为各省最高；吉林省春玉米单产共 79.99 万 t，平均 1489kg/亩；辽宁省春玉米单产共 112.45 万 t，平均 1266kg/亩。

年总产量为当地主要作物产量之和，是当地一年内种植的所有作物产量之和。旱作区主要作物包括冬小麦、春玉米、夏玉米、水稻。旱作区年总产量呈南北部高、中部低的趋势。山东省、河南省、黑龙江省与吉林省交界处年产量最高，亩产在 1700kg 以上；吉林省西部、辽宁省以及河北省中东部产量最低，亩产在 900～1300kg 左右。从年总产量来看，安徽省最低，仅 12.00 万 t，河南省最高，为 315.61 万 t，其余各省从低到高依次为北京市、吉林省、辽宁省、山东省、河北省、黑龙江省，年产量分别为 18.34 万 t、79.99 万 t、112.45 万 t、122.74 万 t、161.38 万 t、245.55 万 t。亩产量安徽省最低，仅 136kg/亩，河南省最高，平均亩产 2193kg，其余各省从低到高依次为辽宁省、吉林省、河北省、山东省、北京市、黑龙江省，各省亩产量分别为 1266kg/亩、1489kg/亩、1641kg/亩、1987kg/亩、2086kg/亩和 2138kg/亩。旱作区年总产量为 1068.07 万 t，平均每亩 1617kg（图 4-9～图 4-14）。

---

① 1 亩≈666.67m²。

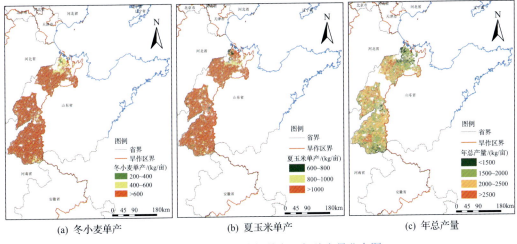

(a) 冬小麦单产   (b) 夏玉米单产   (c) 年总产量

图 4-9 山东省主导作物单产及年总产量分布图

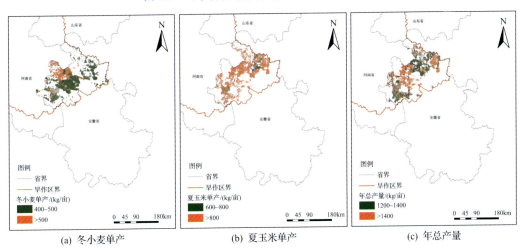

(a) 冬小麦单产   (b) 夏玉米单产   (c) 年总产量

图 4-10 安徽省主导作物单产及年总产量分布图

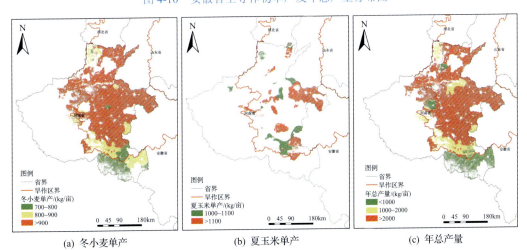

(a) 冬小麦单产   (b) 夏玉米单产   (c) 年总产量

图 4-11 河南省主导作物单产及年总产量分布图

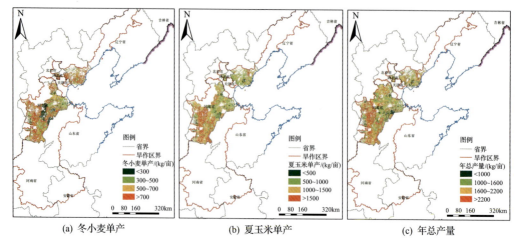

(a) 冬小麦单产   (b) 夏玉米单产   (c) 年总产量

图 4-12   河北省主导作物单产及年总产量分布图

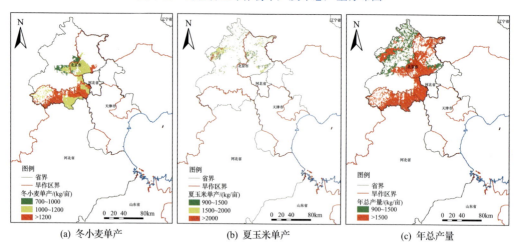

(a) 冬小麦单产   (b) 夏玉米单产   (c) 年总产量

图 4-13   北京市主导作物单产及年总产量分布图

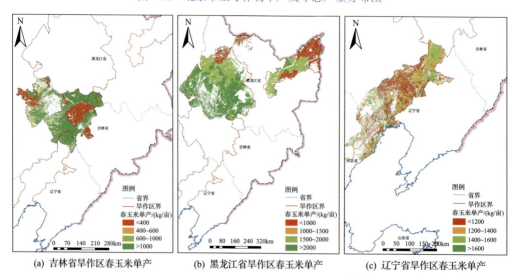

(a) 吉林省旱作区春玉米单产   (b) 黑龙江省旱作区春玉米单产   (c) 辽宁省旱作区春玉米单产

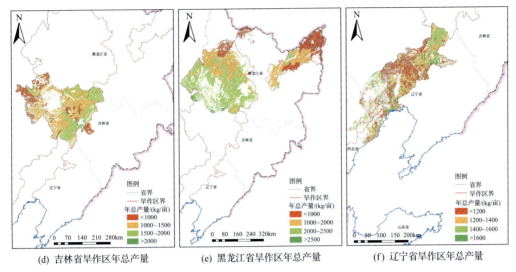

(d) 吉林省旱作区年总产量　　(e) 黑龙江省旱作区年总产量　　(f) 辽宁省旱作区年总产量

图 4-14　东北旱作区主导作物单产及年总产量分布图

二、黄淮海旱作区潜在产量

在假设 2006～2017 年中各地区作物品种保持不变的前提下，基于 WOFOST 模型作物生育期参数的优化结果和实际气象观测数据，模拟黄淮海旱作区冬小麦和夏玉米的潜在产量，并采用普通克里格空间预测方法分析潜在产量时空分布特征，以期能够探明气象条件变化对作物的影响并找到产量稳产、高产的主要气候限制因子，为在气候变化条件下合理调整旱作区生产布局、稳定和提升区域粮食生产力提供理论研究基础。

1) 潜在产量模拟结果统计分析

黄淮海旱作区各采样点冬小麦和夏玉米潜在产量模拟结果表明，各采样点冬小麦潜在产量多年区域平均值为 6930.21kg/hm^2，多年平均变化范围为 5069.18～9186.73kg/hm^2。河北、河南、山东及安徽旱作区多年平均潜在产量分别为 6676.21kg/hm^2、7037.41kg/hm^2、6849.92kg/hm^2 及 7547.83kg/hm^2，其中安徽省潜在产量最高，河北省潜在产量最低，两者之间的差距达 871.62kg/hm^2。黄淮海旱作区冬小麦潜在产量在空间和时间上表现为弱变异 (0<C.V<25%)，其潜在产量随年份的变化呈下降趋势，降幅为 643.18kg/(hm^2·10a)；各地区中山东省下降幅度最大，平均每 10 年下降 1265.13kg/hm^2，河南省和安徽省下降幅度为 914.29kg/(hm^2·10a) 和 787.05kg/(hm^2·10a)，河北省降幅最小，为 53.97kg/(hm^2·10a)。

夏玉米潜在产量模拟结果表明，黄淮海旱作区多年区域平均潜在产量为 7493.68kg/hm^2，各采样点多年平均变化范围在 5615.36～9686.82kg/hm^2。河北、河南、山东及安徽旱作区多年区域平均夏玉米潜在产量分别为 7829.22kg/hm^2、7044.29kg/hm^2、7526.76kg/hm^2、7503.94kg/hm^2，其中河北省夏玉米潜在产量为最高，河南为最低，两者间差距达 784.93kg/hm^2。夏玉米潜在产量空间和时间变异均较低，属弱变异 (0<C.V<25%)。时

间上，黄淮海旱作区夏玉米潜在产量随年份的变化呈上升趋势，平均每 10 年上升 182.95kg/hm²。各地区中，河南、山东和安徽三省呈上升趋势，增幅分别为 237.85kg/(hm²·10a)、205.08kg/(hm²·10a) 和 552.63kg/(hm²·10a)，而河北省变化趋势不明显(表 4-2)。

表 4-2　冬小麦和夏玉米潜在产量模拟结果分省统计

作物	统计指标	河北	河南	山东	安徽	全区
冬小麦	采样点计数	100	80	52	34	266
	平均潜在产量/(kg/hm²)	6676.21	7037.41	6849.92	7547.83	6930.21
	空间变异系数	12.35%	11.61%	8.81%	6.59%	11.47%
	时间变异系数	11.42%	8.86%	10.41%	9.31%	8.51%
	产量趋势/[kg/(hm²·10a)]	−53.97	−914.29	−1265.13	−787.05	−643.18
夏玉米	采样点计数	101	80	52	34	267
	平均潜在产量/(kg/hm²)	7829.22	7044.29	7526.76	7503.94	7493.68
	空间变异系数	11.15%	6.04%	13.12%	4.60%	10.72%
	时间变异系数	4.44%	6.52%	7.22%	10.03%	5.50%
	产量趋势/[kg/(hm²·10a)]	3.63	237.85	205.08	552.63	182.95

2) 冬小麦潜在产量时空分布特征

由黄淮海旱作区冬小麦潜在产量时空分布特征可知，2007～2017 年黄淮海旱作区冬小麦潜在产量空间上大致表现为中南部较高、北部较低的特征，呈现出较为明显的空间分布规律。潜在产量低值区主要分布于黄淮海旱作区北部的北京、河北廊坊、秦皇岛等地区，高值区分布于黄淮海旱作区中部，如河北邯郸、河南安阳和河南鹤壁一带，黄淮海旱作区南部的安徽阜阳、安徽蚌埠一带，与冬小麦生育期内最高、最低气温空间分布特征较为一致。

从历年潜在产量空间分布看，存在较强的年际波动，其整体时空变化范围为 2451～10756kg/hm²。2006～2009 年冬小麦潜在产量整体较高，区域平均产量在 7000kg/hm² 以上，其中安徽阜阳、河北邯郸、河南安阳、河南鹤壁等地在三年中保持较高的产量水平，潜在产量基本在 8000kg/hm² 以上，局部最高值达 10000kg/hm² 以上，而该区域三年中 5500kg/hm² 以下地区较少。2009～2010 年、2011～2013 年，冬小麦潜在产量整体呈现出较低的潜在产量水平，尤其是 2012～2013 年冬小麦全区平均潜在产量仅为 5906kg/hm²，与 2007～2008 年生长季对比，冬小麦潜在产量减少 1783kg/hm² 左右。可见，极端气象条件对冬小麦潜在产量具有极大影响。从局部地区来看，往年较高的阜阳、邯郸和安阳等地区潜在产量逐渐下降至 7500kg/hm² 以下，黄淮海旱作区北部京津地区及河北保定、石家庄、沧州等地区潜在产量逐渐下降，甚至低于 5000kg/hm²。2010～2011 年、2013～2014 年和 2015～2016 年潜在产量整体水平较高，区域平均产量在 7000kg/hm² 以上。与往年相比，河南安阳、河北邯郸等地区依然保持较高的产量水平，安徽阜阳等地区在不同年份下波动较大，山东德州、安徽宿州等地区也表现出较高的产量水平，在 6900～

9600kg/hm² 波动变化。2014～2015 年和 2016～2017 年潜在产量与前几年相比有所下降。通过分析冬小麦潜在产量最高的生长季(2007～2008 年)和最低生长季(2012～2013 年)差异可知，由于气象条件的变化引起的区域平均潜在产量变化幅度达 1783kg/hm²(图 4-15)。

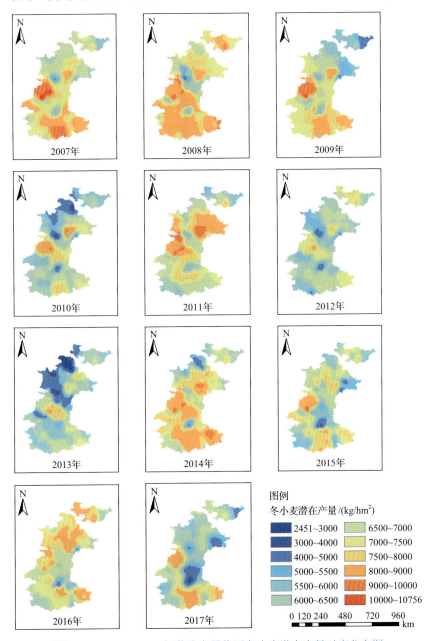

图 4-15　2006～2017 年黄淮海旱作区冬小麦潜在产量时空分布图

3) 夏玉米潜在产量时空分布特征

由黄淮海旱作区夏玉米潜在产量时空分布特征可知，2007～2017 年黄淮海旱作区夏玉米潜在产量大致呈现东高西低、北高南低的趋势，与夏玉米生育期太阳辐射空间分布特征较为相似。夏玉米潜在产量较高地区主要分布在黄淮海旱作区北部，如京津地区及河北唐山、廊坊、衡水及保定等地区。此外，山东聊城至安徽蚌埠一带多年来也保持较高的潜在产量水平。低值区主要分布在黄淮海旱作区东北部的河北秦皇岛、沧州及山东滨州等地区，以及河北邯郸至河南郑州的黄淮海旱作区中西部地区。

从 2007～2017 年黄淮海旱作区夏玉米潜在产量时空变化来看，整体范围在 4212～11500kg/hm² 。河北秦皇岛、沧州及山东滨州等黄淮海旱作区东北部地区潜在产量多年以来一直保持较低的产量水平，基本在 7000kg/hm² 以下，甚至在部分年份中不到 5000kg/hm²，而其余地区年际波动较大。2007～2008 年，夏玉米潜在产量空间分布较为相似，区域平均潜在产量由 7296kg/hm² 增加至 7910kg/hm²，整体潜在产量上升明显。2008～2010 年潜在产量整体处于下降趋势，于 2010 年达到研究时段内最低水平，主要表现为黄淮海旱作区中北部河北衡水一带潜在产量较高的区域面积逐渐缩小，潜在产量也在 2010 年下降至 8000kg/hm² 以下，河北邢台、河南焦作等黄淮海旱作区中西部地区和安徽淮北、蚌埠等黄淮海旱作区东南部地区逐渐下降至 6500kg/hm² 以下。2011～2015 年较 2010 年，夏玉米潜在产量有明显的上升，且呈现波动性上升的趋势，于 2015 年达到研究时段内的区域平均最高产量，为 8400kg/hm²，局部地区潜在产量达到 10000kg/hm² 以上，安徽亳州、阜阳等地区潜在产量也有明显的提升，但河北秦皇岛、沧州等地区仍然保持较低的潜在产量水平。2016～2017 年与其他年份相比，黄淮海旱作区中西部地区夏玉米潜在产量较 2015 年潜在产量下降明显，河南商丘、安徽亳州等地区也出现较低的潜在产量水平，区域平均值分别下降至 7164kg/hm² 和 7372kg/hm²。整体上，黄淮海旱作区夏玉米潜在产量存在较大的年际差异，通过分析夏玉米潜在产量最高年份(2015 年)和最低年份(2010 年)差异可知，由于气象条件的变化引起的区域平均潜在产量变化幅度可达 1476kg/hm² 左右 (图 4-16)。

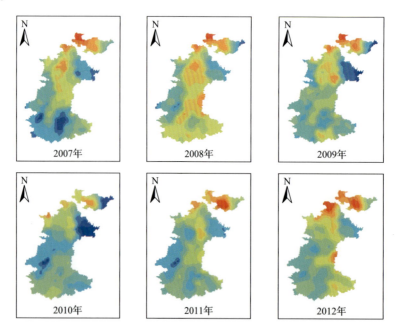

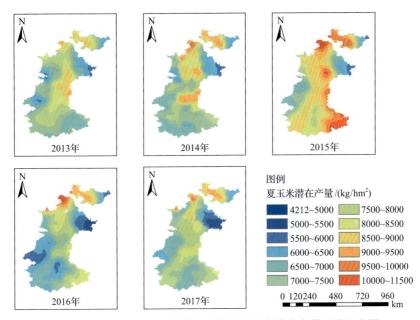

图4-16　2006～2017年黄淮海旱作区夏玉米潜在产量时空分布图

三、土地生产力提升潜力

根据实地调查结果，结合多年气象数据，以多年光辐射量与温度平均值作为当地年总光辐射与温度计算旱作区主导作物(夏玉米、冬小麦、春玉米)土地生产力提升潜力(以下简称提升潜力)。

夏玉米提升潜力在空间上呈北部高、南部低的分布状态，其中，山东以北夏玉米单产提升潜力最高，大部分地区在500kg/亩以上，少数地区夏玉米提升潜力在300～400kg/亩；河南中部、东部地区最低，大部分为500kg/亩左右，小部分地区低于200kg/亩。夏玉米单产提升潜力以山东省最高，约2260kg/亩，其次为北京，约1942kg/亩，河北省最低，安徽省与河南省分别为196kg/亩与1674kg/亩，全区夏玉米单产提升潜力约为1216kg/亩。

冬小麦单产提升潜力分布与夏玉米类似，山东及其以北地区相对较高，大部分地区在300～600kg/亩，河南最低，大部分提升潜力低于400kg/亩，安徽北部地区冬小麦提升潜力最高，大部分地区在500kg/亩以上。冬小麦单产提升潜力以北京市最高，为1594kg/亩，河北省与河南省仅为124kg/亩与134kg/亩，为各省最低，安徽省与山东省分别为1087kg/亩与1304kg/亩，旱作区冬小麦单产提升潜力约为849kg/亩。

春玉米单产提升潜力呈南高北低分布，其中黑龙江最低，在300kg/亩以下，辽宁省最高，在400kg/亩以上。河北省春玉米单产提升潜力最高，为2723kg/亩，其次为辽宁省，为2557kg/亩，黑龙江省为2233kg/亩，吉林省为各省最小，仅253kg/亩，旱作区全区冬小麦平均提升潜力为1942kg/亩。

年总提升潜力为当地作物单产提升潜力之和，旱作区年总提升潜力在空间上呈中部高、北部与南部低的趋势，黑龙江最低，年总提升潜力低于200kg/亩，吉林省中部、河南省中部与东部较低，在400～800kg/亩，山东、河北、辽宁等提升潜力最大，均在800kg/亩以上。旱作区全区年总产量提升潜力以北京最高，为2992kg/亩,河北省与吉林省最低，仅为 130kg/亩与 253kg/亩，其余各省由低到高分别为安徽省、山东省、河南省、黑龙江省、辽宁省，各省年总产量提升潜力分别为 1283kg/亩、1530kg/亩、1808kg/亩、2233kg/亩、2557kg/亩。旱作区全区年总产量提升潜力为 1598kg/亩，按照旱作区耕地面积，总的提升产量为 1004.19 万 t，为实际产量的 94.20%（图 4-17～图 4-22）。

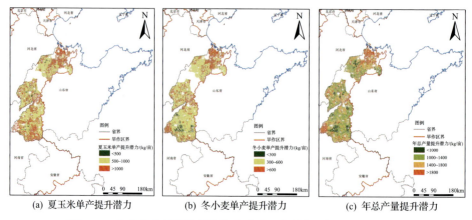

(a) 夏玉米单产提升潜力　　　　(b) 冬小麦单产提升潜力　　　　(c) 年总产量提升潜力

图 4-17　山东省主导作物单产提升潜力及年总产量提升潜力分布图

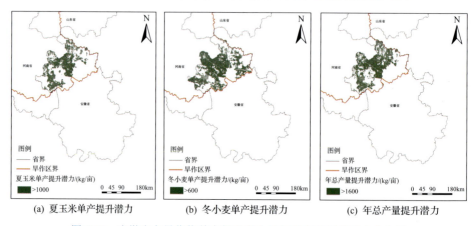

(a) 夏玉米单产提升潜力　　　　(b) 冬小麦单产提升潜力　　　　(c) 年总产量提升潜力

图 4-18　安徽省主导作物单产提升潜力及年总产量提升潜力分布图

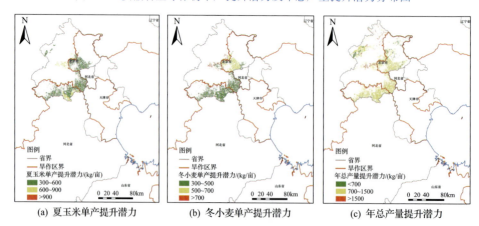

(a) 夏玉米单产提升潜力　　　　(b) 冬小麦单产提升潜力　　　　(c) 年总产量提升潜力

图 4-19　北京市主导作物单产提升潜力及年总产量提升潜力分布图

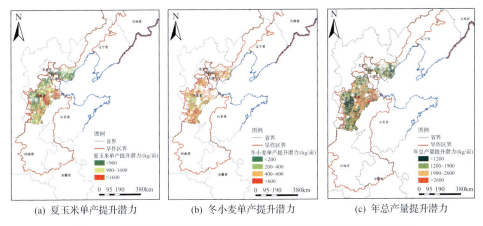

(a) 夏玉米单产提升潜力 　　　　(b) 冬小麦单产提升潜力 　　　　(c) 年总产量提升潜力

图 4-20 河北省主导作物单产提升潜力及年总产量提升潜力分布图

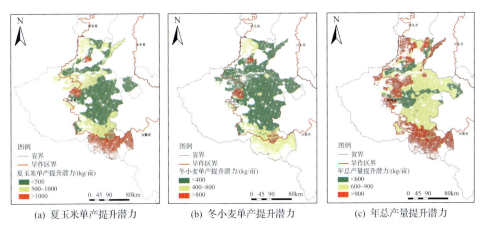

(a) 夏玉米单产提升潜力 　　　　(b) 冬小麦单产提升潜力 　　　　(c) 年总产量提升潜力

图 4-21 河南省主导作物单产提升潜力及年总产量提升潜力分布图

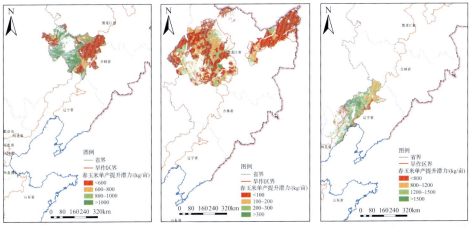

(a) 吉林省旱作区春玉米单产提升潜力 (b) 黑龙江省旱作区春玉米单产提升潜力 (c) 辽宁省旱作区春玉米单产提升潜力

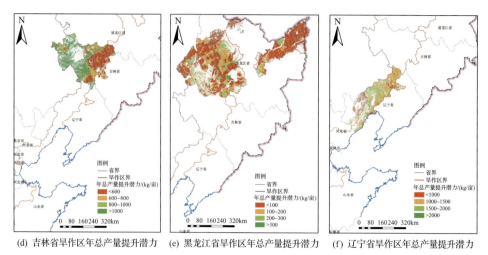

(d) 吉林省旱作区年总产量提升潜力 （e) 黑龙江省旱作区年总产量提升潜力 （f) 辽宁省旱作区年总产量提升潜力

图 4-22 东北旱作区主导作物单产提升潜力及年总产量提升潜力分布图

第四节 典型区域耕地质量评价

一、耕地质量评价方法

耕地质量是耕地本身的特性(生产特性、生态特性、健康特性和景观特性等)满足农业生产并获取经济利润，以及满足人类福祉的程度。应从多维度认知耕地质量，既要满足国家粮食安全、生态安全、乡村振兴与美丽中国建设对耕地资源的需求，又要满足农户基本生活保障与家庭经济收入对耕地资源的需求。

目前国内针对耕地质量，不同部门从不同角度开展了相关调查评价工作，如自然资源部门的农用地质量分等和土地质量地球化学调查，以及农业农村部门的耕地质量等级调查评价等。

目前常见的耕地质量等级评价方法有两种，一种是农用地质量分等，另一种是耕地地力评价。农用地质量分等是由自然资源管理部门开展的针对农用土地质量的好坏进行综合、定量与定性相结合评定的一项工作，是农用地"等-级-价"成果体系的重要组成之一，也是实现土地管理工作由数量提升到数量与质量并重的管理模式的体现。耕地地力评价是农业部门组织开展的，旨在把握不同耕地土壤类型的提升潜力，摸清耕地土壤自然条件的一项基础工作，评价耕地生物提升潜力的高低，其基础性和针对性更明确。本节重点以农业部门耕地地力评价展开。

1. 指标体系确定

合理地选择指标对土壤质量有效评价至关重要。我国有关土壤质量评价的研究集中于选择合适的评价方法和评价指标的分级上，评价之前几乎均未进行最小数据集

（minimum data sets，MDS）因子的定量选取。因此，尽管评价手段及分级的隶属度确定方法等方面都能与国际接轨，但由于应用这些评价方法前忽略了 MDS 参数的严格选取，导致我国的土壤质量评价结果在评价精度、可信度等方面都相对粗糙。对于特定区域，由于土壤利用方式的多变性、数据获取的成本高及因子间的共线性等因素，只能从候选参数数据选出一个能最大限度地代表所有候选参数的最小数据集。MDS 就是可以反映土壤质量而所需指标参数最少的集合。现有的确定最小数据集的方法主要为数理统计方法，特别是主成分分析法（PCA）。PCA 能在一定程度上减少参评指标的数量，也能在一定程度上降低数据冗余，然而，参评因子数量的减少意味着衡量土壤质量信息的丢失，因此目前基于 PCA 的评价很少能够兼顾数据冗余和信息丢失。此外，目前建立土壤质量评价 MDS 很少考虑土地利用、土壤特征等环境因素。不考虑土地利用影响的土壤质量评价 MDS 很少能适用于其他地区，甚至对相邻的地区也不适用。

在尽可能多地获取能够衡量土壤质量的指标（包括土壤理化性质、土壤养分、土壤环境指标等）的基础上，通过 Pearson 相关分析、PCA、矢量常模（norm）值计算、环境相关分析等，建立最小数据集。

最终确定 18 个评价指标，其中数值型指标 3 个，概念型指标 15 个（表 4-3）。

表 4-3　旱作区耕地质量等级评价指标体系

评价指标	备注
灌溉能力	概念型指标
耕层质地	概念型指标
地形部位	概念型指标
土层厚度/cm	概念型指标
质地构型	概念型指标
有机质含量/(g/kg)	数值型指标
有效磷含量/(mg/kg)	数值型指标
速效钾含量/(mg/kg)	数值型指标
排水能力	概念型指标
pH	概念型指标
土壤容重/(g/cm^3)	概念型指标
盐渍化程度	概念型指标
地下水埋深/m	概念型指标
障碍因素	概念型指标
耕层厚度/cm	概念型指标
农田林网	概念型指标

续表

评价指标	备注
生物多样性	概念型指标
清洁程度	概念型指标

2. 权重确定

权重确定的方法主要包括主观赋权法、客观赋权法和组合赋权法三种。

1）主观赋权法

主观赋权法主要包括层次分析法（analytic hierarchy process，AHP）、专家评分法、DelpHi 法、相邻指标比较法等。其中，AHP 法是应用较为普遍的一种。AHP 法主要用于结构比较复杂、决策准则层较多的决策与评价问题，主要是将评价对象分为多个层次和指标，然后综合决策者的主观判断和客观推理，依照不同的权重，将评价过程进行量化的描述，避免因为单纯依靠决策者主观判断造成的逻辑错误等问题。

2）客观赋权法

主观赋权法使评价结果波动性较大，可比性与研究持续性较差。因此，近年来学者们将注意力转向寻找更加客观、科学、简便的权重确定方法，主要为神经网络法。

综合评价是一个复杂的过程，指标或者因素之间通常不独立，具有一定的相关性，且这种相关性往往不是简单的线性关系，而是复杂的非线性关系。处理这种非线性关系问题，人工神经网络是一个很好的工具。ANN 是一种非线性科学，无须建立数学模型，而是通过网络训练从数据中概括出知识，并将其存储于神经元中构成网络知识，进一步对相似的对象进行评价或者预测。这一类评价方法能够模拟人脑的一些思维模式，具有自学习、自组织、自适应等特点。它的出现结合了专家学者的经验和客观判断模式，降低了评价过程中主观偏误的可能性，克服了一般综合评价方法无法反映评价指标的动态变化过程的问题，同时提高了问题解决的效率。以 ANN 为基础衍生出来的综合评价中权重的确定方法，如三层 BP 神经网络法、Hamming 神经网络法，可以解决以往评价指标体系不够全面、设定权重不够客观以及无法动态反应指标变化的问题，弱化权重确定过程中的人为因素。但是，这一类方法受限于神经网络本身，无法客观确定隐含层的数目，从而不能完全避免主观因素。同时，当评估对象数目多、评价规模比较大的时候，神经网络节点的个数通常会比较多，庞大的网络结构会降低其推广能力，评估时间也会很长，并且经常会陷入局部最小的困境。学者针对这些问题的出现提出了重置变结构神经网络方法，GA-ANN 方法加快了网络收敛速度，避免了陷入局部最小的困境。除此之外，虽然神经网络方法确定权重比较客观，但是其训练集的选择是一个难点，并且目前没有好的解决办法。

3）组合赋权法

主观和客观赋权法在确定权重时有不同的侧重点，各有利弊，为了能够兼顾决策者的主观判断和评价对象的客观特点，众多学者将主观、客观两类赋权法有机结合，产生了一类新的权重确定方法——组合赋权法。王先甲在灰色系统理论基础上，将 AHP 和 DEA 两种方法有机结合，共同确定方案的综合指标权重向量，进而得出方案之间的关联度，对方案进行有效、合理的评价。程启月在熵理论的基础上，将专家意见法与模糊分析法相结合，给出了结构熵权法，通过"典型排序"及"盲度"分析，对潜在的偏差数据进行统计分析，从而确定权重系数结构。

采用以上方法，结合《农业农村部耕地质量监测保护中心关于印发〈全国耕地质量等级评价指标体系〉的通知》（耕地评价函〔2019〕87号），确定各指标权重值（表4-4）。

表 4-4　旱作区各评价指标权重

评价指标	权重值
灌溉能力	0.172
耕层质地	0.128
地形部位	0.120
土层厚度/cm	0.105
质地构型	0.081
有机质含量/(g/kg)	0.08
有效磷含量/(mg/kg)	0.056
速效钾含量/(mg/kg)	0.048
排水能力	0.04
pH	0.03
土壤容重/(g/cm³)	0.03
盐渍化程度	0.02
地下水埋深/m	0.02
障碍因素	0.02
耕层厚度/cm	0.02
农田林网	0.01
生物多样性	0.01
清洁程度	0.01

3. 隶属度确定

根据农业农村部耕地质量监测保护中心关于印发《全国耕地质量等级评价指标体系》的通知(耕地评价函〔2019〕87号)确定评价指标隶属度(表4-5、表4-6)。

表 4-5　旱作区耕地质量评价指标隶属度

评价指标隶属度赋值

评价指标											
灌溉能力	充分满足	满足	基本满足	不满足							
隶属度	1	0.85	0.70	0.50							
耕层质地	中壤	轻壤	重壤	黏土	砂壤	砂土	砾质壤土	砾质砂土	壤质砾石土	砂质砾石土	
隶属度	1	0.94	0.92	0.88	0.8	0.5	0.55	0.45	0.45	0.4	
地形部位											
隶属度	具体见表4-6										
土层厚度/cm	>100	60~100	30~60	<30							
隶属度	1	0.80	0.60	0.40							
质地构型	夹黏型	上松下紧型	通体壤	紧实型	夹层型	海绵型	上紧下松型	松散型	通体砂	薄层型	裸露岩石
隶属度	0.95	0.93	0.90	0.85	0.80	0.75	0.75	0.65	0.60	0.40	0.20

有机质含量/(g/kg)

$$Y = \begin{cases} 0 & X < 0 \\ 1/\left[1+0.005431\times(X-18.219012)^2\right] & 0 < X < 18.2 \\ 1 & X > 18.2 \end{cases}$$

有效磷含量/(mg/kg)

$$Y = \begin{cases} 1/\left[1+0.000102\times(X-79.043468)^2\right] & X < 79.0 \\ 1 & 79.0 \leqslant X \leqslant 148.6 \\ 1/\left[1+0.000007\times(X-148.611679)^2\right] & X > 148.6 \end{cases}$$

速效钾含量/(mg/kg)

$$Y = \begin{cases} 0 & X < 0 \\ 1/\left[1+0.000010\times(X-277.304958)^2\right] & 0 < X < 277 \\ 1 & X > 277 \end{cases}$$

续表

评价指标	评价指标隶属度赋值							
	充分满足	满足	基本满足	不满足				
排水能力								
隶属度	1	0.85	0.70	0.50				
pH	≥8.5	7~8.5	7.4~8	6.4~7.5	5~6.5	5.4~6	4.4~5.5	<4.5
隶属度	0.5	0.8	0.9	1	0.9	0.85	0.75	0.5
土壤容重/(g/cm³)	适中	偏轻	偏重	重				
隶属度	1	0.8	0.8					
盐渍化程度	无	轻度	中度	重度				
隶属度	1	0.8	0.6	0.35				
地下水埋深/m	≥3	2~3	<2					
隶属度	1	0.8	0.6					
障碍因素	无	夹砂层	砂姜层	砾质层				
隶属度	1	0.8	0.7	0.5				
耕层厚度/cm	≥20	14~20	<15					
隶属度	1	0.8	0.6					
农田林网	高	中	低					
隶属度	1	0.8	0.6					
生物多样性	丰富	一般	不丰富					
隶属度	1	0.8	0.6					
清洁程度	清洁	尚清洁						
隶属度	1	0.8						

表 4-6　地形部位隶属度

指标	隶属度赋值				
地形部位	低海拔湖积平原	低海拔湖积冲积平原	低海拔冲积湖积平原	低海拔冲积湖积三角洲平原	低海拔湖积冲积三角洲平原
隶属度	1	1	1	1	1
地形部位	低海拔冲积平原	低海拔洪积平原	低海拔冲积洪积平原	低海拔冲积扇平原	低海拔洪积扇平原
隶属度	1	1	1	1	1
地形部位	低海拔冲积洪积扇平原	低海拔河谷平原	低海拔侵蚀冲积黄土河谷平原	低海拔侵蚀剥蚀平原	低海拔潟湖洼地
隶属度	1	1	0.95	0.95	0.9
地形部位	低海拔冲积洼地	低海拔冲积洪积洼地	低海拔侵蚀剥蚀低台地	低海拔喀斯特侵蚀低台地	低海拔冲积洪积低台地
隶属度	0.9	0.9	0.85	0.85	0.85
地形部位	低海拔洪积低台地	低海拔海蚀低台地	低海拔半固定缓起伏沙地	低海拔固定缓起伏沙地	低海拔冲积高地
隶属度	0.85	0.85	0.85	0.85	0.85
地形部位	低海拔冲积决口扇	低海拔河流低阶地	低海拔冲积河漫滩	低海拔湖积低阶地	低海拔湖积冲积洼地
隶属度	0.85	0.85	0.85	0.85	0.85
地形部位	低海拔湖滩	低海拔湖积微高地	低海拔熔岩平原	低海拔冲积海积平原	低海拔冲积海积洼地
隶属度	0.85	0.85	0.85	0.85	0.8
地形部位	低海拔海积冲积平原	低海拔海积冲积三角洲平原	中海拔干燥剥蚀高平原	中海拔干燥洪积平原	中海拔侵蚀冲积黄土河谷平原
隶属度	0.8	0.8	0.8	0.8	0.8
地形部位	中海拔河谷平原	中海拔冲积平原	中海拔洪积平原	中海拔冲积洪积平原	中海拔洪积扇平原
隶属度	0.8	0.8	0.8	0.8	0.8
地形部位	中海拔湖积平原	中海拔冲积湖积平原	中海拔湖积冲积平原	低海拔熔岩低台地	低海拔海蚀低阶地
隶属度	0.8	0.8	0.8	0.8	0.75
地形部位	低海拔海滩	低海拔冲积海积微高地	低海拔海积冲积微高地	低海拔冲积海积三角洲平原	中海拔干燥剥蚀低台地
隶属度	0.75	0.75	0.75	0.75	0.7

续表

指标	隶属度赋值				
地形部位	中海拔侵蚀剥蚀低台地	中海拔半固定缓起伏沙地	中海拔固定缓起伏沙地	中海拔冲积洪积低台地	中海拔洪积低台地
隶属度	0.7	0.7	0.7	0.7	0.7
地形部位	中海拔河流低阶地	中海拔冲积河漫滩	中海拔湖滩	中海拔湖积低阶地	低海拔侵蚀剥蚀高台地
隶属度	0.7	0.7	0.7	0.7	0.7
地形部位	低海拔喀斯特侵蚀高台地	低海拔侵蚀堆积黄土峁梁	低海拔侵蚀堆积黄土斜梁	低海拔侵蚀堆积黄土梁塬	低海拔侵蚀冲积黄土台塬
隶属度	0.7	0.7	0.7	0.7	0.7
地形部位	低海拔侵蚀堆积黄土岗地	低海拔侵蚀堆积黄土塬	低海拔洪积高台地	低海拔冲积洪积高台地	低海拔侵蚀冲积黄土河流高阶地
隶属度	0.7	0.7	0.7	0.7	0.7
地形部位	低海拔河流高阶地	低海拔海蚀高台地	低海拔海积洼地	低海拔海积平原	侵蚀剥蚀低海拔低丘陵
隶属度	0.7	0.7	0.7	0.7	0.65
地形部位	喀斯特侵蚀低海拔低丘陵	侵蚀剥蚀低海拔熔岩低丘陵	中海拔侵蚀堆积黄土塬	中海拔侵蚀堆积黄土梁塬	中海拔侵蚀堆积黄土残塬
隶属度	0.65	0.65	0.65	0.65	0.65
地形部位	中海拔干燥洪积高台地	中海拔洪积高台地	中海拔侵蚀冲积黄土台塬	黄土覆盖中起伏低山	侵蚀剥蚀中海拔低丘陵
隶属度	0.65	0.65	0.65	0.5	0.5
地形部位	侵蚀剥蚀小起伏低山	喀斯特侵蚀小起伏低山	喀斯特小起伏低山	侵蚀剥蚀小起伏熔岩低山	黄土覆盖小起伏低山
隶属度	0.5	0.5	0.5	0.5	0.5
地形部位	中海拔侵蚀剥蚀高台地	中海拔熔岩高台地	中海拔干燥剥蚀高台地	低海拔陡深河谷	侵蚀剥蚀低海拔高丘陵
隶属度	0.5	0.5	0.5	0.5	0.5
地形部位	喀斯特侵蚀低海拔高丘陵	侵蚀剥蚀低海拔熔岩高丘陵	喀斯特低海拔高丘陵	黄土覆盖小起伏中山	侵蚀剥蚀中海拔高丘陵
隶属度	0.5	0.5	0.5	0.4	0.4
地形部位	侵蚀剥蚀中起伏低山	喀斯特侵蚀中起伏低山	侵蚀剥蚀中起伏熔岩低山	侵蚀剥蚀中起伏中山	喀斯特侵蚀中起伏中山
隶属度	0.4	0.4	0.4	0.35	0.35

指标	隶属度赋值				
地形部位	黄土覆盖中起伏中山	侵蚀剥蚀小起伏中山	喀斯特侵蚀小起伏中山	侵蚀剥蚀大起伏中山	喀斯特侵蚀大起伏中山
隶属度	0.35	0.35	0.35	0.2	0.2

4. 耕地质量等级评价与划分

确定各指标权重及隶属度后，对耕地质量等级进行评价。可以采用累加法计算耕地质量综合指数。

$$P = \sum (C_i \times F_i)$$

式中，P 是耕地质量综合指数；C_i 是第 i 个评价指标的组合权重；F_i 是第 i 个评价指标的隶属度。

将耕地质量划分为 10 个耕地质量等级。一等地耕地质量最高，十等地耕地质量最低（表 4-7）。

表 4-7　耕地质量等级分级标准

耕地质量等级	综合指数范围
一等	≥0.964
二等	0.933～0.964
三等	0.902～0.933
四等	0.871～0.902
五等	0.840～0.871
六等	0.809～0.840
七等	0.778～0.809
八等	0.747～0.778
九等	0.716～0.747
十等	<0.716

注：耕地质量等级共分 10 个等级，数字越小，耕地质量越好。

二、典型区域耕地质量等级评价

基于以上方法，以旱作区典型区县北京平谷区为对象，开展案例分析。

1. 主要耕地质量评价指标特征分析

采用以上耕地质量等级评价方法，分析平谷区 2019 年主要评价指标的空间分布特征。

1）评价指标含量统计

计算单项指标的描述性统计量，见表4-8。

表 4-8　单项指标含量统计

指标类型	最大值			最小值			均值
	数值	所在乡镇	所在村	数值	所在乡镇	所在村	
速效钾含量/(mg/kg)	886.00	南独乐河镇	新农村	69.00	王辛庄镇	井峪乡	258.13
有效磷含量/(mg/kg)	467.55	马昌营镇	南定福村	5.47	马坊镇	塔寺	81.06
有机质含量/(g/kg)	54.60	熊儿寨乡	魏家湾	3.26	大兴庄镇	周村	16.98
pH	8.26	马昌营镇	圪塔头村	5.44	黄松峪乡	塔洼	7.39

（1）土壤速效钾含量。全区耕地土壤速效钾含量的最大值为 886.00mg/kg，位于南独乐河镇新农村；土壤速效钾含量的最小值为 69.00mg/kg，位于王辛庄镇井峪乡；土壤速效钾含量的平均值为 258.13mg/kg。

（2）土壤有效磷含量。全区耕地土壤有效磷含量的最大值为 467.55mg/kg，位于马昌营镇南定福村；土壤有效磷含量的最小值为 5.47mg/kg，位于马坊镇塔寺；土壤有效磷含量的平均值为 81.06mg/kg。

（3）土壤有机质含量。全区耕地土壤有机质含量的最大值为 54.60g/kg，位于熊儿寨乡魏家湾；土壤有机质含量的最小值为 3.26g/kg，位于大兴庄镇周村；耕地土壤有机质平均值为 16.98g/kg。

（4）土壤pH。全区耕地土壤 pH 呈中性，耕地土壤 pH 的最大值为 8.26，位于马昌营镇圪塔头村；土壤 pH 的最小值为 5.44，位于黄松峪乡塔洼；土壤 pH 平均为 7.39。

2）基于评价单元耕地质量评价指标分布特征

根据耕地评价函〔2019〕87 号文，对 18 个评价指标的分布特征进行分析。其中，采用等距离法(n=4)对有机质含量、有效磷含量、速效钾含量 3 个指标进行隶属度分级分析。

（1）灌溉能力。

全区灌溉能力以充分满足为主，面积为 5333.57hm²，占全区耕地面积的 45.51%；灌溉能力为满足的耕地占全区耕地面积的 23.45%；基本满足的耕地面积为 1944.36hm²，占全区耕地面积的 16.59%；灌溉能力属于不满足状态的耕地占全区耕地面积的 14.44%（表 4-9）。

在全区各乡镇中，灌溉能力为充分满足的耕地主要分布在刘家店镇、马坊镇和峪口镇，占各镇耕地面积的比例为 87.37%、74.68%和 74.14%；灌溉能力为满足的耕地主要分布在马昌营镇、夏各庄镇和平谷镇，占各镇耕地面积的比例分别为 76.21%、54.12%和 41.82%；灌溉能力为基本满足的耕地主要分布在大华山镇、王辛庄镇和平谷镇，占各镇耕地面积的比例分别为 100.00%、59.81%和 58.18%；灌溉能力为不满足的耕地主要分布在金海湖镇和黄松峪乡，占各镇耕地面积的比例分别为 98.58%和 89.04%(图 4-23)。

(2)耕层质地。

全区耕层质地以轻壤为主，面积为 8392.09hm^2，占全区耕地面积的 71.61%，其次是砂壤和中壤，占比分别为 17.61%和 10.73%，砂质和砂砾所占比例较低，占比分别为 0.04%和<0.01%(表 4-9)。

全区各乡镇中，耕层质地为中壤的耕地主要集中在山东庄镇，占该镇耕地面积的 24.76%；耕层质地为轻壤的耕地主要分布在熊儿寨乡、镇罗营镇以及大兴庄镇，占各自乡镇耕地面积的比例分别为 100%、98.12%和 92.39%；耕层质地为砂砾的耕地仅在黄松峪乡有分布，占该乡耕地面积的 1.51%；耕层质地为砂壤的耕地主要分布在黄松峪乡、南独乐河镇以及马昌营镇，分别占各自乡镇耕地面积的 81.24%、25.57%和 23.22%；耕层质地为砂质的耕地仅在大华山镇和马坊镇有分布，分别占各自乡镇耕地面积的 0.65%和 0.25%(图 4-24)。

(3)地形部位。

全区地形部位以山前平原为主，面积为 9965.57hm^2，占全区耕地面积的 85.04%，其次是微斜平原和宽谷盆地，占比分别为 8.99%和 5.07%，丘陵下部和丘陵中部所占比例较低，占比分别为 0.57%和 0.32%(表 4-9)。

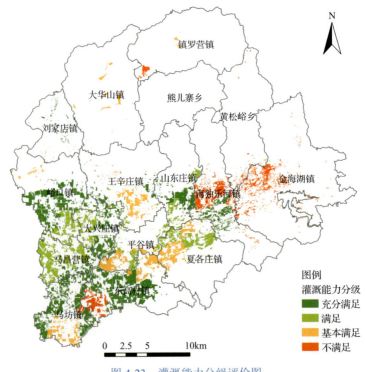

图 4-23　灌溉能力分级评价图

表 4-9　平谷区耕地质量评价指标面积（hm²）及占比（%）情况表

耕地质量评价指标类别

指标	类别	面积	比例	类别	面积	比例	类别	面积	比例	类别	面积	比例	类别	面积	比例
灌溉能力	充分满足	5333.57	45.51	满足	2748.46	23.45	基本满足	1944.36	16.59	不满足	1692.34	14.44			
耕层质地	中壤	1257.39	10.73	轻壤	8392.09	71.61	砂砾	1.04	<0.01	砂壤	2063.99	17.61	砂质	4.22	0.04
地形部位	宽谷盆地	594.72	5.07	丘陵下部	67.39	0.57	丘陵中部	37.56	0.32	山前平原	9965.57	85.04	微斜平原	1053.49	8.99
有效土层厚度	>100cm	11126.66	94.95	60~100cm	384.07	3.28	30~60cm	151.10	1.29	<30cm	56.90	0.49			
质地构型	上松下紧型	1688.70	14.41	海绵型	8423.44	71.88	上紧下松型	1501.22	12.81	松散型	4.50	0.04	夹层型	100.87	0.86
有机质含量	一级	11667.41	99.56	二级	51.32	0.44									
有效磷含量	一级	11718.73	100.00												
速效钾含量	一级	4717.95	40.26	二级	7000.78	59.74									

续表

耕地质量评价指标类别

指标	充分满足			满足			基本满足			不满足		
	类别	面积	比例	类别	面积	比例	类别	面积	比例	类别	面积	比例
排水能力		10684.94	91.18		216.21	1.84		419.16	3.58		398.42	3.40
pH	6.0~6.5	6.35	0.05	6.5~7.5	3177.85	27.12	7.5~8.0	8285.76	70.71	8.0~8.5	248.77	2.12
土壤容重	偏重	6838.58	58.36	适中	4880.15	41.64						
盐渍化程度	轻度	3893.98	33.23	无	7824.75	66.77						
地下水埋深	>3m	11718.73	100.00									
障碍因素	夹砂层	0.71	0.01	砾质层	840.97	7.18	砂姜层	10.47	0.09	无	10866.58	92.73
耕层厚度	<15cm	3612.48	30.83	≥20cm	4730.91	40.37	15~20cm	3375.34	28.80			
农田林网	低	4512.25	38.50	中	881.52	7.52	高	6324.96	53.97			
生物多样性	不丰富	2586.75	22.07	一般	407.60	3.48	丰富	8724.38	74.45			
清洁程度	清洁	11718.73	100.00									

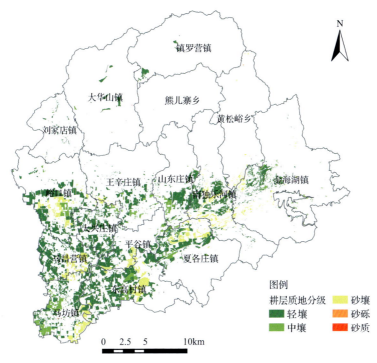

图 4-24 耕层质地分级评价图

在全区各乡镇中，地形部位为宽谷盆地的耕地主要集中在大华山镇，占该镇耕地面积的 98.40%；地形部位为丘陵下部的耕地主要分布在熊儿寨乡以及镇罗营镇，占各自乡镇耕地面积的比例分别为 76.82% 和 66.13%；地形部位为丘陵中部的耕地仅在镇罗营镇和黄松峪乡有分布，分别占各乡镇耕地面积的 33.87% 和 9.23%；地形部位为山前平原的耕地主要分布在大兴庄镇、马昌营镇、马坊镇和平谷镇，均占各自乡镇耕地面积的 100.00%；地形部位为微斜平原的耕地主要分布在刘家店镇、南独乐河镇以及金海湖镇，分别占各自乡镇耕地面积的 69.20%、52.63% 和 39.90%（图 4-25）。

（4）有效土层厚度。

全区有效土层厚度以＞100cm 为主，面积为 11126.66hm²，占全区耕地面积的 94.95%，其次是 60～100cm 和 30～60cm，占比分别为 3.28% 和 1.29%，有效土层厚度＜30cm 占比最低，为 0.49%（表 4-9）。

全区各乡镇中，有效土层厚度＞100cm 的耕地主要集中在马昌营镇和马坊镇，均占各镇耕地面积的 100.00%；有效土层厚度 60～100cm 的耕地主要分布在刘家店镇，占本镇耕地面积的比例为 65.84%；有效土层厚度 30～60cm 的耕地主要分布在熊儿寨乡和刘家店镇，分别占各乡镇耕地面积的 23.18% 和 13.03%；有效土层厚度＜30cm 的耕地仅在峪口镇、东高村镇、王辛庄镇和大兴庄镇有分布，分别占各自乡镇耕地面积的 2.53%、0.90%、0.07% 和 0.02%（图 4-26）。

（5）质地构型。

全区质地以海绵型、上松下紧型和上紧下松型为主，其中海绵型在全区耕地面积中占比为 71.88%，面积为 8423.44hm²；上松下紧型在全区耕地面积中占比 14.41%，面积为 1688.70hm²；上紧下松型在全区耕地面积中占比 12.81%，面积为 1501.22hm²；夹层型和松散型在全区耕地面积中占比分别为 0.86% 和 0.04%（表 4-9）。

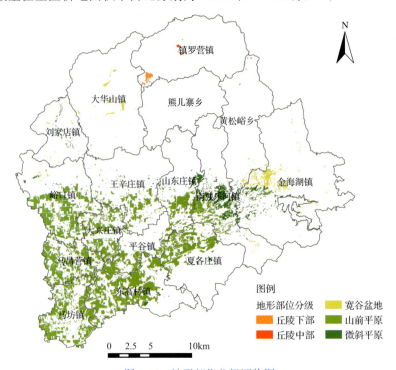

图 4-25　地形部位分级评价图

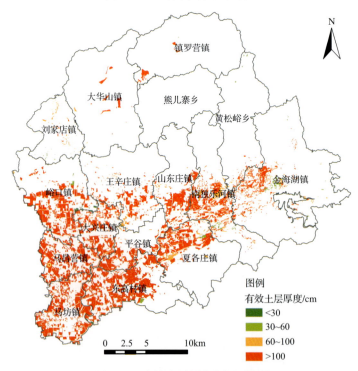

图 4-26　有效土层厚度分级评价图

全区各乡镇中，质地构型为海绵型的耕地主要分布在熊儿寨乡以及镇罗营镇，分别占各自乡镇耕地面积的 100%；质地构型为上松下紧型的耕地主要分布在大兴庄镇、东高村镇和平谷镇，分别占各自乡镇耕地面积的 35.05%、23.18%和 20.16%；质地构型为上紧下松型的耕地主要分布在黄松峪乡、大华山镇以及金海湖镇，分别占各自乡镇耕地面积的 76.04%、46.83%和 35.04%；夹层型仅在马坊镇、山东庄镇、平谷镇和马昌营镇有分布，占各自乡镇耕地面积的 5.52%、1.25%、1.20%和 0.75%；松散型分布较少，仅在马坊镇和黄松峪乡有分布，占各自乡镇耕地面积的比例均小于 5%(图 4-27)。

(6)有机质含量。

全区耕地土壤有机质含量面积加权平均值为 16.95g/kg。全区耕地土壤有机质含量在金海湖镇、镇罗营镇和黄松峪乡较高；在马坊镇、峪口镇和马昌营镇等地区较低。耕地土壤有机质含量在金海湖镇面积加权平均值最高，为 23.63g/kg；在马昌营镇最低，为 11.99g/kg(表 4-10)。

全区耕地土壤有机质含量分为两个等级，99.56%的耕地土壤有机质为一级，0.44%的耕地土壤有机质为二级，面积分别为 11667.41hm^2 和 51.23hm^2。全区各乡镇中，耕地土壤有机质含量等级为一级的地区分布较广，在全区各乡镇均有分布且面积在各乡镇的占比均超过 90%；二级仅在金海湖镇有分布，占该镇耕地面积的 8.21%(图 4-28)。

(7)有效磷含量。

全区耕地土壤有效磷含量面积加权平均值为 81.42mg/kg。全区耕地土壤有效磷含量在黄松峪乡、金海湖镇和山东庄镇较高；在东高村镇、平谷镇和马坊镇含量较低。耕地土壤有效磷含量面积加权平均值最高为 112.55mg/kg，位于黄松峪乡；最低为 55.78mg/kg，位于马坊镇(表 4-10)。

全区耕地土壤有效磷含量均为一级，面积为 11718.73hm^2(图 4-29、表 4-9)。

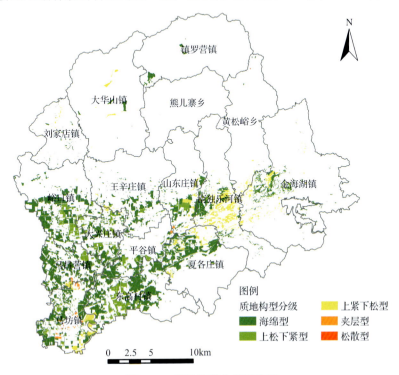

图 4-27　质地构型分级评价图

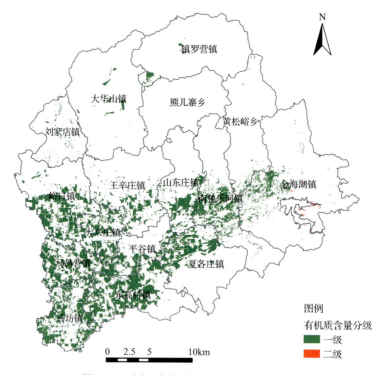

图 4-28　有机质含量空间分布和分级评价图

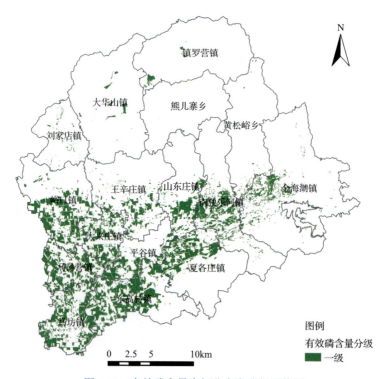

图 4-29　有效磷含量空间分布和分级评价图

(8)速效钾含量。

全区耕地土壤速效钾含量面积加权平均值为256.39mg/kg。全区耕地土壤速效钾含量在黄松峪乡、王辛庄镇以及峪口镇较高；在大华山镇、平谷镇以及马坊镇较低。耕地土壤速效钾含量面积加权平均值在镇罗营镇最高，为450.10mg/kg；在南独乐河镇最低，为230.65mg/kg（表4-10）。

全区耕地土壤速效钾含量分为两个等级，其中一级所占的比例为40.26%，面积为4717.95hm^2；二级所占比例为59.74%，面积为7000.78hm^2（表4-9）。全区各乡镇中，一级主要分布在金海湖镇、黄松峪乡和平谷镇，占比依次为92.60%、90.77%和89.17%；二级分布较广，其中大华山镇、熊儿寨乡、镇罗营镇、东高村镇、马坊镇和山东庄镇占各乡镇耕地面积比例均超过90%（图4-30）。

(9)排水能力。

全区排水能力以充分满足为主，面积为10684.94hm^2，占全区耕地面积的91.18%；其次是基本满足，面积为419.16hm^2，占全区耕地面积的3.58%；不满足和满足的面积分别为398.42hm^{2}和216.20hm^2，分别为3.40%和1.84%（表4-9）。

全区各乡镇中，排水能力为充分满足状态的耕地主要分布在大华山镇、东高村镇、黄松峪乡、熊儿寨乡和镇罗营镇，占各乡镇耕地面积的比例均为100%；排水能力为满足的耕地仅在马昌营镇、峪口镇、马坊镇和王辛庄镇有分布，占比均低于15%；为基本满足的耕地仅在马昌营镇、马坊镇、峪口镇、大兴庄镇和王辛庄镇有分布，占乡镇耕地面积的比例均低于16%；排水能力为不满足的耕地主要集中在夏各庄镇，占该镇耕地面积的21.67%（图4-31）。

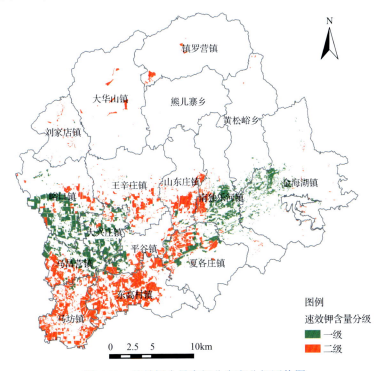

图4-30　速效钾含量空间分布和分级评价图

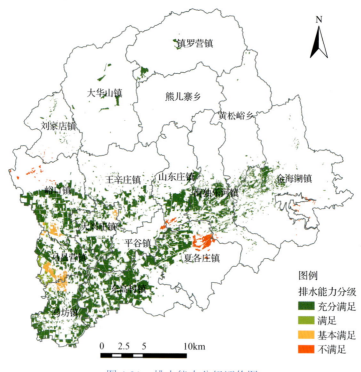

图 4-31　排水能力分级评价图

（10）pH。

全区耕地土壤 pH 面积加权平均值为 7.58。耕地土壤 pH 在全区南部较高，主要分布在东高村镇；在镇罗营镇、南独乐河镇和黄松峪乡较低。耕地土壤 pH 在东高村镇面积加权平均值最高，为 7.90；在黄松峪乡最低，为 6.80（表 4-10）。

全区耕地土壤 pH 范围在 6.00～8.50，其中 pH 较高的地区主要分布在马坊镇以及东高村镇；pH 较低的地区主要分布在大华山镇和南独乐河镇。全区 pH 范围在 6.0～6.5 所占面积为 6.35hm²，占全区耕地面积的 0.05%；pH 范围在 6.5～7.5 所占面积为 3177.85hm²，占全区耕地面积的 27.12%；pH 范围在 7.5～8.0 所占面积为 8285.76hm²，占全区耕地面积的 70.71%；pH 范围在 8.0～8.5 所占面积为 248.77hm²，占全区耕地面积的 2.12%。全区 pH 范围在 6.0～6.5 主要分布在黄松峪乡（表 4-10、图 4-32）。

（11）土壤容重。

全区耕地土壤容重以偏重为主，占比为 58.36%，面积 6838.58hm²；耕地土壤容重为适中的耕地面积占比 41.64%，面积 4880.15hm²（表 4-9）。

全区各乡镇中，耕地土壤容重为适中的在全区各乡镇均有分布，其中大华山镇、黄松峪乡、刘家店镇和熊儿寨乡占比最高，占比为 100.00%；除大华山镇、黄松峪乡、刘家店镇和熊儿寨乡外，耕地土壤容重偏重在其他乡镇均有分布，东高村镇分布占比最高，占比达到 94.99%（图 4-33）。

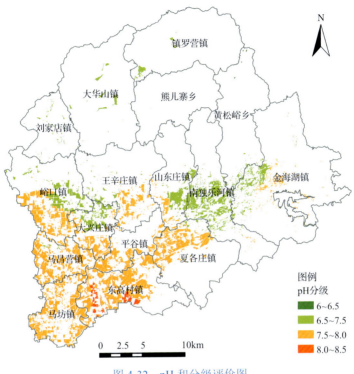

图 4-32　pH 和分级评价图

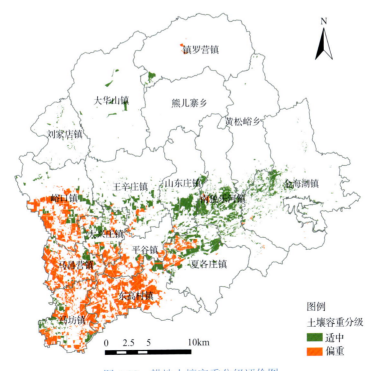

图 4-33　耕地土壤容重分级评价图

(12)盐渍化程度。

全区轻度盐渍化的耕地面积为3893.98hm^2，占全区耕地面积的33.23%；无盐渍化的耕地面积为7824.75hm^2，占全区耕地面积的66.77%(表4-9)。

在全区各乡镇中，仅大兴庄镇、马昌营镇、马坊镇、平谷镇、王辛庄镇和峪口镇，其中大兴庄镇占比最高，占比为100.00%(表4-9、图4-34)。

(13)地下水埋深。

全区地下水埋深以>3m为主，面积为11718.73hm^2(表4-9、图4-35)。

(14)障碍因素。

全区耕地土壤障碍因素主要分为夹砂层、砾质层、砂姜层和无障碍四类，障碍因素为砾质层的面积为840.97hm^2，占全区耕地面积的7.18%；障碍因素为砂姜层的面积为10.47hm^2，占全区耕地面积的0.09%；无障碍的面积相对较大，面积为10866.58hm^2，占全区耕地面积的92.73%(表4-9)。

全区各乡镇仅金海湖镇存在夹砂层障碍因素；除黄松峪乡、刘家店镇、熊儿寨乡和镇罗营镇外，其他乡镇均存在砾质层障碍；障碍因素为砂姜层的在东高村镇和马坊镇有少量分布，其他大多数乡镇均无砂姜层障碍分布(图4-36)。

(15)耕层厚度。

全区耕层厚度≥20cm的耕地面积为4730.91hm^2，占全区耕地面积的40.37%；耕层厚度在15~20cm占比为28.80%，面积为3375.34hm^2；耕层厚度<15cm占比为30.83%，面积为3612.48hm^2(表4-9)。

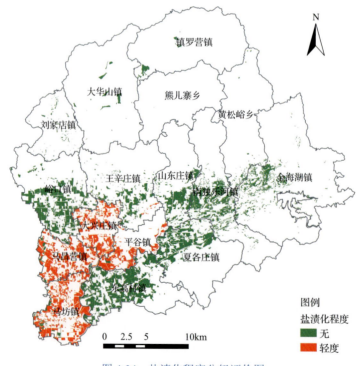

图4-34　盐渍化程度分级评价图

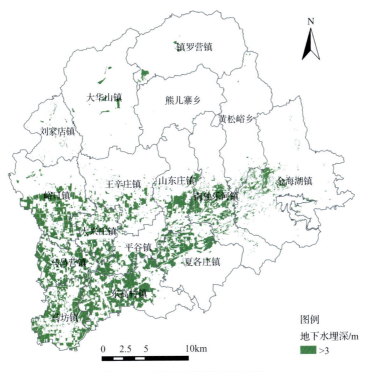

图 4-35　地下水埋深分级评价图

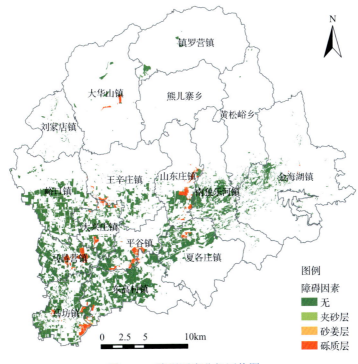

图 4-36　障碍因素分级评价图

在全区各乡镇中，耕层厚度≥20cm 范围的乡镇除镇罗营镇外，其他乡镇均有分布；耕层厚度<15cm 的乡镇除黄松峪乡外都有分布，其中镇罗营镇占比为 100%（图 4-37）。

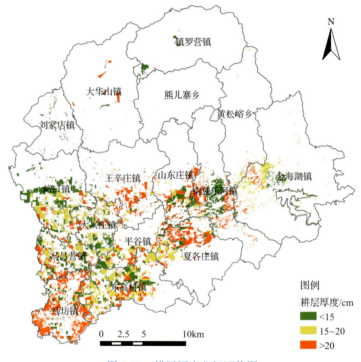

图 4-37　耕层厚度分级评价图

（16）农田林网。

全区农田林网为低状态的耕地面积为 4512.25hm²，占全区耕地面积的 38.50%；农田林网为中状态的面积为 881.52hm²，面积占比为 7.52%，农田林网为高状态的面积为 6324.96hm²，占全区耕地面积的 53.97%（表 4-9）。

全区各乡镇中，农田林网为低状态的耕地主要分布在刘家店镇、马坊镇、峪口镇等；高状态的耕地主要分布在平谷镇南部、大兴庄镇中部、夏各庄镇、黄松峪乡南部、镇罗营镇以及大华山镇（图 4-38）。

（17）生物多样性。

全区生物多样性丰富、一般和不丰富的面积分别为 8724.38hm²、407.60hm² 和 2586.75hm²，依次占全区耕地面积的 74.45%、3.48%和 22.07%（表 4-9）。

全区各乡镇中，生物多样性为丰富的耕地主要分布在黄松峪乡、金海湖镇、马昌营镇、马坊镇、南独乐村镇以及峪口镇；生物多样性属于一般的耕地各乡镇均有分布；生物多样性属于不丰富的耕地主要分布在刘家店镇、平谷镇和夏各庄镇（图 4-39）。

（18）清洁程度。

全区耕地土壤清洁程度水平均属于清洁，面积为 11718.73hm²，占全区总耕地面积的 100%（表 4-9、图 4-40）。

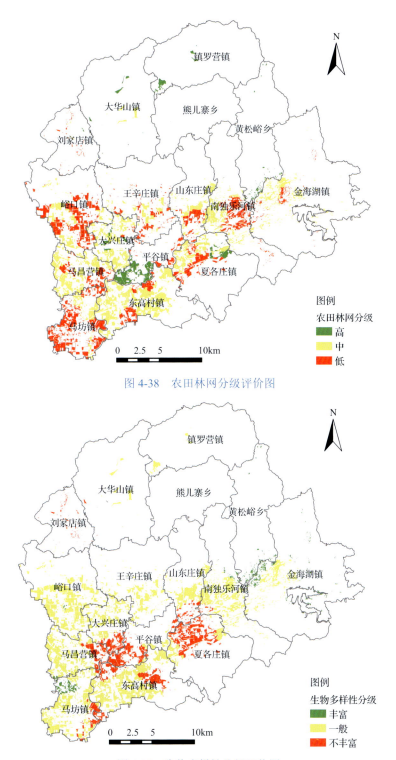

图 4-38　农田林网分级评价图

图 4-39　生物多样性分级评价图

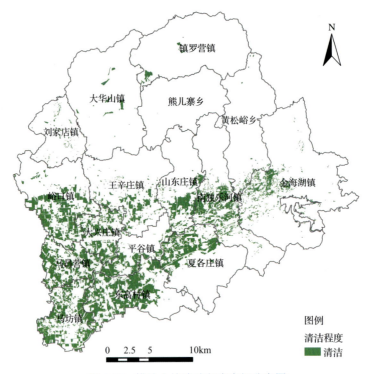

图 4-40　耕地土壤清洁程度空间分布图

表 4-10　平谷区耕地土壤理化性质面积加权表

乡镇名称	有机质含量/(g/kg)	pH	有效磷含量/(mg/kg)	速效钾含量/(mg/kg)
大华山镇	20.35	7.07	92.90	269.78
大兴庄镇	12.56	7.56	73.02	288.89
东高村镇	14.62	7.90	72.16	234.39
黄松峪乡	21.92	6.80	112.55	318.79
金海湖镇	23.63	7.36	105.85	245.44
刘家店镇	17.43	7.03	95.37	279.12
马昌营镇	11.99	7.70	86.37	253.47
马坊镇	12.44	7.84	55.78	257.60
南独乐河镇	18.78	6.97	103.09	230.65
平谷镇	14.30	7.74	71.08	231.99
山东庄镇	18.79	7.31	101.52	280.59
王辛庄镇	16.55	7.51	86.28	291.54
夏各庄镇	14.29	7.66	77.75	262.48
熊儿寨乡	21.65	7.10	83.10	391.79
峪口镇	12.32	7.52	88.07	257.53
镇罗营镇	22.11	6.97	82.54	450.10
全区	16.95	7.58	81.42	256.39

注：面积加权平均值区别于样点均值，面积加权平均值=∑(评价单元面积*单元值)/耕地总面积。

2. 耕地质量等级划分与分析

根据耕地评价函〔2019〕87号文、《耕地质量等级》（GB/T 33469-2016）、《耕地地力评价技术规程》（DB11/T 1083-2014），采用累加法计算耕地质量综合指数，并根据耕地质量等级分级标准对平谷区耕地质量进行等级划分(图4-41)。

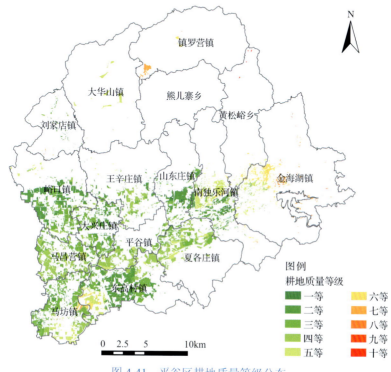

图 4-41　平谷区耕地质量等级分布

全区耕地质量等级在各等级均有不同程度的分布，其中全区耕地质量等级呈中部、南部低，南北部高的趋势。其中一等和二等主要分布在大兴庄镇和山东庄镇；三等和四等主要分布在马昌营镇、平谷镇和夏各庄镇；五等主要分布在大华山镇和南独乐河镇；六等主要分布在黄松峪乡和金海湖镇；七等和八等主要分布在熊儿寨乡和镇罗营镇；九等和十等主要分布在黄松峪乡和金海湖镇。

依据耕地质量等级划分图，统计不同乡镇各等级耕地的面积占比（表4-11）。全区耕地质量等级在各等级均有不同程度的分布，其中耕地质量等级为十等的耕地面积所占比例最低，仅占全区总耕地面积的0.05%；一等耕地面积所占比例为0.64%；二等耕地面积所占比例为6.90%；三等和四等耕地面积所占比例分别为18.83%和34.66%；五等和六等耕地面积所占比例最大，分别为26.84%和9.15%；七等和八等耕地面积所占比例分别为2.18%和0.65%，九等耕地面积所占比例相对较低，为0.1%。其中，三等及以上面积为3089.55hm²，占全区总耕地面积的26.37%；四等、五等和六等面积为8279.59hm²，占全区总耕地面积的70.65%；七等及以下面积为349.59hm²，占全区总耕地面积的2.98%。

表 4-11　平谷区耕地质量等级划分面积占比表

乡镇名称	一等 面积/hm²	一等 比例/%	二等 面积/hm²	二等 比例/%	三等 面积/hm²	三等 比例/%	四等 面积/hm²	四等 比例/%	五等 面积/hm²	五等 比例/%	六等 面积/hm²	六等 比例/%	七等 面积/hm²	七等 比例/%	八等 面积/hm²	八等 比例/%	九等 面积/hm²	九等 比例/%	十等 面积/hm²	十等 比例/%
大华山镇							497.75	4.25	42.62	0.36	73.53	0.63	0.76	0.01						
大兴庄镇			95.25	0.81	203.93	1.74	516.30	4.41	46.53	0.40	0.14	<0.01								
东高村镇			317.37	2.71	607.17	5.18			283.98	2.42	279.94	2.39	16.09	0.14			0.68	0.01		
黄松峪乡									22.35	0.19	25.12	0.21	14.96	0.13					6.35	0.05
金海湖镇									211.12	1.80	235.40	2.01	104.61	0.89	63.09	0.54	11.11	0.09		
刘家店镇			9.31	0.08	6.39	0.05	31.14	0.27	9.06	0.08	1.15	0.01	0.12	<0.01	7.95	0.07				
马昌营镇					16.81	0.14	477.47	4.07	622.94	5.32	56.35	0.48								
马坊镇					97.05	0.83	834.95	7.12	312.93	2.67	142.51	1.22	13.34	0.11	2.35	0.02				
南独乐河镇	34.90	0.30	183.70	1.57	149.83	1.28	47.70	0.41	422.71	3.61	160.48	1.37	12.14	0.10						
平谷镇					0.17	<0.01	191.92	1.64	394.97	3.37	24.23	0.21								
山东庄镇	39.79	0.34	141.13	1.20	252.07	2.15	135.86	1.16	12.79	0.11										
王辛庄镇			58.76	0.50	39.17	0.33	381.08	3.25	65.35	0.56	2.01	0.02	0.38	<0.01						
夏各庄镇					3.82	0.03	401.47	3.43	605.27	5.16	32.94	0.28	3.05	0.03						
熊儿寨乡													0.47	<0.01						
峪口镇			2.88	0.02	830.08	7.08	545.97	4.66	92.59	0.79	38.99	0.33								
镇罗营镇													89.72	0.77	2.44	0.02	<0.01	<0.01		
全区	74.69	0.64	808.38	6.90	2206.48	18.83	4061.61	34.66	3145.22	26.84	1072.76	9.15	255.62	2.18	75.82	0.65	11.8	0.1	6.35	0.05

　　在全区各乡镇中，耕地质量等级为一等耕地除南独乐河镇和山东庄镇外，其他乡镇均无分布；二等耕地主要集中在东高村镇和南独乐河镇，占全区总耕地面积的比例分别为 2.71%和 1.57%；三等耕地主要集中在峪口镇和东高村镇，所占比例分别为 7.08%和 5.18%；四等耕地在全区大部分乡镇均有不同程度的分布，其中主要集中在马坊镇和峪口镇，所占比例分别为 7.12%和 4.66%；五等和六等耕地分别主要集中在马昌营镇和东高村镇；七等耕地主要集中在金海湖镇，所占比例为 0.89%；八等耕地主要集中在金海湖镇，所占比例为 0.54%；九等和十等耕地分别主要集中在金海湖镇和黄松峪乡，分别占全区总耕地面积的 0.09%和 0.05%，耕地质量条件满足农业生产需求。

第五章

旱作区耕地土壤障碍与肥沃耕层构建潜力及对策

【内容概要】本章提出了旱作区耕地土壤障碍与肥沃耕层构建潜力及对策，明确了肥沃耕层构建的指标、阈值，以及耕地质量提升对策。

第一节　旱作区肥沃耕层表征

一、旱作区典型肥沃耕层指标分析

土壤是农业生产的重要物质条件，其中肥沃土壤是保证农业丰产的重要条件，是化肥养分转化、迁移和作物吸收的场所。地力因素一方面影响土壤蓄纳和稳定供应养分的能力，另一方面影响微生物活性和根系生长，进而影响养分在土壤-作物系统中的高效循环利用。消减土壤障碍、提高土壤生产力是土壤学研究的重点和热点问题之一。加强耕地质量提升、改良土壤障碍因子也是提高旱作区耕地综合质量的重要方式。

耕层结构的合理性直接关系作物的高产、稳产和可持续发展。良好的耕层构造应具备以下能力：土壤容重保持、调节能力，协调并使土壤具有适宜的水肥气热条件；能促进耕层中的矿质化作用，加速养分释放，为作物根系提供良好的土壤环境；促进耕层内腐殖化，保存和积累有机质，培肥土壤。我国土壤资源极为丰富，农业利用方式复杂，高、中、低产田肥沃耕层土壤的性状也不尽相同。由于旱作区经度和纬度跨越均较大，成土条件、土壤环境、耕作形式和生产经营方式等自然因素和人为影响因素差异性较为复杂，考虑到肥沃耕层土壤的性状既有共性，也因土壤类型不同而有其特殊性，按土壤类型、产能高低来确定肥沃耕层指标阈值。

1. 土壤有机质含量

土壤类型为潮土的高产田在 0～10cm 耕层下土壤有机质含量在 5.32～75.51g/kg，平均值为 20.78g/kg；10～20cm 耕层下土壤有机质含量在 4.25～66.77g/kg，平均值为 15.84g/kg；20～30cm 耕层下土壤有机质含量在 2.02～52.87g/kg，平均值为 11.04g/kg；30～40cm 耕层下土壤有机质含量在 3.13～46.97g/kg，平均值为 8.99g/kg。土壤类型为潮土的中产田在 0～10cm、10～20cm、20～30cm 和 30～40cm 耕层下的土壤有机质含量平均值分别为 18.64g/kg、13.75g/kg、10.36g/kg 和 8.93g/kg；土壤类型为潮土的低产田在 0～

10cm、10～20cm、20～30cm 和 30～40cm 耕层下的土壤有机质含量平均值分别为15.08g/kg、10.20g/kg、5.98g/kg 和 4.27g/kg。

土壤类型为褐土的高产田在 0～10cm 耕层土壤有机质含量在 9.35～36.27g/kg，平均值为 22.04g/kg；10～20cm 耕层土壤有机质含量在 4.58～34.34g/kg，平均值为 16.06g/kg；20～30cm 耕层土壤有机质含量在 5.67～26.79g/kg，平均值为 11.41g/kg；30～40cm 耕层土壤有机质含量在 4.53～18.85g/kg，平均值为 9.42g/kg。土壤类型为褐土的中产田在 0～10cm、10～20cm、20～30cm 和 30～40cm 耕层土壤有机质含量平均值分别为 26.16g/kg、18.63g/kg、13.37g/kg 和 9.17g/kg；土壤类型为褐土的低产田在 0～10cm、10～20cm、20～30cm 和 30～40cm 耕层土壤有机质含量平均值分别为 23.31g/kg、14.07g/kg、7.60g/kg 和 5.91g/kg。

土壤类型为黑土的高产田在 0～10cm 耕层土壤有机质含量在 16.80～71.15g/kg，平均值为 33.84g/kg；10～20cm 耕层土壤有机质含量在 11.96～63.36g/kg，平均值为 29.08g/kg；20～30cm 耕层土壤有机质含量在 9.75～51.09g/kg，平均值为 22.79g/kg；30～40cm 耕层土壤有机质含量在 7.53～42.29g/kg，平均值为 19.32g/kg。土壤类型为黑土的中产田在 0～10cm、10～20cm、20～30cm 和 30～40cm 耕层土壤有机质含量平均值分别为 22.57g/kg、16.48g/kg、13.06g/kg 和 10.43g/kg；土壤类型为黑土的低产田在 0～10cm、10～20cm、20～30cm 和 30～40cm 耕层土壤有机质含量平均值分别为 15.79g/kg、13.98g/kg、10.76g/kg 和 9.24g/kg（表 5-1）。

表 5-1　旱作区不同土壤类型下不同产能耕地有机质含量变化　　（单位：g/kg）

土壤类型	产田类型	0～10cm			10～20cm			20～30cm			30～40cm		
		最大值	最小值	平均值	最大值	最小值	平均值	最大值	最小值	平均值	最大值	最小值	平均值
潮土	高产田	75.51	5.32	20.78	66.77	4.25	15.84	52.87	2.02	11.04	46.97	3.13	8.99
	中产田	71.43	4.96	18.64	61.43	3.91	13.75	62.75	2.56	10.36	46.91	2.58	8.93
	低产田	22.40	7.76	15.08	15.44	4.96	10.20	8.69	3.26	5.98	7.26	1.28	4.27
褐土	高产田	36.27	9.35	22.04	34.34	4.58	16.06	26.79	5.67	11.41	18.85	4.53	9.42
	中产田	79.28	8.22	26.16	51.77	8.73	18.63	44.48	4.29	13.37	36.50	2.28	9.17
	低产田	28.53	16.10	23.31	19.68	10.51	14.07	9.59	5.75	7.60	6.96	3.34	5.91
黑土	高产田	71.15	16.80	33.84	63.36	11.96	29.08	51.09	9.75	22.79	42.29	7.53	19.32
	中产田	29.41	17.14	22.57	21.40	11.72	16.48	21.86	5.43	13.06	22.82	6.33	10.43
	低产田	22.32	9.47	15.79	19.18	9.12	13.98	15.74	4.16	10.76	14.33	3.79	9.24

不同土壤类型的肥沃耕层土壤有机质含量阈值不尽相同，从大到小依次为：黑土＞褐土＞潮土。对于同一种土壤类型，随着耕层深度的不断增加，土壤所需有机质含量在不断减少；对于同一种土壤类型，高产田、中产田和低产田所需有机质含量也不尽相同，从大到小依次为高产田＞中产田＞低产田（图 5-1）。

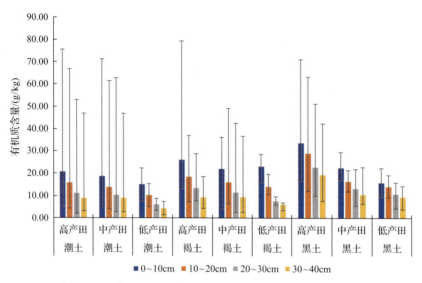

图 5-1　旱作区不同土壤类型、不同产田下有机质含量变化

2. 土壤含水量

　　土壤类型为潮土的高产田在 0～10cm 耕层土壤含水量在 3.25%～24.27%，平均值为 15.63%；10～20cm 耕层土壤含水量在 4.78%～25.39%，平均值为 13.72%；20～30cm 耕层下土壤含水量在 5.00%～25.58%，平均值为 13.57%；30～40cm 耕层土壤含水量在 6.68%～24.64%，平均值为 14.86%。土壤类型为潮土的中产田在 0～10cm、10～20cm、20～30cm 和 30～40cm 耕层土壤含水量平均值分别为 16.93%、16.45%、17.98% 和 19.32%；土壤类型为潮土的低产田在 0～10cm、10～20cm、20～30cm 和 30～40cm 耕层土壤含水量平均值分别为 20.66%、18.22%、21.67% 和 24.41%。

　　土壤类型为黑钙土的高产田在 0～10cm 耕层土壤含水量在 8.79%～24.55%，平均值为 16.57%；10～20cm 耕层土壤含水量在 12.57%～23.12%，平均值为 18.71%；20～30cm 耕层土壤含水量在 10.23%～25.19%，平均值为 19.36%；30～40cm 耕层下土壤含水量在 11.65%～24.71%，平均值为 19.71%。土壤类型为黑钙土的中产田在 0～10cm、10～20cm、20～30cm 和 30～40cm 耕层土壤含水量平均值分别为 10.75%、12.69%、13.78% 和 13.55%；土壤类型为黑钙土的低产田在 0～10cm、10～20cm、20～30cm 和 30～40cm 耕层土壤含水量平均值分别为 8.00%、11.55%、12.45% 和 9.87%。

　　土壤类型为黑土的高产田在 0～10cm 耕层土壤含水量在 12.79%～26.56%，平均值为 17.00%；10～20cm 耕层土壤含水量在 10.83%～27.28%，平均值为 18.69%；20～30cm 耕层土壤含水量在 10.77%～27.27%，平均值为 18.11%；30～40cm 耕层土壤含水量在 10.23%～26.78%，平均值为 18.59%。土壤类型为黑土的中产田在 0～10cm、10～20cm、20～30cm 和 30～40cm 耕层土壤含水量平均值分别为 22.00%、20.88%、21.16% 和 21.52%；土壤类型为黑土的低产田在 0～10cm、10～20cm、20～30cm 和 30～40cm 耕层土壤含水量平均值分别为 22.97%、21.36%、24.64% 和 26.33%（表 5-2）。

表 5-2　旱作区不同土壤类型下不同产能耕地含水量变化　　　（单位：%）

土壤类型	产田类型	0～10cm			10～20cm			20～30cm			30～40cm		
		最大值	最小值	平均值	最大值	最小值	平均值	最大值	最小值	平均值	最大值	最小值	平均值
潮土	高产田	24.27	3.25	15.63	25.39	4.78	13.72	25.58	5.00	13.57	24.64	6.68	14.86
	中产田	27.55	5.56	16.93	25.73	9.66	16.45	26.36	9.98	17.98	30.54	8.79	19.32
	低产田	22.78	6.89	20.66	27.96	11.05	18.22	28.13	12.69	21.67	32.82	14.93	24.41
黑钙土	高产田	24.55	8.79	16.57	23.12	12.57	18.71	25.19	10.23	19.36	24.71	11.65	19.71
	中产田	15.11	4.73	10.75	15.07	7.89	12.69	18.98	2.77	13.78	17.32	6.77	13.55
	低产田	10.21	5.58	8.00	15.36	5.69	11.55	16.57	5.57	12.45	16.55	3.74	9.87
黑土	高产田	26.56	12.79	17.00	27.28	10.83	18.69	27.27	10.77	18.11	26.78	10.23	18.59
	中产田	27.76	13.88	22.00	26.79	14.00	20.88	28.38	16.34	21.16	31.96	17.68	21.52
	低产田	26.44	11.96	22.97	26.88	11.00	21.36	29.66	16.66	24.64	35.67	16.33	26.33

　　不同土壤类型的肥沃耕层土壤含水量不尽相同，从大到小依次为：黑土＞潮土＞黑钙土。对于土壤类型为黑钙土的产田，随着耕层深度的不断增加，土壤含水量总体上在不断增加；土壤类型为潮土和黑土的产田，高产田、中产田和低产田土壤含水量从大到小依次为低产田＞中产田＞高产田；土壤类型为黑钙土的产田，高产田、中产田和低产田土壤含水量从大到小依次为高产田＞低产田＞中产田（图 5-2）。

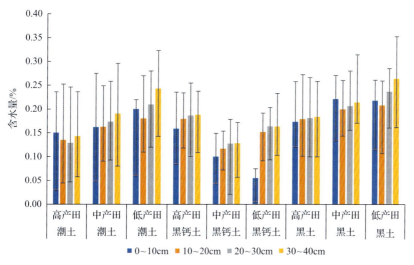

图 5-2　旱作区不同土壤类型、不同产能下土壤含水量变化

3. 土壤容重

　　土壤类型为潮土的高产田在 0～10cm 耕层土壤容重在 1.05～1.64g/cm³，平均值为 1.39g/cm³；10～20cm 耕层土壤容重在 1.16～1.69g/cm³，平均值为 1.49g/cm³；20～30cm

耕层土壤容重在 1.26~1.64g/cm³，平均值为 1.50g/cm³；30~40cm 耕层土壤容重在 1.29~1.66g/cm³，平均值为 1.51g/cm³。土壤类型为潮土的中产田在 0~10cm、10~20cm、20~30cm 和 30~40cm 耕层土壤容重平均值分别为 1.38g/cm³、1.55g/cm³、1.54g/cm³ 和 1.54g/cm³；土壤类型为潮土的低产田在 0~10cm、10~20cm、20~30cm 和 30~40cm 耕层土壤容重平均值分别为 1.35g/cm³、1.50g/cm³、1.55g/cm³ 和 1.60g/cm³。

土壤类型为黑钙土的高产田在 0~10cm 耕层土壤容重在 1.04~1.31g/cm³，平均值为 1.13g/cm³；10~20cm 耕层土壤容重在 1.26~1.58g/cm³，平均值为 1.41g/cm³；20~30cm 耕层土壤容重在 1.30~1.59g/cm³，平均值为 1.41g/cm³；30~40cm 耕层土壤容重在 1.31~1.58g/cm³，平均值为 1.42g/cm³。土壤类型为黑钙土的中产田在 0~10cm、10~20cm、20~30cm 和 30~40cm 耕层土壤容重平均值分别为 1.44g/cm³、1.62g/cm³、1.55g/cm³ 和 1.53g/cm³；土壤类型为黑钙土的低产田在 0~10cm、10~20cm、20~30cm 和 30~40cm 耕层土壤容重平均值分别为 1.40g/cm³、1.65g/cm³、1.67g/cm³ 和 1.70g/cm³。

土壤类型为黑土的高产田在 0~10cm 耕层土壤容重在 0.97~1.59g/cm³，平均值为 1.28g/cm³；10~20cm 耕层土壤容重在 1.17~1.64g/cm³，平均值为 1.46g/cm³；20~30cm 耕层土壤容重在 1.20~1.71g/cm³，平均值为 1.46g/cm³；30~40cm 耕层土壤容重在 1.33~1.64g/cm³，平均值为 1.47g/cm³。土壤类型为黑土的中产田在 0~10cm、10~20cm、20~30cm 和 30~40cm 耕层土壤容重平均值分别为 1.48g/cm³、1.58g/cm³、1.54g/cm³ 和 1.54g/cm³；土壤类型为黑土的低产田在 0~10cm、10~20cm、20~30cm 和 30~40cm 耕层土壤容重平均值分别为 1.49g/cm³、1.51g/cm³、1.52g/cm³ 和 1.45g/cm³（表 5-3）。

表 5-3　旱作区不同土壤类型下不同产能耕地土壤容重含量变化　（单位：g/cm³）

土壤类型	产田类型	0~10cm			10~20cm			20~30cm			30~40cm		
		最大值	最小值	平均值	最大值	最小值	平均值	最大值	最小值	平均值	最大值	最小值	平均值
潮土	高产田	1.64	1.05	1.39	1.69	1.16	1.49	1.64	1.26	1.50	1.66	1.29	1.51
	中产田	1.57	1.05	1.38	1.74	1.09	1.55	1.75	1.14	1.54	2.20	1.20	1.54
	低产田	1.59	1.10	1.35	1.60	1.10	1.50	1.57	1.09	1.55	2.30	1.55	1.60
黑钙土	高产田	1.31	1.04	1.13	1.58	1.26	1.41	1.59	1.30	1.41	1.58	1.31	1.42
	中产田	1.61	1.18	1.44	1.76	1.57	1.62	1.69	1.35	1.55	1.66	1.32	1.53
	低产田	1.65	1.29	1.40	1.80	1.33	1.65	1.90	1.40	1.67	1.80	1.35	1.70
黑土	高产田	1.59	0.97	1.28	1.64	1.17	1.46	1.71	1.20	1.46	1.64	1.33	1.47
	中产田	1.61	1.33	1.48	1.72	1.47	1.58	1.63	1.44	1.54	1.66	1.31	1.54
	低产田	1.57	1.36	1.49	1.58	1.41	1.51	1.58	1.47	1.52	1.54	1.34	1.45

不同土壤类型的肥沃耕层土壤容重相差不大。对于土壤类型为潮土和黑钙土的产田，随着耕层深度的不断增加，土壤容重总体上在不断地增加，但增加的幅度很小；土壤类型为潮土和黑钙土的产田，高产田、中产田和低产田土壤容重从大到小依次为低产田＞中产田＞高产田；土壤类型为黑土的产田，高产田土壤容重均低于中产田和低产田，而中、低产田土壤容重相差不大(图5-3)。

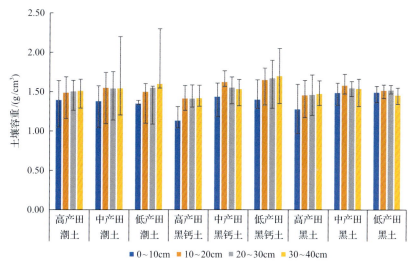

图 5-3　旱作区不同土壤类型、不同产能下土壤容重变化

4. 土壤紧实度

土壤类型为潮土的高产田在 0～10cm 耕层土壤紧实度在 99.13～2074.25kPa，平均值为 563.25kPa；10～20cm 耕层土壤紧实度在 267.58～4196.13kPa，平均值为 1841.79kPa；20～30cm 耕层土壤紧实度在 485.92～4870.17kPa，平均值为 2331.91kPa；30～40cm 耕层土壤紧实度在 620.75～4292.33kPa，平均值为 2278.96kPa。土壤类型为潮土的中产田在 0～10cm、10～20cm、20～30cm 和 30～40cm 耕层土壤紧实度平均值分别为 586.44kPa、2038.96kPa、2343.47kPa、2326.64kPa；土壤类型为潮土的低产田在 0～10cm、10～20cm、20～30cm 和 30～40cm 耕层土壤紧实度平均值分别为 164.00kPa、2546.78kPa、2553.26kPa 和 2696.55kPa。

土壤类型为褐土的高产田在 0～10cm 耕层土壤紧实度在 95.00～1345.42kPa，平均值为 586.80kPa；10～20cm 耕层土壤紧实度在 612.31～3432.83kPa，平均值为 1912.98kPa；20～30cm 耕层土壤紧实度在 721.75～3912.83kPa，平均值为 2329.91kPa；30～40cm 耕层土壤紧实度在 779.50～4073.83kPa，平均值为 2412.92kPa。土壤类型为褐土的中产田在 0～10cm、10～20cm、20～30cm 和 30～40cm 耕层土壤紧实度平均值分别为 451.63kPa、1840.96kPa、2365.10kPa、2366.37kPa；土壤类型为褐土的低产田在 0～10cm、10～20cm、20～30cm 和 30～40cm 耕层土壤紧实度平均值分别为 423.01kPa、1594.10kPa、2175.62kPa

和 1975.15kPa。

　　土壤类型为黑钙土的高产田在 0～10cm 耕层土壤紧实度在 163.75～1132.58kPa，平均值为 470.06kPa；10～20cm 耕层土壤紧实度在 540.58～2363.08kPa，平均值为 1439.54kPa；20～30cm 耕层土壤紧实度在 638.25～2001.08kPa，平均值为 1448.18kPa；30～40cm 耕层土壤紧实度在 537.75～2013.94kPa，平均值为 1410.72kPa。土壤类型为黑钙土的中产田在 0～10cm、10～20cm、20～30cm 和 30～40cm 耕层土壤紧实度平均值分别为 464.11kPa、1515.12kPa、1790.78kPa、1758.27kPa；土壤类型为黑钙土的低产田在 0～10cm、10～20cm、20～30cm 和 30～40cm 耕层土壤紧实度平均值分别为 434.46kPa、1678.46kPa、2210.92kPa 和 2165.42kPa。

　　土壤类型为黑土的高产田在 0～10cm 耕层土壤紧实度在 81.88～1584.08kPa，平均值为 633.62kPa，10～20cm 耕层土壤紧实度在 342.00～3855.25kPa，平均值为 1625.65kPa；20～30cm 耕层土壤紧实度在 666.83～4053.75kPa，平均值为 1794.99kPa；30～40cm 耕层土壤紧实度在 609.58～3885.50kPa，平均值为 1729.08kPa。土壤类型为黑土的中产田在 0～10cm、10～20cm、20～30cm 和 30～40cm 耕层土壤紧实度平均值分别为 503.45kPa、1349.87kPa、1496.71kPa、1624.34kPa；土壤类型为黑土的低产田在 0～10cm、10～20cm、20～30cm 和 30～40cm 耕层土壤紧实度平均值分别为 363.58kPa、1080.50kPa、1305.67kPa 和 1303.29kPa（表 5-4）。

表 5-4　旱作区不同土壤类型、不同产能土壤紧实度变化　　　（单位：kPa）

土壤类型	产田类型	0～10cm			10～20cm			20～30cm			30～40cm		
		最大值	最小值	平均值	最大值	最小值	平均值	最大值	最小值	平均值	最大值	最小值	平均值
潮土	高产田	2074.25	99.13	563.25	4196.13	267.58	1841.79	4870.17	485.92	2331.91	4292.33	620.75	2278.96
	中产田	1538.00	58.83	586.44	4493.75	715.75	2038.96	3961.83	1092.42	2343.47	4075.50	865.50	2326.64
	低产田	279.48	48.52	164.00	4868.45	953.82	2546.78	2678.45	1864.45	2553.26	3978.16	1052.89	2696.55
褐土	高产田	1345.42	95.00	586.80	3432.83	612.31	1912.98	3912.83	721.75	2329.91	4073.83	779.50	2412.92
	中产田	1095.25	235.67	451.63	3665.83	741.92	1840.96	3970.17	1385.75	2365.10	3550.75	1506.50	2366.37
	低产田	583.67	191.29	423.01	1911.75	1242.00	1594.10	3628.25	1075.17	2175.62	3346.42	1216.08	1975.15
黑钙土	高产田	1132.58	163.75	470.06	2363.08	540.58	1439.54	2001.08	638.25	1448.18	2013.94	537.75	1410.72
	中产田	850.75	207.13	464.11	2262.58	465.63	1515.12	2854.88	1219.08	1790.78	2423.75	1109.75	1758.27
	低产田	615.42	89.13	434.46	2294.25	354.79	1678.46	3012.46	1768.25	2210.92	2694.45	1956.24	2165.42
黑土	高产田	1584.08	81.88	633.62	3855.25	342.00	1625.65	4053.75	666.83	1794.99	3885.50	609.58	1729.08
	中产田	1874.42	175.25	503.45	2550.25	577.50	1349.87	2785.50	888.42	1496.71	2817.50	957.25	1624.34
	低产田	485.50	132.00	363.58	1615.75	445.50	1080.50	1791.25	741.50	1305.67	1581.25	1000.50	1303.29

　　不同土壤类型的肥沃耕层土壤紧实度相差不大。对于同一种土壤类型，随着耕层深度的不断增加，土壤紧实度总体上在不断地增加，10～20cm 相对于 0～10cm 耕层土壤

紧实度增加幅度较大,10～20cm以后增加幅度很小;土壤类型为潮土、褐土和黑土的产田,高产田、中产田和低产田土壤紧实度从大到小依次为:高产田>中产田>低产田,土壤类型为黑钙土的高、中、低产田的土壤紧实度相差不大(图5-4)。

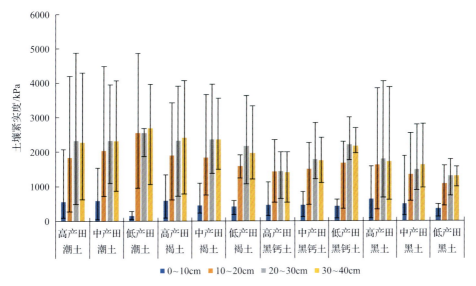

图 5-4　旱作区不同土壤类型、不同产田下土壤紧实度变化

二、典型土壤类型肥沃耕层评价指标体系及阈值

针对旱作区典型土壤类型,基于田间尺度试验观测和区域采样调查统计分析提出旱作区耕地评价指标体系。

基于田间试验观测,针对棕壤,考虑丰水年与枯水年产量,选择37块不同产量地块,通过测产和田间剖面分层观测,对作物产量与耕层(耕作层和犁底层)、和心土层理化指标进行相关分析,并基于主成分分析法降维剔除冗余指标,最终确定肥沃耕层评价指标体系。进一步用产量与评价指标进行拟合分析,以产量多年平均值及产量稳定性的前1/3作为高产的分界值,确定肥沃耕层评价指标阈值。针对潮土和砂姜黑土,选择37块不同产量地块,通过测产和田间剖面分层观测,根据指标与产量显著性,确定评价指标,由产量与指标关系确定阈值。

基于区域采样调查统计分析,针对黑土、黑钙土、暗棕壤和褐土等典型土类,综合考虑耕层(耕作层和犁底层)土壤的结构性和功能性,结合农用地分等定级成果,选择土层厚度、土壤容重、土壤紧实度、黏砂比、有效磷含量、有机质含量等作为肥沃耕层评价指标。利用概率累积曲线(戒上型指标按累积概率曲线75%以上,峰值型指标按累积概率的40%～60%,戒下型指标按累积概率曲线25%以下)确定典型土壤类型肥沃耕层指标及阈值(表5-5)。

表 5-5　典型土壤类型肥沃耕层评价指标及阈值

土壤层次	土类	结构性指标						功能性指标							
		土层厚度/cm	黏砂比	容重/(g/cm³)	紧实度/kPa	总孔隙度/%	田间持水量/%	有机质含量/(g/kg)	全氮含量/(g/kg)	全磷含量/(g/kg)	全钾含量/(g/kg)	碱解氮含量/(mg/kg)	有效磷含量/(mg/kg)	速效钾含量/(mg/kg)	阳离子交换量/(cmol/kg)
表土层*（耕作层）	潮土*						>21.50	>22.34			>35.29	>129.19		>159.20	>15.06
	潮土	>17.50	5.00~7.00	1.42~1.47	<942.00			>17.18					13.41~42.10		
	褐土	>15.00	5.00~7.00	1.48~1.51	<980.00			>18.91					35.27~62.20		
	黑钙土	>20.00	6.00~10.00	1.33~1.41	<722.00			>34.59					21.00~35.28		
	黑土	>20.00	11.00~13.00	1.43~1.52	<780.00			>26.49					35.20~59.84		
	棕壤	>17.50	4.00~5.00	1.45~1.50	<812.00			>17.73					16.30~28.00		
	棕壤*				<300.00						16.00~25.00	100.00~125.00	15.00~22.50		
	暗棕壤	>20.00	13.00~20.00	1.30~1.35	<621.00			>40.63					16.82~48.68		
	砂姜黑土*	>18.00		<1.38	<923.00			>25.63	>1.06	>0.65	>14.50	>114.00	>29.50	>157.00	
	棕壤*	15.00~26.00			<750.00								5.00~15.00		
表土层*（稳定层）	潮土*	>9.31					>18.36	>18.26	>1.59		>33.36	>111.43		>136.62	
犁底层	潮土*	<11.33					<19.50	>11.75	>1.09			>77.25			
	潮土		13.00~17.00	1.48~1.52	<1385.00			>10.66							

续表

土壤层次	土类	结构性指标						功能性指标							
		土层厚度/cm	黏砂比	容重/(g/cm³)	紧实度/kPa	总孔隙度/%	田间持水量/%	有机质含量/(g/kg)	全氮含量/(g/kg)	全磷含量/(g/kg)	全钾含量/(g/kg)	碱解氮含量/(mg/kg)	有效磷含量/(mg/kg)	速效钾含量/(mg/kg)	阳离子交换量/(cmol/kg)
犁底层	褐土		5.00~7.00	1.52~1.16	<1600.00			>10.27							
	黑钙土		8.00~11.00	1.37~1.49	<1008.00			>26.16							
	黑土		13.00~16.00	1.46~1.53	<1065.00			>24.77							
	棕壤*	4.00~10.00		1.30~1.50		40.00~50.00									
	棕壤		5.00~7.00	1.48~1.50	<1090.00			>13.24							
	暗棕壤		15.00~21.00	1.43~1.50	<1190.00			>28.87							
心土层	潮土*						<23.77	>7.73	>0.97			>58.47			
	棕壤*			<1.40		>50.00		5.00~10.00							

注：加"*"表示基于田块尺度上的肥沃耕层评价指标及阈值；非加"*"表示基于区域尺度上的肥沃耕层评价指标及阈值。

第二节　旱作区典型土壤障碍因子

　　土壤障碍因子是指土壤中含有某些不利于作物生长发育的因素或缺乏某种营养元素，严重影响作物的生长发育，土壤障碍因子是制约人们利用土壤的主要因素。要从土壤中获取更高的经济效益，必须查清土壤的障碍因子，有针对性地对土壤加以改造，从而提高其生产能力。土壤改良是指针对土壤的不良性状和障碍因素，采取相应的物理或化学措施，改良土壤性状，提高土壤肥力，增加作物产量，以及改善人类生存的土壤环境的过程。

　　基于测试分析和现状调查，以旱作区不同类型、不同土层土壤为对象，利用概率累积曲线，综合考虑各指标阈值对作物生长和产量的响应情况，确定旱作区土壤障碍划分标准，以不同土壤类型下有机质障碍因子(瘠瘦限制)为重点加以阐述(表 5-6)。

表 5-6　旱作区不同土壤类型障碍因子划分标准

土类	耕作层				犁底层			
	有机质含量/(g/kg)	容重/(g/cm³)	紧实度/(kPa)	黏砂比/%	有机质含量/(g/kg)	容重/(g/cm³)	紧实度/(kPa)	黏砂比/%
暗棕壤	<25.56	<1.22 或>1.38	>1083	<8 或>21	<13.71	<1.39 或>1.57	>1771	<8 或>22
棕壤	<10.84	<1.42 或>1.57	>1200	<3 或>6	<8.12	<1.44 或>1.56	>1860	<3 或>8
褐土	<13.51	<1.45 或>1.55	>1814	<4 或>10	<5.9	<1.50 或>1.66	>2890	<4 或>11
黑钙土	<13.56	<1.30 或>1.50	>1348	<5 或>16	<10.93	<1.34 或>1.53	>1802	<7 或>14
黑土	<17.11	<1.37 或>1.53	>1240	<9 或>17	<9.35	<1.41 或>1.57	>1675	<10 或>20
潮土	<10.96	<1.39 或>1.52	>1706	<4 或>10	<5.19	<1.43 或>1.58	>2630	<4 或>12

　　旱作区暗棕壤耕作层瘠瘦限制以无障碍为主，超过暗棕壤面积的 95%，主要分布在黑龙江省，有障碍主要分布在吉林省以及黑龙江省与吉林省交汇处；犁底层瘠瘦限制以无障碍为主，主要分布在黑龙江省，有障碍主要分布在吉林省(图 5-5)。

　　旱作区棕壤耕作层有机质不存在障碍；犁底层以无障碍为主，有障碍的主要分布在辽宁省，少部分分布在河北省(图 5-6)。

　　旱作区褐土主要分布在河北省、河南省和辽宁省，少部分分布在山东省。其中耕作层瘠瘦限制以无障碍为主，主要分布在河北省、河南省和山东省，有障碍主要分布在辽宁省，少部分分布在北京市；犁底层瘠瘦限制以无障碍为主，超过褐土总面积的 98%，

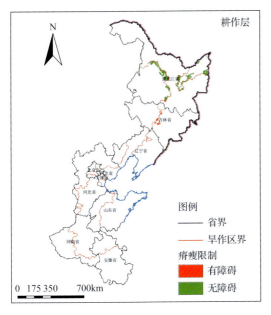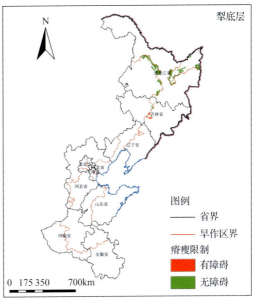

图 5-5　暗棕壤瘠瘦限制空间分布图

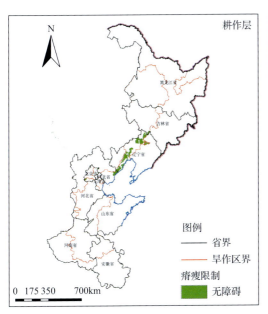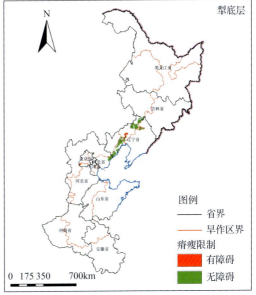

图 5-6　棕壤瘠瘦限制空间分布图

有障碍主要分布在山东省(图 5-7)。

　　旱作区黑钙土主要分布在黑龙江省和吉林省。其中耕作层瘠瘦限制以无障碍为主，超过黑钙土面积的 95%，有障碍主要分布在吉林省；犁底层瘠瘦限制以无障碍为主，超过黑钙土总面积的 90%，有障碍主要分布在吉林省(图 5-8)。

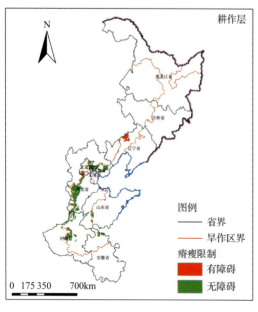
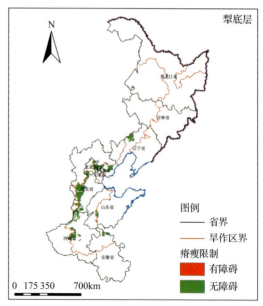

图 5-7　褐土瘠瘦限制空间分布图

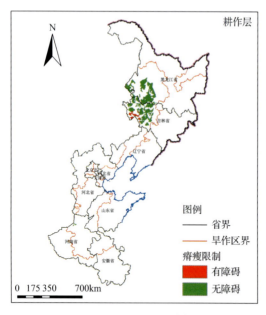
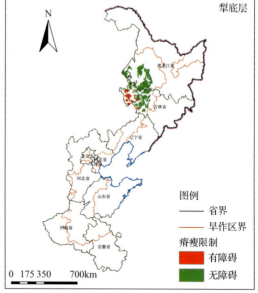

图 5-8　黑钙土瘠瘦限制空间分布图

　　旱作区黑土主要分布在东北三省。其中耕作层瘠瘦限制以无障碍为主，主要分布在黑龙江省和吉林省，有障碍主要分布在辽宁省；犁底层有机质不存在障碍(图 5-9)。

　　旱作区潮土主要分布在河北省、河南省、安徽省和辽宁省，少部分分布在天津市和北京市。其中耕作层瘠瘦限制以无障碍为主，超过潮土面积的 99%，有障碍主要分布在吉林省，面积较少；犁底层瘠瘦限制以无障碍为主，超过褐土面积的 98%，有障碍主要分布在山东省、河北省和河南省三省交会处(图 5-10)。

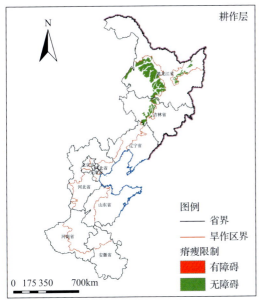
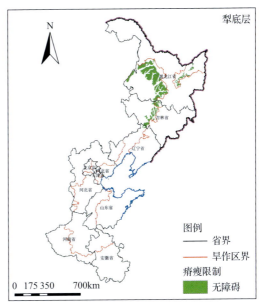

图 5-9　黑土瘠瘦限制空间分布图

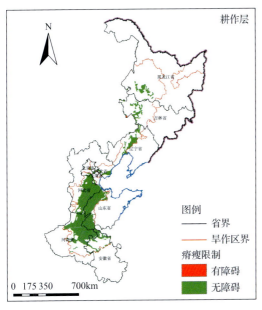
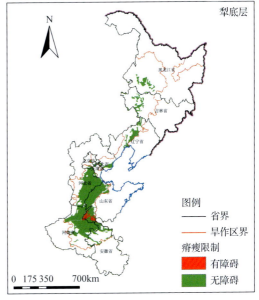

图 5-10　潮土瘠瘦限制空间分布图

第三节　典型土壤类型障碍消减与生产力提升潜力

一、典型土类肥沃耕层培肥措施与技术模式

以东北平原棕壤区为例，开展了耕层状况与作物产量年际变化关系研究，结合肥沃耕层评价指标体系，设置了耕层结构与土壤培肥互作试验，深入研究典型土壤类型肥沃

耕层培肥措施及构建技术。

在东北平原春玉米旱作农田典型代表区选定 37 块样地，全面观测耕层厚度、农田基本概况、土壤耕层构造、物理指标、化学指标、典型土壤全剖面调查（在高、中、低产田分别选择代表性样地 3 块以上，进行土壤全剖面（0～1.2m）调查，调查土体构造、剖面特征、障碍层次等）、作物产量及产量相关性状（图 5-11）。

图 5-11　野外调研与室内分析化验实景

1）秸秆还田方式与秸秆腐解、土壤养分含量关系

在秸秆免耕还田（NTS）、旋耕还田（RTS）和翻耕还田（PTS）处理下，2014 年、2015 年秸秆平均腐解率为 38.8%、78.0%、65.9%；平均碳释放率为 56.5%、78.8%、69.4%；平均氮释放率为 16.7%、53.5%、38.8%；平均磷释放率为 81.3%、92.5%、89.8%；平均钾释放率为 92.0%、99.4%、98.9%。旋耕还田和翻耕还田秸秆腐解速率均表现为前期快、后期慢，秸秆养分释放率均表现为钾＞磷＞碳＞氮。3 种还田方式都有助于提高耕层土壤有机碳和全氮含量，土壤全钾含量差异不显著，旋耕还田的土壤全磷含量显著高于翻耕还田（表 5-7）。综上所述，东北棕壤区玉米秸秆的还田方式建议是旋耕还田。

表 5-7　不同还田方式土壤养分含量比较

年份	处理	有机碳含量/(g/kg)		全氮含量/(g/kg)		全磷含量/(g/kg)		全钾含量/(g/kg)	
		0～15cm	15～25cm	0～15cm	15～25cm	0～15cm	15～25cm	0～15cm	15～25cm
2014 年丰水年	NTS	10.64±0.15[b]	10.40±0.05[b]	1.03±0.04[b]	1.02±0.01[b]	0.90±0.01[ab]	0.84±0.07[ab]	10.57±0.21[a]	10.79±0.01[a]
	RTS	12.29±0.17[a]	9.81±0.07[c]	1.25±0.04[a]	1.02±0.01[b]	0.93±0.02[a]	0.89±0.02[a]	10.87±0.19[a]	10.78±0.32[a]
	PTS	9.94±0.27[c]	11.64±0.18[a]	1.00±0.02[b]	1.12±0.04[a]	0.86±0.03[b]	0.81±0.02[b]	10.38±0.56[a]	10.48±0.39[a]
2015 年枯水年	NTS	10.65±0.47[b]	10.67±0.09[b]	1.21±0.02[b]	1.03±0.10[b]	0.87±0.03[ab]	0.88±0.01[a]	10.88±0.39[a]	10.79±0.33[a]
	RTS	12.30±0.34[a]	10.15±0.42[b]	1.43±0.05[a]	1.08±0.08[b]	0.92±0.03[a]	0.87±0.02[ab]	11.08±0.20[a]	10.98±0.40[a]
	PTS	11.80±0.33[a]	12.62±0.20[a]	1.11±0.02[c]	1.27±0.10[a]	0.85±0.05[b]	0.83±0.04[b]	10.69±0.68[a]	10.68±0.51[a]

2）秸秆还田深度与土壤酶活性、土壤养分关系

与不还田处理相比，深度为 10cm、20cm、30cm 的秸秆还田提高了 0～20cm 土层的土壤有机碳含量，蔗糖酶、脲酶、过氧化氢酶活性，30～40cm 土层的过氧化氢酶活性，但降低了 30～40cm 土层的土壤含水量和 pH。秸秆还田深度 20cm 对 30～40cm 土层的土壤有机质、全氮和硝态氮含量提升效果更显著。还田深度 20cm、30cm 对 10～40cm 土层的蔗糖酶和过氧化氢酶活性提升效果优于还田深度 10cm。还田深度 10cm、20cm 及还田深度 20cm、30cm 分别在 0～20cm 和 20～40cm 土层提升了土壤有机质、全氮和硝态氮含量，并提高了土壤蔗糖酶、脲酶、过氧化氢酶活性。综上所述，还田深度 20cm 有效提升了 0～40cm 土层的土壤有机碳、全氮和硝态氮含量，提高了土壤酶活性，东北棕壤区玉米秸秆还田深度建议为 20cm（图 5-12）。

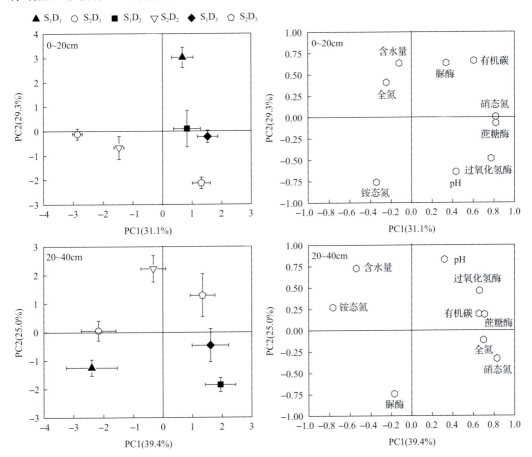

图 5-12　秸秆还田方式处理间土壤理化性质和酶活性的主成分分析

PC1-第一个主成分分析；PC2-第二个主成分分析；S₁D₁-10cm 秸秆还田；S₂D₁-10cm 秸秆移除；
S₁D₂-20cm 秸秆还田；S₂D₂-20cm 秸秆移除；S₁D₃-30cm 秸秆还田；S₂D₃-30cm 秸秆移除

3）秸秆还田方式和施氮量关系

秸秆还田方式、施氮量、年份及其互作用显著影响了籽粒产量。对比不施肥处理，在 2015～2018 年，秸秆旋耕和翻耕还田处理籽粒产量随着施氮量的增加逐渐增

大，施氮量 112kg/hm² 、187kg/hm² 、262kg/hm² 、337kg/hm² 籽粒产量增加幅度分别为 15.5%～57.6%、20.0%～89.1%、17.1%～79.5%、63.0%～125%。但在 2015～2016 年，施氮量超过 262kg/hm² 后，籽粒产量差异不显著，在 2017～2018 年，施氮量超过 187kg/hm² 后差异不显著(图 5-13)。

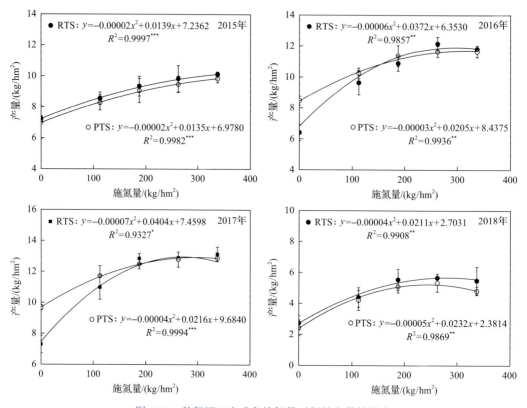

图 5-13　秸秆还田方式和施氮量对籽粒产量的影响

*、**、***代表显著相关性

通过拟合籽粒产量和施氮量的方程(图 5-14)，分别得到 2015～2018 年秸秆旋耕还田达到最高产量的施氮量为 434kgN/hm²、310kgN/hm²、288kgN/hm² 和 264kgN/hm²，秸秆翻耕还田为 450kgN/hm²、342kgN/hm²、270kgN/hm² 和 232kgN/hm²。秸秆旋耕和翻耕还田最适宜施氮量分别为 263kgN/hm² 和 174kgN/hm²，秸秆翻耕还田较旋耕还田最适宜施氮量降低了 33.84%(图 5-14)。

4) 肥沃耕层构建技术与模式

秸秆还田是改善土壤耕层环境、实现地力提升、解决秸秆焚烧问题的根本途径，受制于现有耕作制度，秸秆通常采用全层翻、旋、覆盖还田。但旱作区玉米秸秆还田后腐解缓慢，全层还田不仅导致表土层播种出苗环境恶化，秸秆腐解过程中与作物争夺土壤中氮素，也严重影响玉米生长发育及产量形成。表土层播种出苗环境恶化是制约旱地玉米秸秆还田的关键障碍。改革现有耕作制度，解决秸秆还田播种层土壤环境恶化，缓解氮素竞争，是实现秸秆还田能否实施的关键问题。

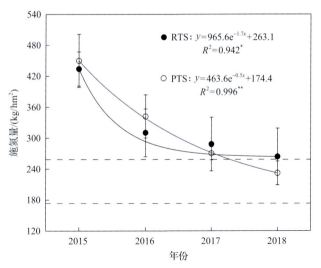

图 5-14　秸秆还田方式最适宜施氮量的年际变化
*、**代表显著相关性

　　基于东北平原棕壤区肥沃耕层评价指标及其特征值、土壤耕作与培肥原理研究，构建了东北平原棕壤区"玉米秸秆间隔深旋还田肥沃耕层构建技术"，集成了"玉米宽窄行栽培秸秆冬前条混肥沃耕层技术模式"和"玉米宽窄行栽培秸秆冬覆春条混肥沃耕层技术模式"，撰写了《玉米秸秆间隔深旋还田全程机械化高产栽培技术规程》。

　　间隔耕作秸秆条带还田，其创造的"虚实相间"耕层构造，兼具免耕与深耕的优点，不仅可有效解决秸秆还田中最为关键的问题，也是旱作区构建肥沃耕层、实现地力提升的有效途径。但以垄作等行距栽培为代表的现有耕作制度，由于其增加了间隔耕作秸秆条带还田机械作业难度，是实现秸秆还田的最大障碍。传统思维是旱地垄作有利于排水，等行距栽培有利于提高种植密度，然而旱地高产栽培需要关注的则是土壤如何蓄水保水，高密度群体冠层如何通风透光，如何因地制宜地科学配置宽窄行行距、确定还田带宽与深度、配套农机具研发等，有针对性地建立不同区域旱地秸秆还田耕作制度，是旱地通过秸秆还田提升地力、改善耕层环境、解决秸秆焚烧的根本出路。

二、典型土类不同耕层障碍因子消减机制及措施

　　以砂姜黑土为例，基于长期定位试验，开展典型土类不同耕层障碍消减研究，提出改良措施。不同模式的秸秆还田处理明显降低了土壤毛管孔隙（<0.03mm）的含量，提高了大孔隙（>0.1mm）的含量，但对土壤中度孔隙（0.03~0.1mm）的影响较小，并影响到土壤孔隙的持水特征（图 5-15）。玉米秸秆还田与化肥氮磷钾的平衡施用对土壤毛管孔隙的影响差异较小，均显著降低了土壤毛管孔隙的分布。秸秆还田对土壤大孔隙的影响则表现为化肥氮磷钾配施下的小麦、玉米双季还田＞小麦秸秆还田＞玉米秸秆还田。长期的秸秆还田与化肥的配施不仅可通过有机质与黏土矿物的复合反应抑制黏粒之间的黏闭行为，且可有效增大土壤主要黏土矿物层间间距，使得黏粒有机质含量的提升不仅仅发生在黏土矿物表面的吸附，而且部分颗粒可以进入到黏土的层间，从而全方位提升土壤有

机质含量(表 5-8)。

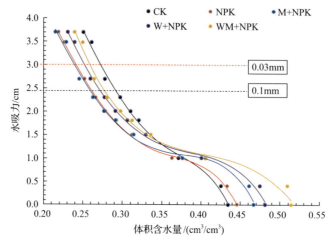

图 5-15 长期秸秆还田模式下土壤水分特征曲线

CK-非秸秆还田,肥料处理;NPK-氮磷钾配肥;M+NPK-氮磷钾配肥下的玉米秸秆还田;

W+NPK-氮磷钾配肥下的小麦秸秆还田;WM+NPK-氮磷钾配肥下的玉米、小麦双季还田

表 5-8 长期秸秆还田对砂姜黑土层间结构的影响

处理	WM+NPK	W+NPK	M+NPK	NPK	CK
还田深度/cm	5.800	5.840	5.842	5.978	5.921
层间距/nm	1.522	1.512	1.511	1.477	1.491

秸秆还田模式下的氮素减量改变了秸秆的腐解周期,并随着时间的推移表现为平常氮肥施用量(冬小麦 225kg/hm^2)减少 10%～20%的情况下土壤速效氮含量较高,与冬小麦养分需求规律达到一致(图 5-16),同时促进了土壤大团聚体的形成,充分提高了氮素利用效率,达到增产高效的目的。

干旱胁迫下,粉煤灰、秸秆碳、秸秆三种材料处理的土壤含水量变化差异较显著。其中秸秆碳处理均提高了土壤的持水能力,但粉煤灰处理则造成土壤水分在干旱胁迫下

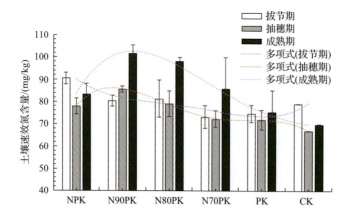

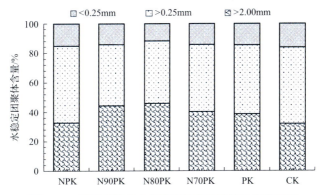

图 5-16 氮素减量对小麦季速效氮及团粒结构的影响

NPK-碳氮磷配肥下的秸秆还田；N90PK-氮素减量 10%下的秸秆还田；N80PK-氮素减量 20%下的秸秆还田；
N70PK-氮素减量 30%下的秸秆还田；PK-磷钾配肥下的秸秆还田；CK-非秸秆还田，肥料处理

迅速下降（图 5-17）。秸秆、秸秆碳处理与对照相比明显降低了土壤速效水相对含量
（5.0%～12.0%），但提高了缓效水（1.2%～5.7%）和迟效水（4.7%～6.4%）的含量。其中以
秸秆碳作用较为明显，降低土壤速效水含量 12.0%，提升土壤缓效水和迟效水含量分别
为 5.7%和 6.4%。粉煤灰与对照相比提高的土壤速效水相对含量为 9.1%，降低了土壤迟
效水的相对含量（7.3%），对土壤缓效水的影响相对较小（图 5-18）。

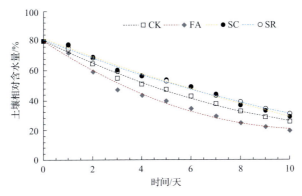

图 5-17 干旱胁迫下土壤相对含水量的变化

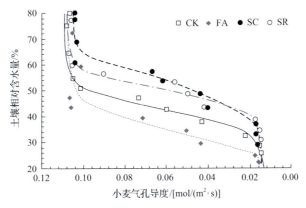

图 5-18 干旱胁迫下土壤持水性与气孔导度关系

CK-非秸秆还田，肥料处理；FA-粉煤灰处理；SC-秸秆碳处理；SR-秸秆处理

三、耕地质量提升对策

针对存在的障碍因子，提出合理化改良措施，实现土地资源的可持续发展和良性循环。

1. 瘠瘦限制改良措施

1) 科学合理施肥

施肥问题是导致土壤污染和营养物质失衡的重要原因，要解决土壤养分的缺失和微量元素的失衡必须提高种植人员对施肥科学的认识，针对种植区土壤存在的问题和种植的作物，合理调整肥料类型和用量。同时，坚持以有机肥为主，并配以适当的化肥，调节土壤中养分和微量元素的结构。

2) 增施有机肥

第一，增加农家肥的施用。农家肥不但来源方便、价格低廉，而且能够为土壤提供多种有机养分，对于难溶性磷酸盐的吸收也是非常有效的，是改良土壤有机质的有效措施。

第二，使秸秆还田。秸秆中富含氮磷钾有机质以及一些微量元素，秸秆还田还有肥沃地力、蓄水保墒的作用，将秸秆归还土壤，可以提高土壤有机质的含量，增加农业生产能力，对于农业生态环境的改善也有很大的帮助。此外，要应用多种形式的科学技术来实施秸秆还田，根据地区特点以及耕地条件推广机械化。因此，秸秆还田的实施，不但可以提高土壤有机质、改善土壤肥力、坚实土壤结构等，而且可以降低环境污染，提高秸秆的利用率。

第三，推广绿肥的施用。所谓绿肥，即把在一定生育时期的青嫩植物收割再进行堆沤形成的肥料或者在田地里直接翻压植物作为肥料。之所以施用绿肥，是因为绿肥的有机质含量较高，它不但可以为土壤提供大量的养分，而且能够合成一定的腐殖质。我们可以从多个途径发展多品种绿肥，绿肥对于低产田的施用效果更为明显，通过绿肥的施用改良土壤有机质含量、增加土壤肥力是一个很有效的措施。

最后，沼气肥也是提高土壤肥力的优质有机肥之一。沼气肥也能提供多种不同的有机养分，而且沼气肥的肥劲稳长、缓速兼备，尤其对于绿色食品、无公害农产品是首选。

3) 有机肥与无机肥配合施用

土壤有机质的改良不但需要有机肥的增施，也要配合一定的无机肥料，进而提高肥料的有效利用率。有机肥与无机肥的施用主要是为了提供土壤的肥力，保证土壤对农作物养分的供给。其中，化学肥料主要用来提高土壤养分的浓度，对农作物供肥迅速、见效快，但对于土壤的改良起较小作用；有机肥虽然所含养分不如化学肥料多，但对于维持土壤肥力、改善土壤有机质起着重要作用。因此，要将有机肥与无机肥相互配合施用，不但要种地，而且要养地，要可持续地使用土壤，提高农作物生产力。

4) 改善土壤的物理性质

有机质在改善土壤物理性质中的作用是多方面的，其中最主要、最直接的作用是改良土壤结构，在腐解过程中合成的腐殖质等有机胶体，可促进团粒结构的形成。由于它松软、呈絮状、多孔，黏结力又比黏粒大 11 倍，黏着力比黏粒小一半，所以黏粒被它包被后，易形成散碎的团粒，能使砂土变紧，黏土变松，土壤的保水、透水性以及通气性都有所改变。同时使土壤耕性也得到改善，耕翻省力，适耕期长，耕作质量也相应地提高。另外，腐殖质对土壤的热状况也有一定影响。主要是它能明显地加深土壤颜色，从而提高土壤的吸热性。同时腐殖质热容量比空气、矿物质和水小，而导热性居中。因此在同样日照条件下，腐殖质质量分数高的土壤土温相对较高，且变幅不大，利于保温和春播作物的早发速长。

5) 促进微生物和土壤动物的活动

土壤微生物生命活动所需要的能量物质及营养物质都直接或间接来源于土壤有机质，土壤有机质能促进各种微生物对物质的转化能力。土壤微生物生物量随着土壤有机质质量分数的增加而增加，两者具有极显著的正相关。但因土壤有机质矿化率低，所以不像新鲜植物残体那样会对微生物产生迅猛的激发效应，而是持久稳定地向微生物提供能源。正因为如此，含有机质多的土壤肥力平稳而持久，不易产生作物猛发或脱肥等现象。

6) 完善相关的政策法规

在增加有机肥投入使用的同时，也要重视耕地的合理使用，前提是要制定相关的政策法规来保证农民对田地的正确经营。农民承包土地需要得到相关部门政策法规的维护，承包者不但要明确自己对土地使用的权利，而且要履行好对地力建设、环境保护的义务，对此承包合同中要有明确的规划。此外，还可以提出一些激励、惩罚的措施来进一步完善耕地合理使用的规定，根据承包者对完成任务的程度实行奖惩。结合不同的地区条件，设定一些具体的任务来制定保养土壤的法规，进而保证土壤的肥力，提升土壤有机质的含量。

2. 土壤质地限制改良措施

1) 客土法

如果在砂地附近有黏土、胶泥土、河泥，可采用搬黏掺砂的办法；黏土地附近有砂土、河砂者可采取搬砂压淤的办法，逐年客土改良，使之达到三泥七砂或四泥六砂的壤土质地范围。但这种方法工程量大、造价高，不适于进行大面积的土壤质地改良。

2) 土层混合法

即通过翻淤压砂或翻砂压淤，如果砂土表层下不深处有淤泥层，黏土表层下不深处有砂土层，可采用深翻或大揭盖。将砂、黏土层翻至表层，经耕、耙使上下砂黏掺混，改变其土质。一般冲积平原地区的土壤母质多具有不同的层次，可采用这种方法来进行表层土壤质地改良。但要求上下层土壤质地差异明显，且下伏土层不能过深，一般不宜超过 50cm，因埋藏过深使得翻压难度过大而难以进行。

3) 培肥土壤，改良质地性状

土壤质地的不良生产性状不仅在于其颗粒组成，也与不同质地的土壤结构状况有关。

通过改变不同质地土壤的结构，往往可以消除质地的不良生产性状。黏质土通过改良其结构状况也可以改变其生产性状。

大量施用有机肥不仅能增加土壤中的养分，而且能改善过砂或过黏土壤的不良性质，增强土壤保水、保肥性能。因为有机肥翻入土壤中形成腐殖质，可增加砂土的黏结性和团聚性，降低黏土的黏结性，促进土壤中团粒结构的形成。因此，施用有机肥对砂土或黏土都有改良作用，它是一种常用的改良措施，其改良效果黏土大于砂土，因为腐殖质在黏土中容易累积，而在砂土中容易分解。施用有机肥提高土壤有机质含量，只是改变了土壤质地的不良性状，并没有改变土壤颗粒的组成，所以，土壤质地类型不会发生改变。在过砂或过黏不良质地的土壤上种植耐瘠薄的草本植物，特别是种植豆科绿肥如沙打旺、草木樨，翻入土中，既可增加土壤的有机质，也可改善土壤质地。

大面积的砂土或黏土短期内难以有效改变其质地状况，必须因地制宜，从选择优势作物、耕作和综合治理着手进行改良。如对于砂土，首先营造防护林、种树种草、防风固沙；其次选择宜种作物(喜温耐旱作物)；三是加强管理，如采取平畦宽垄、种子深播、播后镇压、早施肥、勤施肥、勤浇水、水肥少量多次等措施。对大面积黏质土，根据水源条件种植水稻或水旱轮作，都可收到良好的效果。

第六章

典型耕地质量关键指标数字制图方法与案例研究

【**内容概要**】本章包括两节内容，系统介绍了典型耕地质量关键指标(土壤质地、土壤有机质、土壤有机碳)数字制图方法，并对典型区域进行了相关案例研究。

第一节　基于多平台遥感的关键指标精准反演

一、典型区域土壤质地高光谱反演

以河北旱作区为典型区域，采用网格随机布点(图 6-1)，共取得 101 份土样，以土壤质地为研究对象，基于 Matrix Laboratory(矩阵实验室)、Python(计算机程序设计语言)编程平台进行多种光谱预处理，寻找最佳光谱预处理方式并结合光谱指数进行波段优化，选用线性和非线性模型，通过连续投影算法进行波段遴选，探讨土壤质地较为有效的预测方法。

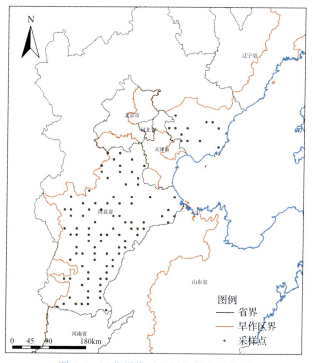

图 6-1　河北旱作区位置及样点分布图

基于四种光谱数据预处理变换,在较优预处理变换的基础上实行 4 种光谱指数运算,利用 SPA "和积"译码算法(SPA)进行波段遴选,采用线性和非线性模型建立起土壤不同粒径含量的预测模型,得出如下主要结论(Xia et al., 2020)。

(1)土壤质地、有机质、容重和含水量之间关系紧密,彼此之间均达到了 $P<0.05$ 水平上的显著相关;土壤不同粒径含量之间也有着密切关系,达到了 $P<0.01$ 水平上的极显著相关,并且砂粒含量与粉粒和黏粒含量呈负相关。

(2)原始光谱数据与土壤不同粒径含量之间的相关性较弱,经不同的预处理变换后,相关性都有了明显的改善,比较其他三种预处理,多元散射校正(MSC)预处理效果最佳,砂粒、粉粒、黏粒含量与光谱反射率之间的相关性均达到最大值,依次为 0.697、0.678 和 0.685,证明 MSC 预处理能够有效去除噪声以及减弱由散射带来的基线漂移等干扰,能增强光谱数据与样本之间的光谱信息,对土壤质地光谱数据有着较好的适用性。

(3)与原始光谱数据建立的光谱指数相比,经 MSC 预处理后的光谱数据建立的光谱指数显著提高了与土壤不同粒径之间的相关性,尤其是 BSI 光谱指数,黏粒相关性从 0.3751 提升至 0.7452,提升度为 98.67%,表明选择合适的预处理变换对光谱指数有着很大的影响。

(4)从模型的预测精度发现,经 SPA 算法和未经 SPA 算法建立的模型精度有较大差异,其中 SPA-DSI-PLSR 模型对土壤粒径含量有着较好的预测结果,砂粒、粉粒、黏粒含量的估算精度 R^2 和 RMSE(均方根误差)分别为:0.82,5.07;0.83,4.23 和 0.85,0.57,土壤质地名称分类精度为 87.5%。表明 SPA 算法能够有效筛选特征光谱变量,简化和缩短模型运算过程,提高模型的预测精度,因此利用高光谱成像技术是能够对土壤粒径含量进行解译的。

使用地物光谱辐射仪获取土壤光谱曲线,对原始光谱进行 S-G 平滑处理,由于光谱两端噪声极大,因此剔除了 350~399nm 和 2481~2500nm 范围内的波段数据。图 6-2 依

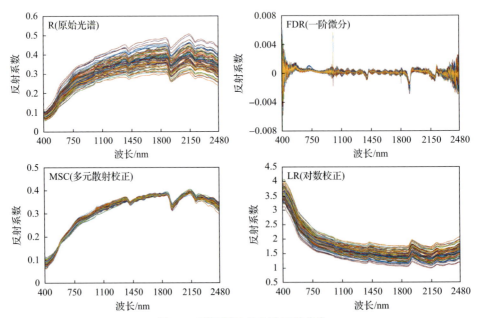

图 6-2　不同预处理光谱反射曲线

次为 R（原始光谱）、FDR（一阶微分）、MSC（多元散射校正）、LR（对数校正）处理后的光谱数据。

　　将平滑后的原始光谱数据和不同预处理变换形式下的光谱数据分别与土壤颗粒含量进行相关性分析（表 6-1）。在波段 400～2480nm 范围内，计算原始光谱下随机两两波段组合的光谱指数，并与土壤颗粒含量进行相关性分析（图 6-3）。

表 6-1　不同光谱预处理与土壤颗粒含量相关性统计分析

指标	预处理变换	相关系数阈值绝对值	数量	相关系数最大绝对值
砂粒	R	0.45	133	0.477
	FDR	0.40	8	0.519
	MSC	0.65	162	0.697
	LR	0.45	199	0.485
黏粒	R	0.45	142	0.477
	FDR	0.40	8	0.509
	MSC	0.65	94	0.678
	LR	0.45	223	0.484
粉粒	R	0.35	155	0.376
	FDR	0.40	6	0.482
	MSC	0.65	154	0.685
	LR	0.35	311	0.392

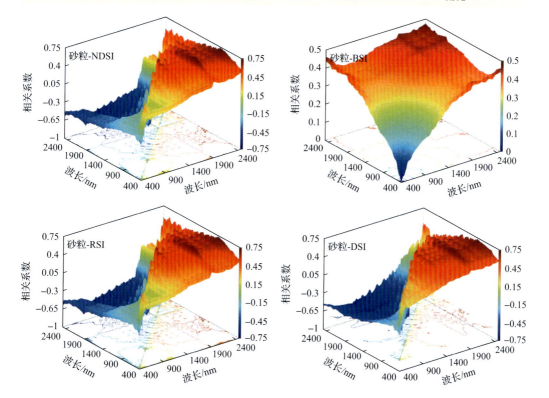

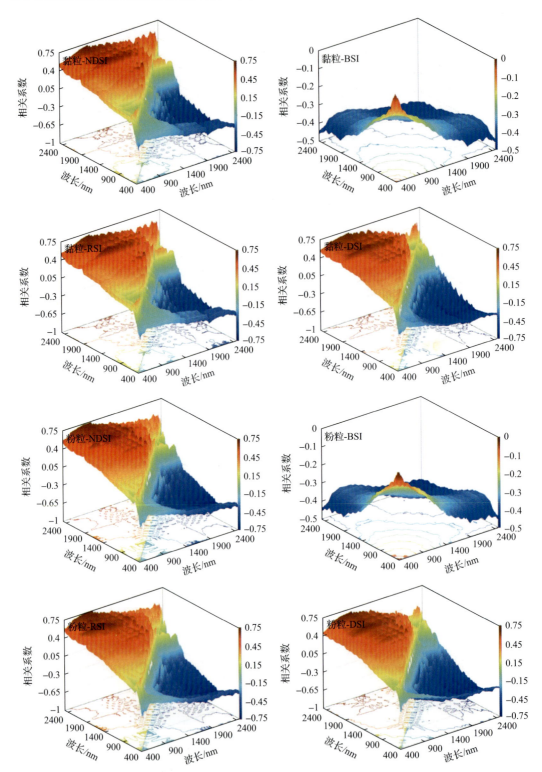

图 6-3　光谱指数与土壤不同颗粒含量相关性三维等势图
NDSI-归一化土指数；BSI-裸土指数；DSI-差值土壤指数；RSI-比值土壤指数

　　为进一步提高光谱指数与土壤颗粒含量的相关性,选取预处理效果最佳的 MSC 形式结合 4 种光谱指数算法进行波段组合(图 6-4)。选取国内外已发表的光谱指数模型,结合本书的 MSC 处理后的光谱数据,按照相应组合波段代入各模型中并与土壤不同颗粒含量做相关性分析,探究其在土壤质地方面的适用性(表 6-2)。

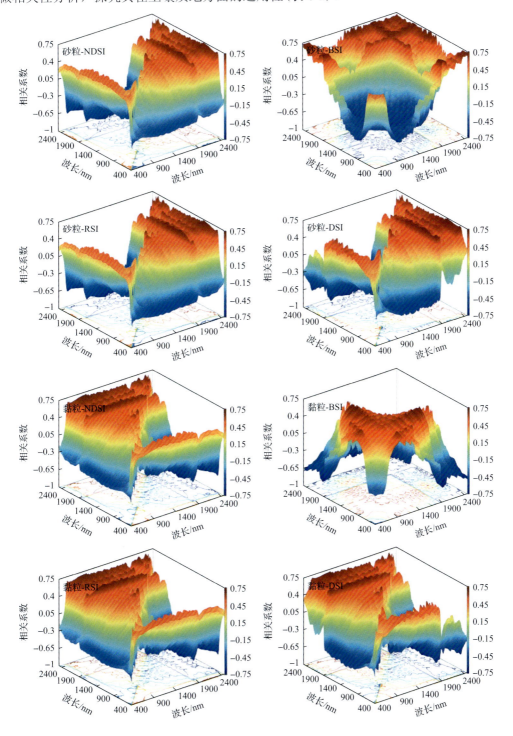

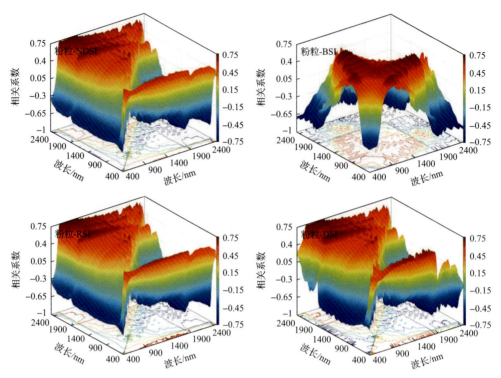

图 6-4　基于 MSC 变换形式下光谱指数与土壤不同颗粒含量相关性三维等势图

表 6-2　土壤不同颗粒含量与先前公布的光谱指数相关性

光谱指数	公式	来源	砂粒含量相关性	粉粒含量相关性
ANT	$(1/R_{550}-1/R_{700}) \times R_{780}$	Gitelsonetal, 2003 年	−0.379	0.354
CRI1	$1/R_{510}-1/R_{550}$	Gitelsonetal, 2002 年	−0.427	0.397
CRI2	$1/R_{510}-1/R_{700}$	Gitelsonetal, 2002 年	−0.406	0.377
CI	$(R_{750}/R_{705})^{-1}$	Gitelsonetal, 1994 年	0.361	−0.353
OSAVI	$(1+0.16) \times \dfrac{R_{800}-R_{670}}{R_{800}}+R_{670}+0.16$	Rondeauxetal, 1996 年	−0.416	0.406
RGI	R_{690}/R_{550}	Zarco-Tejadaetal, 2005 年	−0.351	0.326
SIPI	$(R_{800}-R_{450})/(R_{800}+R_{450})$	Penuelasetal, 1995 年	−0.422	0.393
TCARI	$3 \times [(R_{700}-R_{670}) -0.2 \times (R_{700}-R_{550}) \times (R_{700}/R_{670})]$	Haboudaneetal, 2002 年	0.150	−0.128
TCARI/OSAVI	$TCARI/OSAVI$	Haboudaneetal, 2002 年	0053	−0.035
NPCI	$(R_{680}-R_{430})/(R_{680}+R_{430})$	Penuelasetal, 1994 年	−0.411	0.382
EVI	$2.5 \times (R_{782}-R_{675})/(R_{782}+6 \times R_{675} -7.5 \times R_{445}+1)$	Hueteetal, 2002 年	−0.235	0.238
NDVI	$(R_{800}-R_{670})/(R_{800}+R_{670})$	Rouseetal, 1973 年	−0.391	0.384

续表

光谱指数	公式	来源	砂粒含量相关性	粉粒含量相关性
GI	R_{554}/R_{667}	Zarco-Tejadaetal, 2005 年	0.323	−0.298
GNDVI	$(R_{750}-R_{540}+R_{570})/(R_{750}+R_{540}-R_{570})$	Gitelsonetal, 1996 年	−0.340	0.315
REIP	$700+40\times\left[\left(\dfrac{R_{670}+R_{780}}{2}-R_{700}\right)\middle/(R_{740}-R_{700})\right]$	Guyotetal, 1998 年	0.061	−0.047
SR	R_{900}/R_{680}	Rouseetal, 1973 年	−0.326	0.326
TVI	$0.5\times[120\times(R_{750}-R_{550})-200\times(R_{670}-R_{550})]$	Haboudaneetal, 2004 年	0.066	−0.048

利用 MSC 处理后的光谱数据构建光谱指数进行回归分析，由于光谱指数是通过两两波段进行组合，存在较多的自变量，使得数据存在冗余，导致建模精度降低，因此需要对数据进行降维以减少自变量个数（肖文凭等，2018）。NDSI、RSI 和 DSI 相关性等势图分布情况较为相似，且 DSI 效果略优于前两者，因此本书利用 SPA 算法只对 BSI 和 DSI 两种光谱指数数据进行遴选。SPA 算法首先计算在不同有效波长数下的均方根误差，以最小均方根误差为条件确定有效波长数目。对于不同的土壤颗粒组成，SPA 算法挑出的波段及数目均有所不同，对于砂粒而言，BSI 和 DSI 两种光谱指数下确定的有效波长数目分别为 10 和 14，对应的 RMSE 依次为 6.6545 和 6.114，对应的波段组合主要集中在 400~420nm、1320~1944nm、1915~2480nm 和 580~1000nm、1900~2480nm 处；对于粉粒来说，BSI 和 DSI 两种光谱指数下确定的有效波长数目分别为 8 和 10，RMSE 依次为 5.603 和 5.2149，主要的波段组合集中在 900~1000nm、1680~1900nm 和 2470~2480nm 处；基于 BSI 和 DSI 光谱指数下黏粒的有效波长数目及 RMSE 分别为 22、12 和 0.87297、0.84298，其相应的波段组合主要在 550~1000nm、1350~1830nm 和 2470~2480nm 处（图 6-5 和表 6-3）。总体而言，敏感组合波段均来自土壤中各化学成分所影响的位置，例如有机质吸收波段、金属离子跳跃处、水分子的振动处、土壤碳酸盐中 CO_3^{2-} 基团振动产生的谱带处。事实证明，土壤作为一个有机复杂体，其各成分之间相互影响、相互作用，要实现土壤颗粒含量的预测，应整体考虑这些因素的组合。

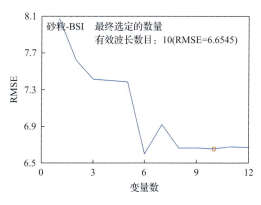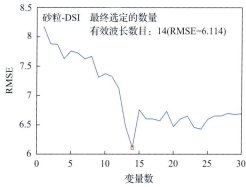

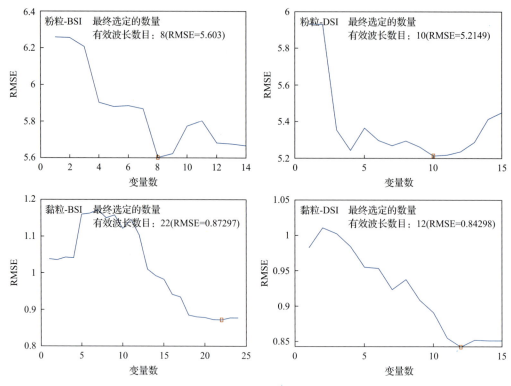

图 6-5　SPA 算法提取特征光谱指数波长

表 6-3　SPA 算法提取特征光谱指数波长统计

指标	光谱指数	数量	波段组合
砂粒	BSI	10	(405,2480)、(415,1948)、(416,1915)、(1320,2474)、(1321,2474)、(1474,2472)、(1496,2480)、(1537,2474)、(1611,2478)、(1944,2476)
	DSI	14	(1914,989)、(1923,589)、(1925,581)、(1930,583)、(1931,982)、(2442,987)、(2462,970)、(2472,982)、(2473,994)、(2474,616)、(2476,947)、(2477,605)、(2478,634)、(2479,812)
粉粒	BSI	8	(943,1798)、(985,1799)、(988,1687)、(994,1742)、(994,1796)、(998,1747)、(1001,1790)、(1002,1856)
	DSI	10	(959,2480)、(974,2477)、(982,2474)、(984,2478)、(988,2473)、(989,2476)、(991,2479)、(993,2476)、(994,2479)、(999,2480)
黏粒	BSI	22	(560,961)、(815,1648)、(881,1640)、(939,1761)、(962,1766)、(974,1767)、(977,1766)、(982,1714)、(985,1764)、(988,1758)、(989,1358)、(990,1762)、(991,1644)、(994,1498)、(995,1654)、(998,1767)、(999,1513)、(1000,1827)、(1001,1757)、(1001,1815)、(1001,1821)
	DSI	12	(606,2473)、(684,2478)、(783,2480)、(899,2480)、(942,2478)、(986,2480)、(992,2478)、(994,2480)、(995,2474)、(996,2472)、(999,2480)、(1000,2480)

　　为充分验证模型的精度，将样点分为建模集和验证集，按土壤砂粒含量比从高到低抽取，以 2∶1 选取出 69 个建模样点和 32 个验证样点。将 BSI 和 DSI 两种光谱指数下的显著性波段和利用 SPA 算法筛选出来的波段分别代入线性模型(PLSR)和非线性模型(RF)中。利用相关系数(R^2)和均方根误差(RMSE)对模型精度进行评价，其中 R^2 越接近于 1，

模型拟合程度越好，RMSE 越小表示预测值和真实值之间的偏差越小（表 6-4 和表 6-5）（裴宏伟等，2011）。

表 6-4　偏最小二乘模型

指标	波段	BSI		DSI	
		R^2	RMSE	R^2	RMSE
砂粒	$r>0.72$（全波段）	0.55	6.94	0.41	8.07
	SPA	0.73	5.62	0.82	5.07
黏粒	$r>0.72$（全波段）	0.46	6.52	0.67	5.23
	SPA	0.75	4.58	0.83	4.23
粉粒	$r>0.72$（全波段）	0.37	1.26	0.53	0.97
	SPA	0.73	0.74	0.85	0.57

表 6-5　随机森林模型

指标	波段	BSI		DSI	
		R^2	RMSE	R^2	RMSE
砂粒	$r>0.72$（全波段）	0.70	6.02	0.81	5.60
	SPA	0.75	5.81	0.76	5.85
黏粒	$r>0.72$（全波段）	0.68	5.14	0.64	5.34
	SPA	0.67	5.18	0.65	5.21
粉粒	$r>0.72$（全波段）	0.54	0.94	0.48	1.01
	SPA	0.61	0.88	0.64	0.85

选用土壤砂粒、粉粒和黏粒含量最好的预测值来确定验证样品的土壤质地，并与验证点的实测土壤质地名称进行对比。验证点土壤颗粒含量实测值与预测值构成的土壤质地三重图（图 6-6）显示预测结果与实测结果较为接近，说明预测结果精度满足要求。质地名称反演统计结果（表 6-6），位于对角线上的即为分类正确，有 28 个验证点质地名称与

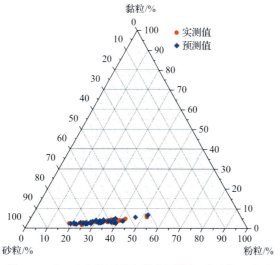

图 6-6　验证点土壤颗粒含量实测值与预测值三重图

表 6-6　土壤质地反演分类统计

指标	砂质壤土	粉砂壤土	壤土
砂质壤土	26	0	2
粉砂壤土	0	2	0
壤土	2	0	0
不合格	2	0	2
总计	30	2	4

实际质地名称相一致，4 个验证点被误判。其中 2 个实际为壤土的土样被判定为砂质壤土，2 个实际为砂质壤土的土样被判定为壤土，分类精度为 87.5%，这是由于土壤单种颗粒预测含量存在误差，使得三种颗粒预测含量总和存在误差累积，但壤土和砂质壤土均属于壤土大类。

二、旱作区土壤有机质反演与数字制图

1. 旱作区土壤有机质遥感反演

以皖北旱作区 25 个县中的耕地土壤为研究对象，综合考虑成土条件、土壤环境、土壤类型、耕作方式等自然和人为因素的影响，采用网格布点结合分层抽样的方法均匀布设土壤采样点，以确保样点的代表性与合理性。采样深度为 0～10cm，共采集样点 34 个（图 6-7）。利用 Landsat8OLI 影像获取采样点光谱反射率，采用不同的波段变换方法构建光谱参量，结合实测值分析了不同建模方式与核函数下模型的估算效果，实现了模型优选，并进行了全区范围内的有机质含量空间特征分析。

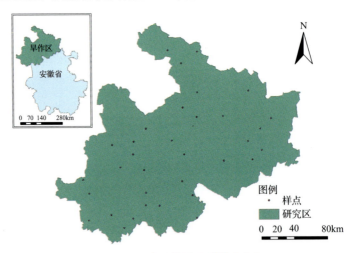

图 6-7　研究区位置及采样点分布

红、绿、短波红外波段及其数学变换形式与表层土壤有机质含量存在较高的相关性，且对 7 个原始光谱反射率进行差值及差值倒数变换后可以很好地提升相关性（表 6-7）。在四种建模方式中，基于多元逐步回归模型选取的优化参量所建立的估测模型整体具有最

好的估测能力，其中在三次多项式核函数下模型整体的估测效果较好，其平均相对误差（mean relative error，MRE）达到了 17.73。在不同的建模方式下可结合不同种类的核函数以提升 SVM 模型的估测精度，其中基于优化参量建立的三次多项式核函数下的估测模型可以更好地实现研究区内土壤有机质含量的快速估测，整体上具有较好的估测效果，其反演结果可以为耕地质量评价、土壤肥力估算提供一定的参考（表 6-8）。基于上述各建模方式和建模方法以及不同土类下验证集的估测效果，遴选优化估测模型，最终决定以优化参量建模方式下的三次多项式 SVM 模型对研究区进行全区范围内的表层土壤有机质含量估测。为防止异常值和水体的干扰，利用 ENVI 中的 band math 功能实现相关区域的掩膜，其中水体的掩膜图像是基于归一化水体指数（normalized difference water index，NDWI）确定，即将 NDWI>0 的区域作为掩膜区域，最终得到皖北旱作区的土壤有机质含量空间格局特征，并以《全国第二次土壤普查养分分级标准》为依据对皖北旱作区的土壤有机质含量进行分级（图 6-8）。

表 6-7　土壤有机质含量与光谱参量的相关分析

月份	相关系数	光谱参量	相关系数	光谱参量	相关系数	光谱参量
	-0.36^{*}	B_4	-0.35^{*}	B_7	0.37^{*}	B_1-B_4
	0.40^{*}	B_2-B_4	-0.41^{*}	$1/(B_1-B_4)$	-0.40^{*}	$1/(B_1-B_6)$
11	-0.39^{*}	$1/(B_1-B_7)$	-0.43^{*}	$1/(B_2-B_4)$	-0.40^{*}	$1/(B_2-B_6)$
	-0.39^{*}	$1/(B_2-B_7)$	-0.36^{*}	$1/(B_3-B_6)$	0.34^{*}	$1/(B_5-B_6)$
	-0.36^{*}	$\lg B_6$	-0.35^{*}	$\lg B_7$	0.40^{*}	$1/B_6$
	0.35^{*}	$1/B_7$	0.36^{*}	$\lg(1/B_6)$	0.35^{*}	$\lg(1/B_7)$
	-0.36^{*}	B_3	-0.43^{**}	B_4	-0.50^{**}	B_6
	-0.51^{**}	B_7	-0.37^{*}	$(B_1+B_4)/(B_1-B_4)$	0.47^{**}	B_1-B_3
	0.45^{**}	B_1-B_4	0.49^{**}	B_1-B_6	0.50^{**}	B_1-B_7
	0.44^{**}	B_2-B_3	0.48^{**}	B_2-B_4	0.48^{**}	B_2-B_6
	0.51^{**}	B_2-B_7	0.44^{**}	B_3-B_6	0.43^{*}	B_3-B_7
	0.37^{*}	B_4-B_6	0.42^{*}	B_4-B_7	-0.52^{**}	$1/(B_1-B_3)$
12	-0.51^{**}	$1/(B_1-B_4)$	-0.56^{**}	$1/(B_1-B_6)$	-0.54^{**}	$1/(B_1-B_7)$
	-0.46^{**}	$1/(B_2-B_3)$	-0.54^{**}	$1/(B_2-B_4)$	-0.54^{**}	$1/(B_2-B_6)$
	-0.55^{**}	$1/(B_2-B_7)$	-0.39^{*}	$1/(B_3-B_6)$	-0.50^{**}	$1/(B_3-B_7)$
	-0.40^{*}	$1/(B_3-B_7)$	-0.41^{*}	$1/(B_4-B_6)$	-0.43^{*}	$1/(B_4-B_7)$
	-0.37^{*}	$\lg B_3$	-0.44^{**}	$\lg B_4$	-0.52^{**}	$\lg B_6$
	-0.51^{**}	$\lg B_7$	0.37^{*}	$1/B_3$	0.46^{**}	$1/B_4$
	0.53^{**}	$1/B_6$	0.52^{**}	$1/B_7$	0.37^{*}	$\lg(1/B_3)$
	0.44^{**}	$\lg(1/B_4)$	0.52^{**}	$\lg(1/B_6)$	0.51^{**}	$\lg(1/B_7)$

* 表示通过 $P=0.05$ 水平上的显著性检验（双侧）；** 表示通过 $P=0.01$ 水平上的显著性检验（双侧）。

表 6-8　土壤有机质含量估测模型验证

建模方式	线性函数		二次多项式函数		三次多项式函数		径向基函数	
	MRE	RMSE	MRE	RMSE	MRE	RMSE	MRE	RMSE
全参量	24.47	5.49	21.55	4.91	22.58	4.91	22.98	5.02
显著性参量	25.00	5.62	26.08	5.94	26.22	5.47	24.84	5.27
极显著性参量	26.75	5.77	31.86	6.84	26.67	5.72	25.34	5.30
优化参量	22.36	4.76	18.51	4.37	17.73	4.55	21.28	4.79

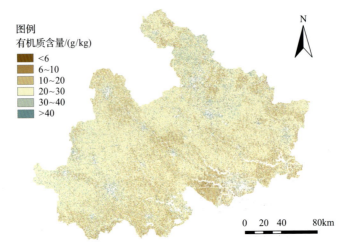

图 6-8　研究区土壤有机质含量反演图

2. 旱作区土壤有机质高光谱反演

为探究纬度地带性差异和不同土壤类型的光谱特征，通过计算土壤有机质含量与光谱反射率间的相关性关系(图 6-9)，运用 k 均值聚类法对土壤数据进行分类，采用偏最小

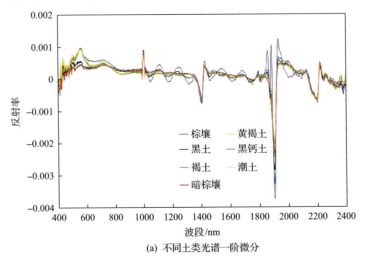

(a) 不同土类光谱一阶微分

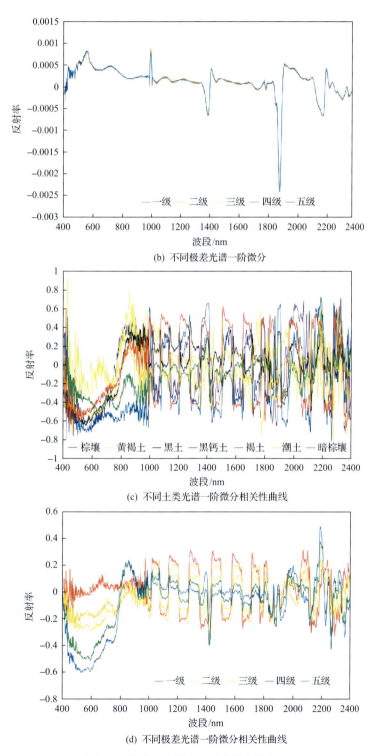

(b) 不同极差光谱一阶微分

(c) 不同土类光谱一阶微分相关性曲线

(d) 不同极差光谱一阶微分相关性曲线

图 6-9　光谱一阶微分相关系数变换曲线

二乘法和随机森林法，实现土壤有机质含量估算，分析了不同的土壤土类和极差(5 级)及对土壤有机质含量光谱反演的影响(图 6-10)。研究结果为探究土壤有机质光谱特性、实现有机质含量快速检测提供参考和理论支持。

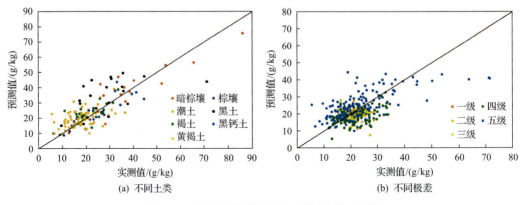

图 6-10　土壤有机质偏最小二乘法建模对比图

光谱曲线整体变换趋势一致，在 800nm、1000nm、1400nm、1900nm、2200nm 等位置，均出现了明显的光谱吸收波段。从土类上来看，随着纬度的下降，有机质含量相对增加，光谱一阶微分在吸收峰波段位置的峰值越明显，其中吸收峰值最明显的土类是黑钙土和黑土；从极差上来看，极差的一阶微分光谱曲线几乎重合，表明极差对于光谱曲线的变化并无明显的影响；从模型的建立效果上来看，采用一阶微分的偏最小二乘法建立的土壤有机质反演模型预测效果最好，R^2 和 RMSE 分别为 0.98、0.52。但不同的样本分类方法对模型影响较大，在从事高光谱土壤有机质模型建立的过程中，应充分考虑不同土壤样本和有机质极差的影响(图 6-9)。

第二节　基于多元方法的土壤有机碳空间预测及其尺度效应

一、区域土壤有机质空间预测

1. 基于多模型对比分析的土壤有机质空间预测方法研究

1)相同辅助变量组合下不同预测模型有机质预测精度对比

根据相关性分析，选择与有机质相关性较大且易于获取的 EST(有效土层厚度)、DEM(数字高程模型)以及 NDVI(归一化植被指数)作为辅助变量，将其两两一组分成三组不同的辅助变量组合，分别为 EST 与 DEM 的辅助变量组合、EST 与 NDVI 的辅助变量组合以及 DEM 与 NDVI 的辅助变量组合，利用均方根误差、平均相对误差、平均绝对误差以及一致性指数作为预测精度的评价指标，对预测方法的预测精度进行对比。将不同辅助变量组合下预测模型的预测精度评价指标的数值利用 Origin2017 做出柱状图进行比较(图 6-11)。

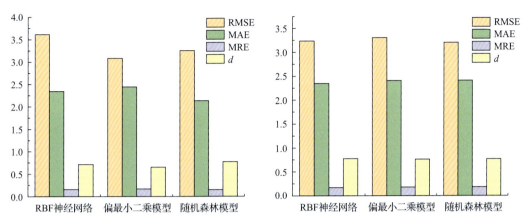

(a) 辅助变量组合EST与DEM建模集(左)与预测集(右)预测结果

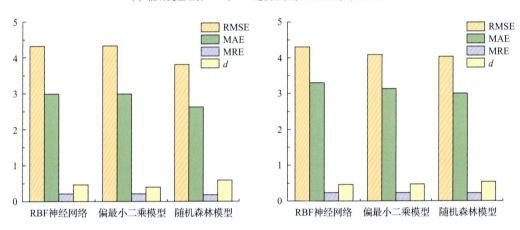

(b) 辅助变量组合EST与NDVI建模集(左)与预测集(右)预测结果

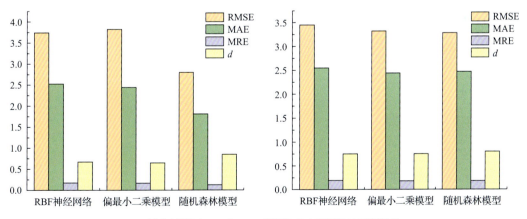

(c) 辅助变量组合DEM与NDVI建模集(左)与预测集(右)预测结果

图 6-11 不同辅助变量组合的预测精度直方图

RMSE-均方根误差;MAE-平均绝对误差;MRE-平均相对误差;d-一致性指数

当辅助变量组合为 EST 与 DEM 时，由各评价指标数值来看，在建模集中，随机森林模型(RF 模型)预测结果的精度最高，其次是 RBF 神经网络(RBFNN)，而偏最小二乘模型(PLS)预测精度最低；在验证集预测结果中，RF 的 MAE、MRE 以及 RMSE 相对较小，RF 的预测精度比 RBFNN 和 PLS 预测精度好，而 PLS 各项评价指标 RMSE、MAE、MRE 的数值都是最高的，d 数值最小，其预测精度最差，但三种预测模型的各项评价指标相差不大，预测精度相差不大。

当辅助变量为 DEM 与 NDVI 时，根据建模集各评价指数来看，RF 的预测精度最高，且 RF 的 RMSE、MAE、MRE 与 RBFNN 和 PLS 降低幅度较大，RF 的一致性指数相对于其他预测模型提高幅度约为 0.2，而 RBFNN 和 PLS 预测精度相似，精度相对较差。根据验证集各项评价标准来看，和建模集有相同的情况，RF 预测模型的评价指标 RMSE、MAE、MRE 的数值相对于 PLS 和 RBFNN 的数值要小很多，而 d 值更接近 1。而 RBFNN 和 PLS 预测精度相似，精度相对较差。

当辅助变量为 EST 与 NDVI 时，根据各项评价指标所示，预测精度最高，RBFNN 和 PLS 预测精度相似。验证集和建模集类似，RF 的预测精度最好，但与 RBFNN 和 PLS 的预测精度相差不大，故在辅助变量为 EST 和 NDVI 时，三种预测模型的预测精度相似，但 RF 预测精度相对高一点。

2) 不同辅助变量组合下相同预测模型有机质含量预测研究

为研究相同预测模型，不同辅助变量组合下的土壤有机质预测精度，对建模集和验证集的预测精度评价标准的 RMSE、MAE、MRE、d 数值汇总，根据数值大小分析不同情况下预测精度的高低(表 6-9)。

表 6-9　预测模型相同时不同辅助变量组合的有机质含量精度对比

预测模型	辅助变量组合	数据集	RMSE	MAE	MRE	d
RBFNN	EST 与 DEM	建模集	3.61	2.34	15.75	0.71
		验证集	3.23	2.35	17.29	0.78
	EST 与 NDVI	建模集	4.32	2.99	20.79	0.46
		验证集	4.30	3.30	23.50	0.46
	NDVI 与 DEM	建模集	3.74	2.52	17.52	0.67
		验证集	3.45	2.55	19.03	0.75
PLS	EST 与 DEM	建模集	3.08	2.44	16.74	0.65
		验证集	3.30	2.41	17.83	0.76
	EST 与 NDVI	建模集	4.33	2.99	20.87	0.40
		验证集	4.08	3.13	22.75	0.47
	NDVI 与 DEM	建模集	3.82	2.44	16.74	0.65
		验证集	3.32	2.44	18.08	0.75

预测模型	辅助变量组合	数据集	RMSE	MAE	MRE	d
RF	EST 与 DEM	建模集	3.25	2.13	14.77	0.77
		验证集	3.20	2.41	18.15	0.77
	EST 与 NDVI	建模集	3.81	2.63	18.60	0.59
		验证集	4.03	3.00	21.67	0.53
	NDVI 与 DEM	建模集	2.79	1.81	12.34	0.85
		验证集	3.28	2.47	18.10	0.80

当预测模型为 RBFNN 时,建模集辅助变量组合为 EST 和 DEM 的评价指标 RMSE、MAE、MRE 的值相对较小,而 d 值相对较大,更接近于 1,预测精度相对较高,其次为辅助变量组合为 NDVI 与 DEM 时,且其与辅助变量为 EST 与 DEM 预测精度相差不大,而预测精度最差的辅助变量组合为 EST 与 NDVI,其预测精度相对其他两种辅助变量组合差异较大。验证集和建模集的分布情况类似,辅助变量为 EST 与 DEM 时,预测精度相对较高,辅助变量组合为 NDVI 与 DEM 的预测精度次之,与辅助变量为 EST 与 DEM 的预测精度相差不大,而辅助变量组合为 EST 与 NDVI 的预测精度是最差的,从评价指标大小可以看出,其预测精度与另外两种辅助变量组合相差较大。

预测模型为 PLS 时,建模集时,根据评价指标可以看出,辅助变量组合为 EST 与 DEM 的 RMSE、MAE、MRE 的值相对于其他两种辅助变量组合小,d 值相对较大,其预测精度最高,这与 RBFNN 的预测结果类似;其次为辅助变量组合为 NDVI 与 DEM,而辅助变量组合为 EST 与 NDVI 的预测精度最差,且其评价指标较辅助变量组合 EST 与 DEM 的数值相差较大。在验证集时,与建模集情况相同,根据评价指标的大小,辅助变量组合为 EST 和 DEM 的预测相对于其他两种辅助变量组合预测精度要高,而辅助变量组合为 NDVI 和 DEM 的预测精度次之,辅助变量组合为 EST 与 NDVI 的预测精度相对较差,且评价指标的数值相对于其他两种辅助变量组合相差较大。

RF 作为预测模型的情况下,在建模集时,根据评价指标可以看出,辅助变量为 NDVI 与 DEM 的 RMSE、MAE、MRE 的值相对于其他两种辅助变量组合小,d 值相对较大,尤其是 d 值,达到 0.85,相对于其他两个辅助变量组合相差很多,预测精度相对其他辅助变量组合高;而辅助变量组合为 EST 与 DEM 预测精度也相对较高,而辅助变量组合为 EST 与 NDVI 的预测精度最差。验证集与建模集有相同的情况,辅助变量为 NDVI 与 DEM 相对于其他两种辅助变量组合的预测精度要高,而辅助变量组合为 EST 与 DEM 预测精度次之,根据评价指标的数值,与辅助变量组合为 NDVI 与 DEM 预测精度相差不大,而辅助变量组合为 EST 与 NDVI 的预测精度最差。

根据预测精度评价指数的数值对比可知,在辅助变量组合相同的情况下,RF 的预测精度是最高的,PLS 模型和 RBF 神经网络的预测精度大致相同,而当预测模型相同的情况下,辅助变量组合为 EST 与 DEM 在三种预测模型下的预测精度都是最高的,且精度评价标准数值与其他两种辅助变量组合相差较大；辅助变量组合为 NDVI 与 DEM 的预测模型精度次之，而辅助变量为 EST 与 NDVI 的预测精度在三种预测模型下都是最差的。在县域尺度下，随机森林模型和辅助变量组合为 EST 与 DEM 是最优的预测有机质的组合。

　　以北京市密云区为研究对象，利用 330 个采样点进行建模、83 个样点进行验证，对密云区耕地表层土壤有机质空间分布进行模拟，并比较不同预测方法、不同辅助变量组合的预测精度。研究为县域尺度下选择合适辅助变量和预测方法提供依据，可以提高县域尺度下土壤有机质空间分布的快速获取(图 6-12)。

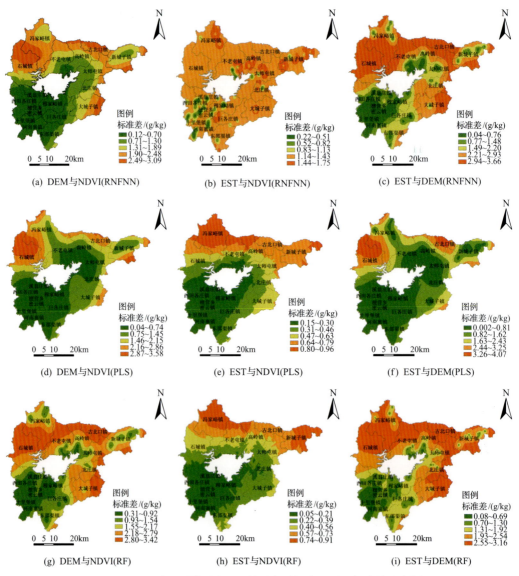

图 6-12　三种预测模型在不同辅助变量组合下预测标准差分布图

2. 区域有机碳空间特征及尺度效应

设置了 15km、25km、35km、45km 四种尺度。每个尺度下样本量是相同的，均为 516 个。

15km、25km、35km 和 45km 尺度下的有机碳含量分别为 (11.95±4.69)g/kg、(11.26± 4.46)g/kg、(11.42±4.71)g/kg、(10.35±4.23)g/kg，变异系数依次是 39.25%、39.59%、41.25% 和 40.93%，变异系数较为接近，均呈中等变异。W 法正态分布检验结果显示，各尺度下的有机碳均符合正态分布(W 法检验的概率 P 分别为 0.13、0.12、0.09、0.11，均＞0.05)。表 6-10 表明，不同尺度下的数据具有一定的可比性(Zhang et al.，2019)。

基于 GS+10 软件，计算不同尺度下的变异函数及其相关参数，综合考虑残差和拟合相关系数来确定最优变异函数，保证残差和最小，拟合相关系数最大(图 6-13)。

表 6-10　不同尺度下土壤有机碳含量基本统计参数

尺度/km	均值/(g/kg)	标准差/(g/kg)	变异系数/%	概率/%
15	11.95	4.69	39.25	0.13
25	11.26	4.46	39.59	0.12
35	11.42	4.71	41.25	0.09
45	10.35	4.23	40.93	0.11

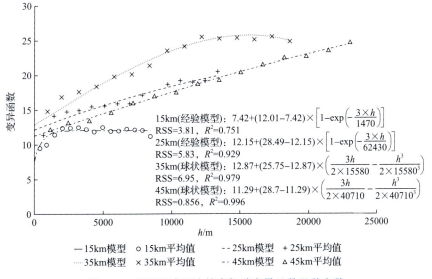

15km(经验模型): $7.42+(12.01-7.42)\times\left[1-\exp\left(-\dfrac{3\times h}{1470}\right)\right]$
RSS=3.81，R^2=0.751

25km(经验模型): $12.15+(28.49-12.15)\times\left[1-\exp\left(-\dfrac{3\times h}{62430}\right)\right]$
RSS=5.83，R^2=0.929

35km(球状模型): $12.87+(25.75-12.87)\times\left(\dfrac{3h}{2\times15580}-\dfrac{h^3}{2\times15580^3}\right)$
RSS=6.95，R^2=0.979

45km(球状模型): $11.29+(28.7-11.29)\times\left(\dfrac{3h}{2\times40710}-\dfrac{h^3}{2\times40710^3}\right)$
RSS=0.856，R^2=0.996

—15km模型　○15km平均值　- - 25km模型　+ 25km平均值
······35km模型　×35km平均值　-··-45km模型　△45km平均值

图 6-13　不同尺度下土壤有机碳变异函数及其参数
RSS-残差和；R^2-拟合相关系数；h-分离距离

块基比$[C_0/(C_0+C_1)]$表示随机部分引起的空间异质性在系统总变异中所占的比例，通常可以用它来衡量变量的空间相关性，比值越小，说明空间相关性越强。若比值小于 25%，则表明变量具有强烈空间相关性(张世文，2018)；比值介于 25%～75%，则为中等程度空间相关性；比值大于 75% 时，为弱空间相关性。图 6-14 显示，15km、25km 尺度下的土壤有机碳符合具有块金效应的指数模型,35km 和 45km 尺度下土壤有机碳符合具有块金效应的球状模型。15km、25km、35km 和 45km 四种尺度的土壤有机碳变异函数拟合残差分别为 3.81、5.83、6.95、0.856,随着尺度的加大,相关系数 R^2 逐渐增加,变异函数拟合效果越来越好。15km、25km、35km、45km 尺度下土壤有机碳的块基比分别为 61.78%、42.65%、49.98%、39.34%,全部处于 25%～75%,均呈现中等程度空间相关性。空间相关性大小依次为 45km、25km、35km 和 15km。但从 C_0、C_1 和 $C_0/(C_0+C_1)$ 可以看出,除了 15km 尺度外,代表测量误差、微尺度过程等随机部分带来的空间变异性(C_0)均小于结构方差,即 $C_0/(C_0+C_1)$ 均小于 50%,结构性因素占主导,随着尺度的增加,随机部分带来的空间变异性减少,结构性增强。块金效应可以归因于小于采样间隔距离处的空间变化源,小于样本距离的微刻度变化将表现为块金效应的一部分。土壤有机碳变异函数的变程(最大空间相关距离)并未完全随着尺度的增加而增加,25km 尺度下土壤有机碳的变程最大,依次是 45km、35km,15km 最小。小尺度下采样点变异函数(点)的分布较为分散,而随着尺度的增加,这种分布的不平稳性逐渐减小,变异函数的拟合精度也越来越高(图 6-13)。

综上,块基比和变程之间并无必然的大小关系。采样点数量相同,无论是变程,还是块基比,随着尺度的变化,空间相关性变化不确定,这也是为什么不能完全依靠变异函数来揭示土壤属性的空间分布特征。

变异函数分析通过块基比和变程来反映空间变异性中随机因素和结构性因素的占比情况以及空间相关距,半方差函数计算的是方差。要精确分析土壤属性的空间相关性,

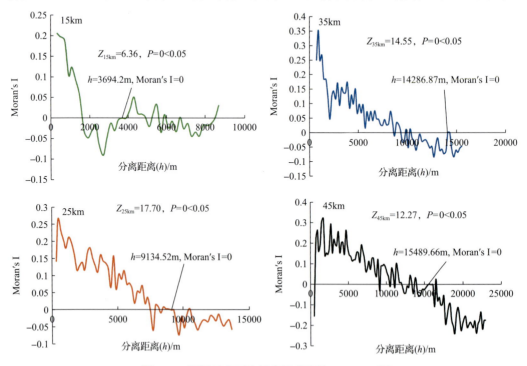

图 6-14 不同尺度下土壤有机碳含量 Moran's I 图

Z 为标准化统计量

空间自相关分析方法要优于半方差函数分析法，自相关指标计算的是协方差。基于GeoDATM 软件进行全局 Moran's I 分析（图 6-14）。

Moran's I＞0 表示空间正相关性，其值越大，空间相关性越明显；Moran's I＜0 表示空间负相关性，其值越小，空间差异性越大；Moran's I=0，空间呈随机性。由图 6-14 可以看出，随着分离距离增加，Moran's I 由完全正值逐渐变小，过渡到正负交叉出现的格局，最后完全变成负值。较近的正相关距离表示空间相关距，即第一次出现正负交叉转换点为不同尺度下的空间相关距，15km、25km、35km、45km 尺度下的空间相关距分别为 1.61km、7.52km、8.65km 和 9.05km，随着尺度加大，空间相关距呈增加趋势，相比半变异函数的变程而言，除了 15km 外，其他均有不同程度的缩小，这与变程和空间自相关的计算方法有关。

采用随机条件下近似正态分布假设的标准差对其进行标准化可得到 Z 值，根据 Z 值大小，可判断空间自相关是否显著。检验时以正态分布 95%置信区间双侧检验阈值 Z=1.96 为界限，Z＞1.96 为显著的正空间自相关，表示某观测点与周围观测点的值相似，即空间聚集；Z＜−1.96 为显著的负空间自相关，表示某观测点与周围观测点的值差异程度显著较大，即空间孤立；若 Z 介于−1.96～1.96，则空间自相关不显著，变量呈随机分布。不同尺度 Z 值的关系依次为：Z_{15km}=6.36＜Z_{45km}=12.27＜Z_{35km}=14.55＜Z_{25km}=17.70，出现先增后减的趋势，所有尺度随机性均占比不到 5%，整体上每个尺度均具有良好的空间结构，均呈显著的正空间相关性。

基于 MATLAB 平台开发的多重分形分析方法，计算不同尺度下土壤有机碳的多重分形参数，绘制相应的瑞利谱和多重分形谱图（图 6-15）。通过不同的 q 取值将分形体分成

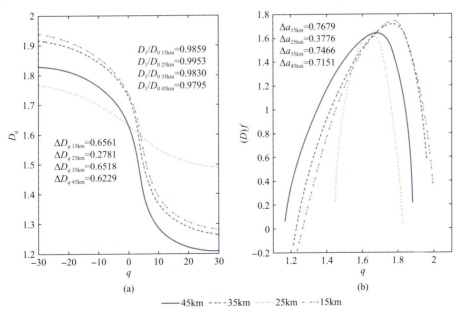

图 6-15 不同尺度土壤有机碳瑞利谱(a)和多重分形谱(b)

D_1/D_0 为多重分形参数，可以作为多重分形中衡量均匀度的指标；

Δa 为多重分形谱(奇异谱)宽度；ΔD_q 为瑞利维数变异

具有不同层次的区域加以研究的过程称为多重分形分析。理论上 q 的取值范围越大越好，但在实际计算过程中，随着 q 值的增大，工作量将成倍增加，且 q 增大到一定程度时，D_q（瑞利指数）、α（奇异指数）和 $f(\alpha)$（多重分形谱）基本都不再随 q 的增加而变化，通过多次实验模拟，结合相关文献（陈光等，2015），取 $-30 \leqslant q \leqslant 30$。

不同尺度下土壤有机碳 D_1/D_0 均小于 1（15km、25km、35km、45km 的 D_1/D_0 分别为 0.9859、0.9953、0.9830 和 0.9795），D_0 大于 D_1，各尺度均不是单分形结构。25km 尺度下的 D_1/D_0 值最大，表明该尺度下的土壤有机碳含量主要集中于某一密集区。奇异指数和多重分形谱函数能够表述多重分形的局部特征。瑞利维数变异（ΔD_q）越大，多重分形谱宽度也越大，若瑞利谱呈现直线（$\Delta D_q \to 0$），多重分形谱将会集中为一点，研究对象将呈现单分形（Anselin，1995）。显示，$q \to +\infty$ 时最大概率起决定作用，$q \to -\infty$ 时最小概率起决定作用，不同尺度土壤有机碳均未呈直线分布，表明具有多重分形特征。4 种尺度下土壤有机碳的 ΔD_q 与多重分形谱中 Δa 是一致的。35km 尺度下土壤有机碳 ΔD_q 最大（$\Delta D_q = 0.6561$），其次是 45km（$\Delta D_q = 1.0016$）、25km（$\Delta D_q = 0.8309$），最小是 15km（$\Delta D_q = 0.4687$）。不论是瑞利谱图，还是多重分形谱，随着尺度的增加，图谱越来越接近（图 6-16）。多重分形谱的谱宽（Δa）描述了分形结构上不同区域、不同层次、不同局域条件特性下的土壤属性不均匀程度。Δa 越大表示分布越不均匀。$\Delta a_{15km} = 0.7679 > \Delta a_{35km} = 0.7466 >$

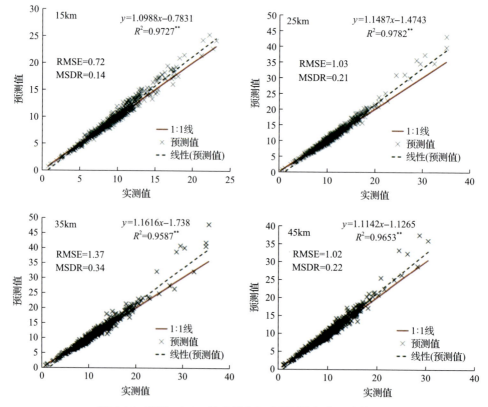

图 6-16　基于 Mkrige 法土壤有机碳预测值与实测值散点图

RMSE-均方根误差；MSDR-标准化克里格方差；**-在 0.01 水平下方程拟合效果极显著

$\Delta a_{45km}=0.7151>\Delta a_{25km}=0.3776$。15km 尺度下土壤有机碳含量最不均匀，25km 尺度下土壤有机碳含量分布最均匀，其值还不到 15km 尺度下的 50%。

不同尺度下土壤有机碳多重分形谱均为"钟形"或类似开口向下的二次抛物线，它们的顶点、开口大小及对称性存在差异，说明其空间分布及其不规则形是有差别的，不同尺度下土壤有机碳多重分形谱曲线的对称性较好。25km 尺度下土壤有机碳 $\Delta f(a)<0$，$f(a)$ 呈右构状，数值较小的数据占主导地位，其概率分布较小，其空间变异性更多地依赖于数据值中较小的数据值，即小值数据对空间变异性的贡献率较大。其余尺度下土壤有机碳多重分形谱曲线呈现左钩状，说明空间变异性是由高值分布造成的。不同尺度下土壤有机碳含量的多重分形谱曲线范围宽窄不同，说明其空间变异性很弱。土壤有机碳在空间上的分布是典型的分维数体，多重分形是对土壤有机碳空间异质性的描述工具，可揭示土壤有机碳空间异质性的尺度变化特征。

3. 基于 MATLAB 平台开发的 Mkrige 法土壤有机碳空间预测及其尺度效应

采用最优的变异函数及其参数，基于 MATLAB 平台开发的 Mkrige 法进行土壤有机碳含量空间预测。根据变异函数的特征，Mkrige 法的搜索半径设置有所区别，不同尺度土壤有机碳取 1500～9500m 中 5 个界点，边长分别取 15km、25km、35km 和 45km，观察尺度为 0.3～0.6(经验值)。采用特异值覆盖图与大(小)值覆盖率、RMSE 和 MSDR，从特异值再现效果、预测精度和模型模拟效果 3 个方面综合评价不同方法对于不同尺度下土壤有机碳含量空间预测效果。采用特异值覆盖图和比率(CRSV)来描述不同方法预测与实测样本特异值的吻合性。根据样本数据与数理统计的要求，以最小或最大实测与预测值的 10% 为统计量(图 6-17)。

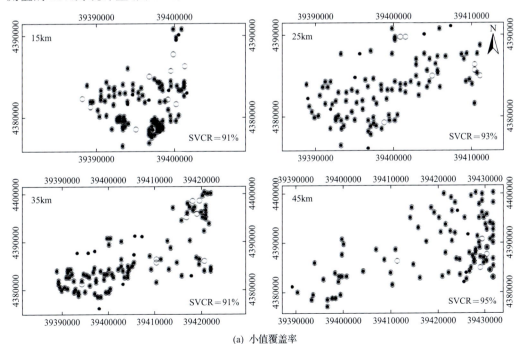

(a) 小值覆盖率

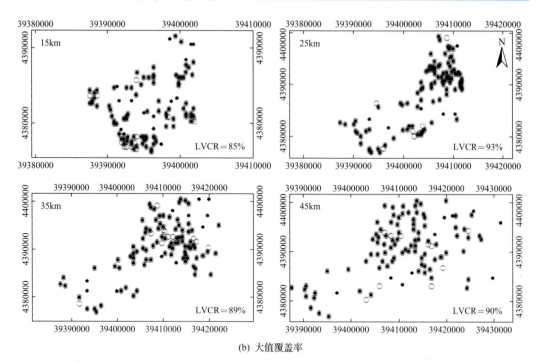

(b) 大值覆盖率

图 6-17　基于 Mkrige 法不同尺度下土壤有机碳实测与预测小（大）值覆盖率图
●-实测 10% 的最小（大）特异值；○-预测值的 10% 的最小（大）特异值；
SVCR-小值覆盖率；LVCR-大值覆盖率

　　无论何种尺度，基于 Mkrige 法的实测值与预测值特异值空间吻合程度较高，15km、25km、35km 和 45km 尺度下土壤有机碳最小特异值覆盖比率分别为 91%、93%、91% 和 95%，最大特异值覆盖比率分别为 85%、93%、89% 和 90%。基于 Mkrige 预测值能够很好地再现不同尺度土壤有机碳实测值的最大（小）特异值。仅从预测结果对特异值（突变性）的再现上看，Mkrige 法对于土壤有机碳空间预测更加科学全面，适合不同尺度、不同分形特征的土壤有机碳空间预测，这与陈光等（2015）和 Yuan 等研究结果也是一致的。Mkrige 法在定义了时空信号的度量尺度与测度后，实现了多重分形插值，多重分形插值保留了系统中更多的高频信息。将普通克里格法与多重分形法有机地结合起来产生了 Mkrige，它具有克里格法和多重分形法的共同优点。Mkrige 法实际上由克里格法插值结果和由奇异指数函数构成的滑动平均权重两部分组成。单纯的克里格法插值是在无偏性和估计误差方差最小的基础上以原始已知点数据估计未知点，但误差方差最小会导致平滑效应，降低空间变异程度。Mkrige 法插值实际上是一种扩展的滑动权重均值插值，这种插值是在原来滑动权重均值插值的基础上再乘以一个奇异性指数作为矫正因子，克服了平滑效应造成的影响，较好地保持了空间分布特征。

　　无论是最大特异值覆盖比率，还是最小特异值覆盖比率，25km 和 45km 尺度下的特异值覆盖比率均较高，15km 尺度下最大和最小特异值覆盖比率均最低。这说明，对于同一空间预测方法，某一尺度下随机部分越占主导因素，空间相关性越差，特异值的体现效果相对越差。

无论何种尺度下，Mkrige 法空间预测精度和模型拟合效果均较好，Mkrige 法可以作为不同尺度下的区域土壤有机碳含量的空间预测方法。不同尺度下同一方法也存在一定的差异，RMSE 值表现为 15km（RMSE=0.72）＜45km（RMSE=1.02）＜25km（RMSE=1.03）＜35km（RMSE=1.37），15km 尺度下多重分形克里格法预测效果最佳，35km 尺度下预测效果最差。从拟合线（实线）与 1：1 平分线（虚线）位置来看，从模型拟合效果上看，35km 尺度下多重分形克里格法模型拟合效果最好，最接近 1，这与变异函数分析结果截然相反，这也从一个侧面反映出，完全依赖于变异函数来分析土壤属性的空间分布特征是值得商榷的。虽然 15km 尺度下变异函数、空间自相关性等分析均表明其随机性强，空间相关性差，但由于其样本密度大，该尺度下的空间预测精度却是最高的，也就是说，某种尺度下的土壤属性的空间预测精度是由采样幅度（采样范围的大小）、采样粒度（采样间隔或密度）、采样支撑（采样仪器测量面积大小），以及空间预测方法共同决定（图 6-17）。

二、旱作区土壤有机碳密度三维空间模拟方法研究

土壤中所包含的有机碳含量是地球上所有植被有机碳含量的 2～3 倍。因此，土壤有机碳被认为是影响全球变暖或温室效应的主要因素，在全球碳平衡中起着至关重要的作用。同时，土壤有机碳含量也在决定土壤质量方面起着核心作用。因此，定量化土壤有机碳含量对于土壤有机碳库的估计和土壤可持续利用及管理具有重要意义。在农田土壤碳库中，土壤有机碳密度（soil organic carbon density，SOCD）表征单位面积一定深度的土层中土壤有机碳的储量，它不仅是衡量土壤肥力和土壤质量的重要指标，而且其微小变化会引起农田不同组分之间碳通量的变化，进而改变农田生物地球化学循环过程。

土壤是一个连续的三维实体，土壤属性在各个方向上，即使在很短的距离内变异也非常大。对旱作区 SOCD 空间分布进行三维模拟，以图形图像方式直观展示 SOCD 的三维空间分布，与二维空间分布图相比，其表达的信息量更加丰富，可以同时获取 SOCD 在水平方向和垂直方向的空间分布信息，并可对其进行旋转、平移、放大、缩小、切割等，直观展示任意土体切面的 SOCD 分布。通过调整不同搜索点数、垂直放大倍数来分析不同参数三维插值结果的影响，通过均方根误差和不确定分析评价不同参数插值结果的精确度。分析了传统的 Shepard 法（谢尔德法）与节点梯度法对旱作区 SOCD 的插值精度，通过调整搜索点数、垂直放大倍数对比了不同参数对插值精度均方根误差的影响，选取均方根误差最小的参数与方法对旱作区 SOCD 进行了三维模拟，为精确地估算旱作区有机碳储量提供数据支撑。

1. 搜索点数对两种插值方法的影响

与 Shepard 法相比，节点梯度法有着明显的垂直梯度分布特征，即随着土层深度的增加，SOCD 有变小的趋势，这也与实际研究结果相似。而传统的 Shepard 法在垂直方

向上 SOCD 变化不明显，这可能是因为实际的垂直间距过小，在插值过程中，垂直方向上的附近点位对预测位置赋予的权重过大，而水平方向上实际采样距离过大，附近点位赋予的权重过小，从而导致垂直方向上 SOCD 有着明显的均一性。由此可见，在不考虑垂直放大倍数的情况下，节点梯度法可以很好地避免这一缺点(图 6-18)。

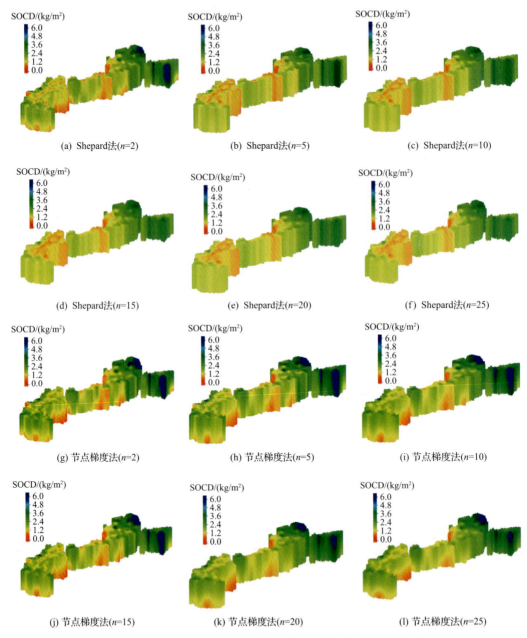

图 6-18　不同搜索点数下的 SOCD 三维反距离加权法插值空间分布

从不同的搜索点数对插值结果的影响来看，随着搜索点数的增加，插值结果趋于平滑、"牛眼"变少。当 n 从 2 到 15 时插值结果变化明显，15～25 时插值结果变化不大，

当 n 为 2 时，SOCD 在水平方向上几乎没有进行插值，垂直方向上整体呈现上高下低的趋势。随着搜索点数的增加，传统的 Shepard 法插值结果在垂直方向开始均一化，而节点梯度法没有出现这种情况。

从均方根误差结果来看（图 6-19），各层 SOCD 均方根误差在搜索点数 0~5 的时候变化浮动较大，从 5~10 均方根误差有着变小的趋势，在 20~25 时基本稳定。在搜索点数为 25 时，各层 SOCD 均方根误差达到最小，从 0~40cm 深度 SOCD 的均方根误差来看，节点梯度法为 0.51，小于传统 Shepard 法的 0.55。

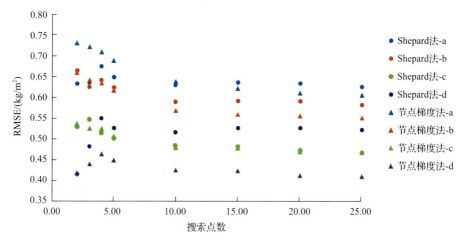

图 6-19　SOCD 三维插值结果与原始数值的均方根误差随搜索点数的变化关系
a、b、c、d 分别表示不同的土层厚度，其中 a 为 0~10cm，b 为 10~20cm，c 为 20~30cm，d 为 30~40cm，下同

2. 垂直放大倍数对原始数据进行三维插值的影响

因为土壤 SOCD 在水平和垂直方向上都存在空间连续性，所以任意点的任一土层 SOCD 与相同层次的其他点和同一剖面不同深度的点都相关，是否可以找出一个合适的垂向扩大倍数来满足以上要求。根据布点情况可知，水平方向上采样间距是垂向间距的 1000000~5000000 倍，要使三维插值在空间上搜索到不同方向的观测点，那么各方向采样间距的数量级应该基本一致。故垂直各向异性参数应在 1.0×10^6~5.0×10^6 取值，设置 k（放大倍数）为 1.0×10^6、2.0×10^6、3.0×10^6、4.0×10^6 和 5.0×10^6 共 5 个等级，由于搜索点数对 SOCD 插值影响也比较大，因此设定采样点数 n 为 2、5、10、15、20 和 25 共 6 个等级，然后绘制不同土层插值结果评价图。

在垂直放大倍数为 1.0×10^6，搜索点数为 2 时，插值结果与未放大之前差别不大，但是随着搜索点数的增加，插值结果可以出现平滑效应，"牛眼"消失，其中传统的 Shepard 法也出现了垂直分化特征，由此可见，增加垂直放大倍数可以很好地提升传统 Shepard 法的插值效果（图 6-20）。

从均方根误差图来看（图 6-21），随着搜索点数的增加，各深度层的 SOCD 均方根误差有减小的趋势，在 n 为 25 时趋于稳定。从 0~40cm 深度 SOCD 的均方根误差来看，节点梯度法为 0.49，传统 Shepard 法为 0.48。其中节点梯度法的均方根误差要小于传统

Shepard 法，故采用节点梯度法，将搜索点数设置为 25 时，进一步研究垂直放大倍数对 SOCD 插值结果的影响。

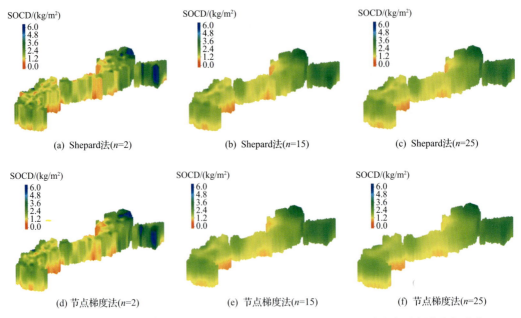

(a) Shepard法(n=2)　　　　(b) Shepard法(n=15)　　　　(c) Shepard法(n=25)

(d) 节点梯度法(n=2)　　　　(e) 节点梯度法(n=15)　　　　(f) 节点梯度法(n=25)

图 6-20　放大 1.0×10^6 倍数、不同搜索点数下的 SOCD 三维反距离加权法插值空间分布

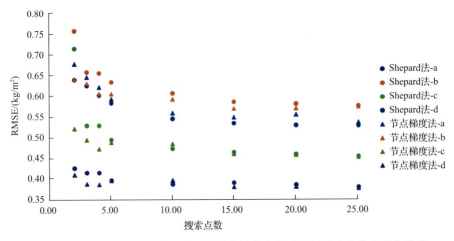

图 6-21　SOCD 三维插值结果与原始数值的均方根误差随搜索点数的变化关系

　　随着垂直放大倍数的增加，各插值结果没有表现出太大的区别(图 6-22)。从均方根误差图来看(图 6-23)，土层越深，均方根误差越小，但是不同放大倍数之间没有区别。仅从模型拟合效果来看，搜索点数为 25，插值方法为节点梯度法时，在放大倍数设置为 1.0×10^6、2.0×10^6、3.0×10^6、4.0×10^6 和 5.0×10^6 共 5 个等级时，旱作区各层 SOCD 三维模拟效果没有显著区别。

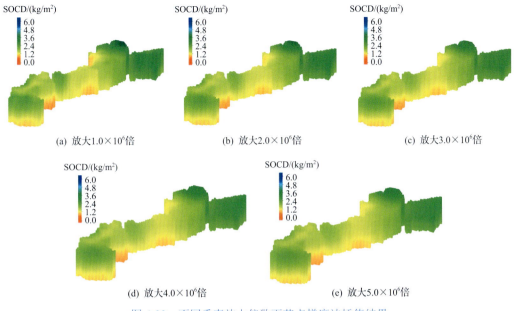

(a) 放大1.0×10⁶倍　　　　　(b) 放大2.0×10⁶倍　　　　　(c) 放大3.0×10⁶倍

(d) 放大4.0×10⁶倍　　　　　(e) 放大5.0×10⁶倍

图 6-22　不同垂直放大倍数下节点梯度法插值结果

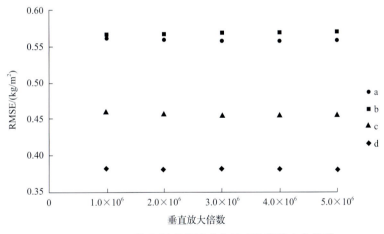

图 6-23　SOCD 均方根误差随垂直放大倍数的变化关系

图中右侧的 a、b、c、d 分别表示不同的土层厚度，其中 a 为 0～10cm，
b 为 10～20cm，c 为 20～30cm，d 为 30～40cm，下同

3. 不确定分析

1) 节点梯度法不同放大倍数下不确定性评价比较

图 6-24 为在放大倍数设置为 $1.0×10^6$、$2.0×10^6$、$3.0×10^6$、$4.0×10^6$ 和 $5.0×10^6$ 时的三维模拟方差分布图。从各放大倍数的方差分布来看，在放大倍数为 $1.0×10^6$～$3.0×10^6$ 的情况下，随着放大倍数的增加，0～10cm 和 10～20cm 土层的模拟方差有减小的趋势，在放大倍数大于 $3.0×10^6$ 的情况下，各放大倍数之间的模拟方差没有区别，趋于稳定。

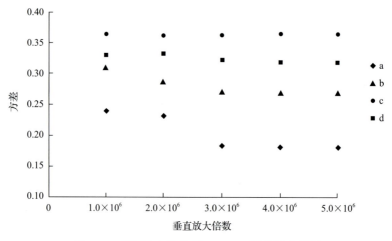

图 6-24　不同放大倍数下 SOCD 三维模拟方差图

2) 不同方法三维模拟不确定性评价比较

在搜索点数为 25、放大倍数为 $3.0×10^6$ 的情况下，随着土层深度的增加，节点梯度法模拟的各层方差分别为 0.21、0.28、0.36、0.32，Shepard 法模拟的各层方差分别为 0.21、0.30、0.38、0.33，两种方法模拟的 SOCD 总体方差大小呈现节点梯度法 (0.29) ＜ Shepard 法 (0.31)，其中节点梯度法各层土壤的方差均小于或等于 Shepard 法 (图 6-25)。综上，就 SOCD 三维空间模拟不确定方面而言，在搜索点数为 25、放大倍数大于等于 $3.0×10^6$ 的情况下，节点梯度法优于 Shepard 法，空间不准确性更小。

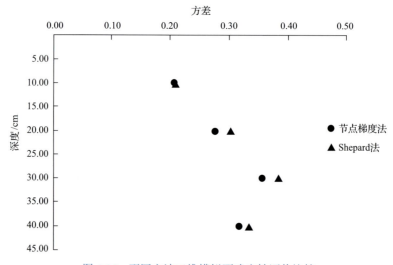

图 6-25　不同方法三维模拟不确定性评价比较

参 考 文 献

曹敏建. 2002. 耕作学[M]. 第 2 版. 北京: 中国农业出版社.

曹祥会, 龙怀玉, 周脚根, 等. 2017. 中温-暖温带表土碳氮磷生态化学计量特征的空间变异性——以河北省为例[J]. 生态学报, 37(18): 6053-6063.

陈光, 高然, 张世文, 等. 2015. 基于多重分形法的土壤养分空间预测[J]. 农业机械学报, 46(8): 159-168.

段兴武, 赵振, 刘刚. 2012. 东北典型黑土区土壤理化性质的变化特征[J]. 土壤通报, 43(3): 529-534.

冯德枫, 包维楷. 2017. 土壤碳氮磷化学计量比时空格局及影响因素研究进展[J]. 应用与环境生物学报, 23(2): 400-408.

葛畅, 刘慧琳, 张世文, 等. 2018. 耕作方式和土壤类型对皖北旱作农田土壤紧实度的影响[J]. 水土保持研究, 25(5): 89-94.

葛畅, 刘慧琳, 聂超甲, 等. 2019. 土壤肥力及其影响因素的尺度效应——以北京市平谷区为例[J]. 资源科学, 41(4): 753-765.

郭金瑞, 宋振伟, 彭宪现, 等. 2015. 东北黑土区长期不同种植模式下土壤碳氮特征评价[J]. 农业工程学报, 31(6): 178-185.

江叶枫, 叶英聪, 郭熙, 等. 2017. 江西省耕地土壤氮磷生态化学计量空间变异特征及其影响因素[J]. 土壤学报, 54(6): 1527-1539.

林永静, 武梦娟, 卢同平, 等. 2018. 中国生态化学计量学研究热点的可视化分析[J]. 生物学杂志, 35(2): 63-66.

卢同平, 张文翔, 牛洁, 等. 2017. 典型自然带土壤氮磷化学计量空间分异特征及其驱动因素研究[J]. 土壤学报, 54(3): 682-692.

鲁植雄, 张维强, 潘君拯. 1994. 分形理论及其在农业土壤中的应用[J]. 土壤学进展, 22(5): 40-45.

裴宏伟, 孙宏勇, 沈彦俊, 等. 2011. 不同灌溉处理下冬小麦水平衡与灌溉增产效率研究[J]. 中国生态农业学报, 19(5): 1054-1059.

王丹丹, 史学正, 于东升, 等. 2009. 东北地区旱地土壤有机碳密度的主控自然因素研究[J]. 生态环境学报, 18(3): 1049-1053.

王绍强, 于贵瑞. 2008. 生态系统碳氮磷元素的生态化学计量学特征[J]. 生态学报, 28(8): 3937-3947.

肖文凭, 吕成文, 乔天, 等. 2018. 重采样间隔对土壤质地高光谱预测模型精度的影响[J]. 土壤通报, 49(6): 1279-1285.

杨文, 周脚根, 王美慧, 等. 2015. 亚热带丘陵小流域土壤碳氮磷生态计量特征的空间分异性[J]. 土壤学报, 52(6): 1336-1344.

尹炳, 夏沙沙, 霍天满, 等. 2021. 旱作区土壤硒富集特征及综合利用分区[J]. 干旱区资源与环境, 35(1): 84-91.

曾全超, 李鑫, 董扬红, 等. 2015. 陕北黄土高原土壤性质及其生态化学计量的纬度变化特征[J]. 自然资源学报, 30(5): 870-879.

张立江, 汪景宽, 裴久渤, 等. 2017. 东北典型黑土区耕地地力评价与障碍因素诊断[J]. 中国农业资源与区划, 38(1): 110-117.

张世文. 2018. 区域土壤质量时空演变分析方法与实证研究. 北京: 中国农业科学出版社.

张兴义, 隋跃宇, 张少良. 2008. 薄层农田黑土全量碳及氮磷钾含量的空间异质性[J]. 水土保持通报, 28(2): 1-5.

卓志清, 李勇, 兴安, 等. 2019. 东北旱作区土壤碳氮磷生态化学计量特征及其影响因素[J]. 农业机械学报, 50(10): 259-268,336.

Anselin L. 1995. Local indicators of spatial association-LISA[J]. Geographical Analysis, 27(2): 93-115.

Bayat H, Sheklabadi M, Moradhaseli M, et al. 2017. Effects of slope aspect, grazing, and sampling position on the soil penetration resistance curve[J]. Geoderma, 303: 150-164.

Colombi T, Braun S, Keller T, et al. 2017. Artificial macropores attract crop roots and enhance plant productivity on compacted soils[J]. Science of the Total Environment, 574: 1283-1293.

Dong W, Fu Q, Wang Q, et al. 2017. Effect of plough pans on the growth of soybean roots in the black-soil region of Northeastern China[J]. Journal of Integrative Agriculture, 16(10): 2191-2196.

Jeřábek J, Zumr D, Dostál T. 2017. Identifying the plough pan position on cultivated soils by measurements of electrical resistivity and penetration resistance[J]. Soil and Tillage Research, 174: 231-240.

Karlen D L, Mausbach M J, Doran J W, et al. 1997. Soil quality: A concept, definition, and framework for evaluation (A guest editorial) [J]. Soil Science Society of America Journal, 61 (1): 4-10.

Keller T, Colombi T, Ruiz S, et al. 2017. Long-term soil structure observatory for monitoring post-compaction evolution of soil structure[J]. Vadose Zone Journal, 16 (4): 1-16.

Li Y F, Li Q Y, Guo D Y, et al. 2016. Ecological stoichiometry homeostasis of Leymus chinensis in degraded grassland in western Jilin Province, NE China[J]. Ecological Engineering, 90: 387-391.

Naderi-Boldaji M, Keller T. 2016. Degree of soil compactness is highly correlated with the soil physical quality index S[J]. Soil & Tillage Research, 159: 41-46.

Richard G, Cousin I, Sillon J F, et al. 2001. Effect of compaction on the porosity of a silty soil: Influence on unsaturated hydraulic properties[J]. European Journal of Soil Science, 52 (1): 49-58.

Saglam M, Dengiz O. 2017. Spatial variability of soil penetration resistance in an alluvial delta plain under different land uses in middle Black Sea Region of Turkey[J]. Archives of Agronomy and Soil Science, 63 (1): 60-73.

Tian H Q, Chen G S, Zhang C, et al. 2010. Pattern and variation of C: N: P ratios in China's soils: a synthesis of observational data[J]. Biogeochemistry, 98 (1-3): 139-151.

Wilson M G, Miras-Avalos J M, Lado M, et al. 2016. Multifractal analysis of vertical profiles of soil penetration resistance at varying water contents[J]. Vadose Zone Journal, 15 (2): 1-10.

Xia K, Xia S S, Shen Q, et al. 2020. Optimization of a soil particle content prediction model based on a combined spectral index and successive projections algorithm using Vis-NIR Spectroscopy[J]. Spectroscopy, 35 (12): 24-34.

Yu Z P, Wang M H, Huang Z Q, et al. 2017. Temporal changes in soil C-N-P stoichiometry over the past 60 years across subtropical China[J]. Global Change Biology, 24 (3): 1308-1320.

Zemin A I, Lirong H E, Qi X I N, et al. 2017. Slope aspect affects the non-structural carbohydrates and C: N: P stoichiometry of Artemisia sacrorum on the Loess Plateau in China[J]. CATENA, 152: 9-17.

Zeng Q C, Liu Y, Fang Y, et al. 2017. Impact of vegetation restoration on plants and soil C: N: P stoichiometry on the Yunwu Mountain Reserve of China[J]. Ecological Engineering, 109: 92-100.

Zhang S W, Shen Q, Nie C J, et al. 2019. Hyperspectral inversion of heavy metal content in reclaimed soil from a mining wasteland based on different spectral transformation and modeling methods[J]. Spectrochimica Acta. Part A, Molecular and Biomolecular Spectroscopy, 211: 393-400.

Zhang Z S, Lu X G, Song X L, et al. 2012. Soil C, N and P stoichiometry of Deyeuxia angustifolia and Carex lasiocarpa wetlands in Sanjiang Plain, Northeast China[J]. Journal of Soils and Sediments, 12 (9): 1309-1315.